# Inmigración y extranjería

## Compilación histórica de la legislación mexicana 1810-1910

Colección Desarrollo & Migración

# Inmigración y extranjería

Compilación histórica de la legislación mexicana
1810-1910

SEGOB SECRETARÍA DE GOBERNACIÓN
SPMAR
UPM UNIDAD DE POLÍTICA MIGRATORIA
CENTRO DE ESTUDIOS MIGRATORIOS INM
SECRETARIA DE GOBERNACION INM INSTITUTO NACIONAL DE MIGRACION
Miguel Ángel Porrúa

MÉXICO 2012

Primera edición, noviembre del año 2012

D.R. © 2012
Centro de Estudios Migratorios
Unidad de Política Migratoria/spmar/segob
Versalles 15, piso 2, Colonia Juárez
Delegación Cuahutemoc, C.P. 06600, México, D. F.

D.R. © 2012
Instituto Nacional de Migración/segob
Homero 1832, Colonia Los Morales Polanco
Delegación Miguel Hidalgo, C.P. 11510, México, D. F.
ISBN 978-607-9007-21-8

© 2012
Por características tipográficas y de diseño editorial
Miguel Ángel Porrúa, librero-editor


ISBN 978-607-401-651-2

Identificación de fuentes de información y selección de materiales: Nidia Cisneros Chávez y Fabio Moraga Valle

Organización de materiales y estructura de obra: Nidia Cisneros Chávez

Coordinación editorial: inm/Rubén Luna González



IMPRESO EN MÉXICO *PRINTED IN MEXICO*

www.maporrua.com.mx
Amargura 4, San Ángel, Álvaro Obregón, 01000 México, D.F.

# Presentación

A pesar de que los extranjeros siempre han representado una mínima proporción de la población nacional, sus actividades han tenido una enorme relevancia en la vida nacional y son parte invaluable de los esfuerzos nacionales en favor del desarrollo. La historia de la legislación mexicana en materia de extranjería está integrada por un acervo que regula materias como: los derechos y obligaciones de los extranjeros, su estancia en México, las actividades que pueden realizar los visitantes temporales o permanentes que se internan en el país.

La Unidad de Política Migratoria de la Secretaría de Gobernación realiza esta investigación, que reúne el cuerpo normativo en materia de extranjería emitido a lo largo del siglo XIX y durante los primeros años del siglo XX; presenta un análisis de la evolución del derecho de extranjería y los principales tratamientos a temas como la soberanía nacional, las garantías de seguridad, la libertad de tránsito, la regulación migratoria y la seguridad nacional, entre otros. En la actualidad, estos temas son todavía objeto de debate y siguen en constante transformación conceptual, tal como se observa en la compilación que ponemos a juicio de académicos, especialistas, funcionarios migratorios y público en general.

Esta obra contribuye a dar cuenta de la genealogía de algunos fundamentos de política que permanecen vigentes en la ley mexicana. Confiamos que esta compilación permitirá hacer un balance de la legislación migratoria, así como incentivar los estudios sobre los extranjeros en nuestro país y las circunstancias en las que participaron en la vida nacional entre 1810 y 1910.

# Agradecimientos

Nidia Cisneros Chávez

Esta obra inició a finales del año 2009 a iniciativa de Ernesto Rodríguez Chávez, director del Centro de Estudios Migratorios (CEM) del Instituto Nacional de Migración (INM), y no hubiera sido posible su publicación sin su decidido apoyo y las facilidades otorgadas para realizar el trabajo de investigación que a continuación se presenta. También se contó con el acompañamiento, observaciones y sugerencias puntuales de Salvador Berumen Sandoval, director de Investigación del CEM. Merecen una mención especial Delia Salazar Anaya, investigadora de la Dirección de Estudios Históricos del Instituto Nacional de Antropología e Historia (INAH), por su valiosa asesoría en la búsqueda y selección del material, en la definición de los criterios para conformar esta obra, así como por su confianza y generosidad para acceder a sus archivos personales; a Macrina Rabadán, investigadora de la Universidad Autónoma de Morelos, por sumar a este proyecto su amplio bagaje y experiencia de investigación en el tema, así como a Guadalupe Rodríguez de Ita, investigadora del Instituto de Investigaciones José María Luis Mora, por la lectura cuidadosa, observaciones y sugerencias que permitieron mejorar sustantivamente la presente compilación de ordenamientos jurídicos en materia migratoria.

Por último, me es grato reconocer el apoyo y trabajo creativo de varios colegas del CEM, quienes aportaron tiempo y esfuerzo en la transcripción y cotejo de documentos originales, en la conformación de la obra y el cuidado editorial. Del área de Publicaciones y Difusión, encabezada por Rubén Luna González. Asimismo, destaca el trabajo realizado por Juan Góngora para el cotejo de las transcripciones con las fuentes originales. Un amplio reconocimiento a la labor de Bárbara Ocampo Lugo, quien dedicó horas enteras de sus prácticas profesionales a la captura y cotejo de información para conformar la guía de ordenamientos jurídicos. Agradezco también el apoyo de María Efigenia Villagrán, Adiel Tabarez, Pablo Benito Gómez, Gustavo A. Domínguez y Diana Gómez Casas por la ardua tarea de transcribir los textos que se incluirán en la versión digital de esta obra. A todos ellos, mi más sincero reconocimiento.

# Introducción

Nidia Cisneros Chávez

La obra que el lector tiene en sus manos es una compilación de las principales leyes, decretos, reglamentos, convenciones, contratos, circulares y demás disposiciones legales, emitidas por distintas instancias del gobierno de México, los cuales establecieron la diferencia entre quienes se consideraban mexicanos o extranjeros, tanto por razón de su nacimiento dentro o fuera del territorio de una determinada nación, como por su filiación y herencia, a través de la regulación de sus actividades durante su estadía permanente o definitiva en México, entre los años de 1810 a 1910.

La intención de esta lista de documentos es dar cuenta de los cambios en la política migratoria mexicana y su relación con los extranjeros residentes de aquel periodo, para lo cual se incluye una primera sección integrada por tres ensayos que explican las principales características del corpus normativo y de las políticas aplicadas en la materia, durante tres coyunturas históricas que transcurrieron entre el inicio de la lucha por la independencia nacional y los albores de la gesta revolucionaria de 1910. Además, en una segunda sección, se pone a disposición de los lectores un inventario o guía de ordenamientos jurídicos localizados a partir de un amplio abanico de fuentes primarias y secundarias. En total, se incluyen más de mil registros, los cuales conforman un corpus histórico-jurídico que da cuenta de las disposiciones que normaron el ingreso, la vida y la actividad de los extranjeros que entraron temporal o definitivamente a territorio nacional durante el siglo XIX y principios del XX.

Esta guía enumera de manera cronológica las leyes, decretos y demás disposiciones normativas acerca de la migración y la extranjería, mediante una breve descripción de su contenido, así como la consignación de la fuente o fuentes de consulta. Cada una de las referencias contiene una ficha técnica que refiere el año, día y mes en que se publicó, así como el nombre de la disposición jurídica cuando lo tiene o, en su caso, una breve descripción de su contenido. En seguida se abrevian las fuentes de información en las que se puede ubicar el documento completo. Con el propósito de facilitar la consulta de información para los usuarios, se está trabajando en una versión digital que incluye las fichas técnicas de los ordenamientos jurídicos de la guía, además de la transcripción íntegra del ordenamiento o la fracción que alude específicamente a la regulación de los extranjeros.

Los trabajos de la presente obra se iniciaron a finales de 2009, como se mencionó antes, a iniciativa de Ernesto Rodríguez Chávez, director del Centro de Estudios Migratorios (CEM) del Instituto Nacional de Migración (INM), proyecto al que se otorgó un total apoyo, además de las facilidades brindadas para realizar la presente investigación. Esta obra también contó con el acompañamiento, observaciones y sugerencias puntuales de Salvador Berumen Sandoval, director de Investigación del CEM. Una primera tarea fue encomendada al historiador Fabio Moraga, quien inició el proyecto con la selección de materiales vinculados a la regulación de extranjeros que incluyeran la normatividad sobre el ingreso, la residencia y las actividades de los extranjeros en México.

Posteriormente, la historiadora Nidia Cisneros Chávez, también investigadora del CEM, retomó el proyecto bajo la destacada asesoría de la historiadora Delia Salazar Anaya, investigadora del Instituto Nacional de Antropología e Historia (INAH) y especialista en estudios sobre la migración en México, colaboración sin la cual no habría sido posible configurar la obra que el lector tiene en sus manos. Cabe destacar que ambas historiadoras redefinieron y ampliaron los criterios para la búsqueda y selección del material, así como para conformar la esta investigación. Asimismo, debe destacarse la amable y siempre dispuesta participación de la doctora Macrina Rabadán, reconocida especialista en el tema, a quien debemos varios de los ordenamientos jurídicos y sugerencias que complementaron la compilación.

Para conformar la presente obra se establecieron cuatro criterios de selección de los materiales: el primero de ellos consistió en la búsqueda de normas sobre el registro de entradas y salidas de extranjeros por las fronteras nacionales terrestres y marítimas. Para regular este tema los gobiernos de México, en distintos momentos históricos, definieron las características de algunos trámites que los extranjeros debían cumplir obligatoriamente, como el pasaporte, un documento que era emitido por la autoridad para transitar en el país o de un estado a otro, que incluso fue utilizado para los mexicanos en tránsito.

Las cartas de seguridad fueron otros documentos emitidos específicamente para los extranjeros residentes que debían registrarse ante las autoridades de la jurisdicción donde se establecieran, que en cierto sentido fungían como un salvoconducto garantizando su seguridad. También se incluyeron disposiciones acerca del contenido de tarjetas de identidad o cartas credenciales, que especificaban la nacionalidad de inmigrantes o extranjeros que residían en el país, así como los requisitos requeridos a aquellos extranjeros que decidían optar por la nacionalidad mexicana para obtener una carta de naturalización. Existieron también registros para el control de mexicanos repatriados, principalmente después de la pérdida del territorio y tras la guerra con Estados Unidos.

La documentación en muchos casos era solicitada por la autoridad local, si lo consideraba necesario, principalmente a los viajeros, comerciantes o negociantes que transitaban por el territorio. Esto configuró un procedimiento administrativo o de trámites que, de permisivos, gradualmente se volvieron más complejos, obstaculizando el libre tránsito por el territorio con el fin de obtener un mayor control de la trayectoria de los extranjeros por su jurisdicción.

Las principales causas que originaron el registro migratorio fueron de tipo: sanitario, acorde con la política mundial en esa materia y por la cual inició un conteo de los extranjeros que ingresaban a México para la detección de enfermedades endémicas; estadístico, para conocer cuántos extranjeros ingresaban al país, quiénes eran y dónde estaban; comercial, para el reconocimiento de las actividades productivas y de inversión extranjera; restrictivo, de control de la movilidad a lo largo del territorio nacional, y limitación del libre tránsito de extranjeros perniciosos, entre otros.

Un segundo criterio correspondió a las relaciones y al comercio internacionales que se observaban en los tratados de amistad, comercio y navegación concertados con diversos países. Estos tratados contienen información en relación con el trato y las garantías que debían tener los súbditos o ciudadanos de distintas naciones extranjeras que inmigraban a México, principalmente por asuntos de negocios y de comercio, aunque también por actividades laborales, sean éstas agrícolas, mineras o de servicios. Las convenciones internacionales garantizaban la seguridad de los extranjeros, la libre actividad a la que se dedicasen, así como el ejercicio de su religión cuando así lo ameritaba.

Cada tratado contiene especificaciones singulares como los de "nación más favorecida", el intercambio comercial específico, entre otros privilegios que varían según el país. En este ámbito internacional también se contemplaron los tratados de límite fronterizo con Estados Unidos, Guatemala e Inglaterra como poseedora del territorio de Belice u Honduras Británica, así como los tratados de paz con Estados Unidos y de extradición con Colombia, a los cuales se suma una serie de tratados bilaterales y multilaterales por razones sanitarias, de reconocimiento de firmas, marcas, documentos, etcétera.

Una tercera línea selectiva consistió en la Colonización, considerada como la principal política para la atracción y estancia de los extranjeros en México durante el siglo XIX y antecedente de las primeras leyes de población del siglo XX. Esa estrategia, derivaba en gran medida de la noción de que en México existía una población escasa e incapaz de explotar los grandes recursos naturales con los que se contaba en el país y que formó parte de un reiterado proyecto para el desarrollo económico y agroindustrial del territorio mexicano, a la que los extranjeros contribuirían no sólo con capital económico sino también con mejores hábitos de trabajo, disciplina y orden a cambio de "enormes privilegios", de acuerdo con el punto de vista de las autoridades mexicanas.

Aunque durante todo el siglo XIX surgieron innumerables disposiciones, concesiones y circulares que buscaron alentar la formación de colonias agrícolas, mineras o industriales en todo el territorio nacional, con la participación de extranjeros o repatriados, el proyecto en gran medida fracasó, en tanto que la llegada de colonos a México fue escasa, frustrante y a veces con episodios vergonzantes. Algunas de las leyes de colonización liberalizaron en extremo la posesión de bienes raíces en el país, y antes que atraer inmigrantes, alentaron el latifundismo. Una legislación polémica, principalmente durante el último tercio del siglo XIX, que se presentó por las concesiones de bienes raíces a extranjeros que fueron reclamados tras la gesta revolucionaria de 1910.

Un cuarto criterio concerniente a la seguridad de la soberanía y la integridad del territorio nacional fue una de las preocupaciones constantes después de la Independencia de México, por la amenaza que representaba España en el intento de reconquista de sus colonias en América. Sobre esa materia, con sus matices de acuerdo con las coyunturas históricas específicas, se emitieron leyes para la salvaguarda del territorio nacional, con el fin de prohibir la entrada de extranjeros socialmente peligrosos, como delincuentes, contrabandistas, filibusteros con afanes de conquista o reconquista o cazafortunas, pero también a quienes pudieran realizar o difundir doctrinas políticas subversivas o padecieran algún tipo de enfermedad o limitante física.

En ese sentido, también se establecieron las bases para la expulsión de extranjeros, de manera inmediata para aquellos foráneos que representaran un peligro para la soberanía, la sociedad o los intereses económicos del país. Finalmente, se emitieron leyes que establecieron los primeros filtros de vigilancia sanitaria para evitar la propagación de enfermedades endémicas como el *cholera morbus* o la peste bubónica, entre otras pandemias.

Bajo esta clasificación, las leyes, decretos y disposiciones legislativas que aquí se reúnen fueron recopilados de las bibliotecas de la Universidad Nacional Autónoma de México (UNAM), principalmente los acervos de la Biblioteca Nacional, la Hemeroteca Nacional y el Fondo Reservado, así como el Instituto de Investigaciones Jurídicas (IIJ) y la Hemeroteca Digital. También obtuvimos información de los acervos del INAH, como la Biblioteca Nacional de Antropología e Historia o la Biblioteca Manuel Orozco y Berra, de la Dirección de Estudios Históricos. Otros recintos consultados fueron la Biblioteca México, que contiene varias de las colecciones jurídicas del siglo XIX; el Archivo Histórico del Distrito Federal, principalmente su colección de Bandos, y el Archivo General de la Nación, donde se consultó el índice del *Diario Oficial de la Federación* (DOF) con algunos documentos que comenzaron a publicarse a finales del siglo XIX, aunque su colección completa inicia a partir de 1917.

Sin duda, las obras digitales fueron de gran ayuda, especialmente la información recopilada por Linda Arnold, quien depositó en la Biblioteca Manuel Orozco y Berra una valiosa base de datos acerca de diversos recintos históricos. Las colecciones digitales de la Universidad Autónoma de Nuevo León (UANL), de las cuales se digitalizó el *Código de Colonización* recopilado por Francisco de la Maza y que hasta hace algunos años sólo se encontraba en colecciones de universidades de Estados Unidos, como la de Harvard College Library, Princeton University Library y New York Public Library, recintos donde se llevó a cabo un enorme proyecto de digitalización de obras antiguas.

Algunos bretes en el trabajo de recopilación para la ubicación de la legislación sobre extranjería fueron inherentes a la manera como se publicaban los ordenamientos durante el siglo XIX y principios del XX. La reglamentación jurídica se daba a conocer a la población por medio de los periódicos oficiales que leían algunos cuantos instruidos o se pegaban en las esquinas, en las plazas públicas y aun en las iglesias. De tal manera que no existe una obra, colección o fondo documental que contenga toda la normatividad emitida en México desde 1810 hasta la segunda década del siglo XX, que se conoce en forma más sistemática gracias a los índices o colecciones de *El*

*Diario Oficial de la Federación*, que se encuentran con mayor facilidad en la actualidad.

La normatividad jurídica del siglo XIX se conservó gracias a la labor de juristas o empleados federales que requerían de la consulta y difusión de diversos materiales, muchos de los cuales se tomaron la labor titánica de reunir leyes, reglamentos y todo tipo de disposiciones jurídicas sobre temáticas específicas o que cubren periodos cronológicos particulares. Colecciones que, con sus diferencias en general se presentan con un encabezado que da cuenta de la fecha en que se había firmado o publicado alguna disposición y la transcripción completa de cada uno de los materiales reunidos. Corpus jurídicos que también se acompañaban de índices temáticos o cronológicos y que han mostrado su utilidad a través de los años. Algunas de esas obras eruditas, publicadas en las primeras décadas del siglo XIX, fueron dirigidas por personajes distinguidos en el derecho, como: José Brito, Basilio José Arrillaga, Manuel de la Peña y Peña, Juan N. Navarro, Blas José Gutiérrez, Luis G. Zaldivar, por mencionar algunos de ellos, además de la labor de aquellos que llevaron a cabo recopilaciones oficiales, como las que se hicieron durante el Imperio de Maximiliano de Habsburgo.

Entre las recopilaciones, que cubre un periodo más amplio, destaca sin duda la *Legislación Mexicana*, reunida por los juristas Manuel Dublán y José María Lozano, el instrumento normativo más completo y quizás el más consultado a través de los años por una amplia gama de investigadores. La obra fue impresa originalmente en 42 volúmenes con leyes y decretos desde 1687 hasta 1910, pero su difusión tomó mayor relevancia a partir de la digitalización de sus volúmenes, labor realizada por El Colegio de México (Colmex) en coordinación con la UNAM, instituciones que publicaron en 2004 un disco compacto, además de poner en línea el propio catálogo. La limitante de esta colección es que no contiene reglamentación emitida durante el Segundo Imperio, y tampoco registra muchos de los ordenamientos sobre Colonización.

Es importante aclarar que la mayoría de las descripciones del índice que aquí presentamos fueron tomadas tal como se encuentran en las compilaciones originales, es decir, aquellas obras que tienen la compilación de la legislación promulgada cada año, privilegiando en general la descripción de Dublán y Lozano, por ser la más apegada al contenido del documento. Sin embargo, en algunos casos fueron reelaboradas intentando precisamente apegarnos al contenido de la ley o se incluyeron algunos aspectos adicionales, a fin de detallar de manera más clara y específica el contenido de cada documento.

Acompañan al índice tres ensayos introductorios que ofrecen una visión de conjunto sobre las condiciones históricas específicas de cada coyuntura, con especial énfasis en las características particulares que tomaron las políticas de inmigración y extranjería en cada etapa. El primer corte lo aborda Macrina Rabadán, en su texto "Entre la novedad y los conflictos: México y su legislación sobre extranjeros, 1810-1847", quien describe los principales aspectos de la legislación sobre extranjería durante la formación de un nuevo carácter nacional en términos jurídicos y sociales que vincularon a una vistosa, pero escasa población extranjera con una sociedad en ciernes. La autora describe las principales características en materia de extranjería, de la normatividad que, bajo sus propias palabras, detallan "las tensiones y problemas de la época, así como las tentativas de soluciones en su momento". Rabadán también destaca los antecedentes del concepto de extranjero durante la época colonial, así como los fragmentos que delinearon esa noción en los primeros años de vida independiente de México.

Sus referencias ponen énfasis en el registro de entradas y salidas de los extranjeros, la aparente contraposición entre nacionalidad y extranjería, las definiciones de naturalización, nacionalismo, así como la exposición en torno a los tratados internacionales de comercio; ámbitos en los que tuvieron una participación significativa los extranjeros. Todo ello en el contexto de la expulsión de españoles, la Intervención francesa, la independencia de Texas y la invasión de Estados Unidos a México.

Un segundo momento lo aborda Nidia Cisneros Chávez en el texto "Disposiciones jurídicas sobre extranjería entre invasiones y guerra civil, 1848-1875", el cual describe la complicada política que vivió el país, entre el último periodo de gobierno de Antonio López de Santa Anna y la restauración de la República, después de la derrota del Imperio de Maximiliano. Lapsos, con características específicas, donde se emitieron leyes, decretos y otros ordenamientos sobre inmigración y extranjería que fueron el eco del siguiente periodo histórico.

El análisis se subdivide en cinco líneas generales, al estudiar el problema de la definición del territorio, la política colonizadora, la libertad de cultos, el resguardo de la soberanía nacional y los conflictos inherentes a la relación de los extranjeros y los mexicanos. El periodo que aborda la historiadora muestra las contradicciones entre los diferentes proyectos políticos de la elite nacional, que expresaban sus ideas particulares acerca del tipo de nación que pretendían impulsar, signados por luchas internas y una intervención externa, donde sin duda destaca en el ámbito legislativo, la aparición de las Leyes de Reforma y la Constitución de 1857.

La tercera y última etapa la desarrolla Delia Salazar Anaya en el texto "El Porfiriato, políticas de promoción y estímulo a la inmigración, 1876-1911", que aborda un periodo de gran continuidad y estabilidad, en un contexto de paz interna y externa, que permitió el despliegue de una serie de políticas públicas que buscaron contribuir al desarrollo económico, social y cultural del país. Aborda en principio el restablecimiento de las relaciones diplomáticas con distintas naciones y la firma de tratados y convenios de colaboración internacional, los cuales definieron muchos aspectos de la actividad económica de los extranjeros en el país, minimizaron conflictos, sobre todo fronterizos, y delinearon las políticas de control migratorio iniciadas, entre otras razones, para combatir el impacto de las enfermedades infecciosas.

Asimismo, se refiere a la política de Colonización y fomento de la inversión extranjera, con la que el gobierno mexicano invirtió innumerables recursos a fin de atraer inmigrantes externos que esporádicamente participaron en el poblamiento de algunas áreas del territorio nacional, pero que también transformaron la infraestructura y las formas de producción en diversas áreas de la economía. Políticas que, a pesar de las restricciones que empezaron a impedir el arribo de inmigrantes por razones sanitaras o políticas hacia quienes se consideraron inconvenientes o anormales, muestra un momento de apertura de la política migratoria mexicana que contrastará con el periodo posterior lleno de restricciones, aspecto con el que cierra su estudio.

Esperamos, por último, que esta compilación histórica de ordenamientos jurídicos en materia de inmigración y extranjería sea útil en el trabajo de aquellos profesionales interesados en el fenómeno migratorio, así como para quienes analizan las políticas y procedimientos relativos al ingreso y estancia de los extranjeros en México como un proceso con raíces históricas profundas.

[*Agosto de 2012*]

Sección I

# Análisis histórico de la legislación en materia de inmigración y extranjería, 1810-1910

# Entre la novedad y los conflictos: México y su legislación sobre extranjeros, 1810-1847

Macrina Rabadán Figueroa*

La irrupción del movimiento armado de 1810 en la Nueva España constituyó el evento más visible y dramático de un proceso amplio y complejo que venía gestándose desde mediados del siglo XVIII, con los efectos del proyecto de modernización que fueron las Reformas Borbónicas y acelerado con la invasión napoleónica a España y la crisis de su monarquía. A la acefalía del reino le siguió la formación de diversas juntas en España, que derivaron en una Junta Central, una regencia y las Cortes de Cádiz, las cuales actualizaron la discusión del pacto existente entre rey y súbditos, con cuyo rompimiento, ante la ausencia del rey, la soberanía volvía al pueblo. Así, éste podía, a través de sus representantes, darse una nueva forma de gobierno, la monarquía constitucional, que quedó estipulada en la Constitución de Cádiz.[1] Sin embargo, el regreso de Fernando VII al poder fue también su vuelta al absolutismo, desconociendo la Constitución, hasta 1820, cuando fue nuevamente obligado a instaurarla.

En la Nueva España, luego de años de cruentos enfrentamientos, en 1821 el realista Agustín de Iturbide negociaba la independencia con Vicente Guerrero, el principal jefe insurgente, mediante el Plan de Iguala y los Tratados de Córdoba. Estos eventos marcaron el inicio de una nueva etapa, la del México independiente que se vislumbraba prometedora y novedosa, pero que, sin embargo, también habría de presentar continuidades y permanencias. Una de éstas correspondió precisamente al ámbito de la legislación, aunque no pocos esfuerzos estuvieron enfocados en la elaboración de las nuevas normas que debían regir en el nuevo Estado nacional.

* Universidad Autónoma del Estado de Morelos.

[1] "Constitución política de la monarquía española, Cádiz, 18 de marzo de 1812", en Manuel Dublán y José María Lozano, *Legislación mexicana. Colección completa de las disposiciones legislativas expedidas desde la Independencia de la República*, vol. 1, México, Imprenta del Comercio, 1876-1910, pp. 349-379.

Asimismo, el nuevo estatus de nación independiente requería una redefinición de la nacionalidad, con la cual no sólo se especificaría quiénes eran mexicanos y, por lo tanto, miembros y sujetos de derechos y obligaciones en la nueva comunidad, sino también las condiciones en que se podían incorporar a ella los que no lo eran, es decir, los extranjeros. No menos importante fue la definición de las fronteras que delimitaban al nuevo país, proceso que a la postre resultaría doloroso a la luz del conflicto con Estados Unidos de América durante 1846-1848, con la pérdida de más de la mitad de su territorio.

La incorporación del nuevo país al concierto de las naciones se dio en un momento de cambios en las reglas del juego internacional, pues la legitimidad dinástica fue sustituida por el derecho de los pueblos a decidir su rumbo.[2] Los primeros gobiernos mexicanos se abocaron a obtener el reconocimiento como un primer paso para la normalización de sus relaciones y en esa medida allegarse de recursos. Las negociaciones fueron más o menos dificultosas, pero paulatinamente se lograron acuerdos con las principales potencias del momento. Sin embargo, la reticencia del gobierno español que sólo concedió el reconocimiento hasta 1836 mantuvo vigente el peligro de un intento de reconquista, con el eventual apoyo de la Santa Alianza. Esta amenaza se materializó en el intento de reconquista de Barradas en 1829, pero no fue ése el único conflicto de carácter internacional que enfrentó el país, pues en 1836 registró la separación del estado de Texas, en 1838 el bloqueo francés o "Guerra de los pasteles" y finalmente entre 1846 y 1848 la invasión norteamericana.

Éstos y otros aspectos relevantes de la vida política del país quedaron registrados en la legislación sobre extranjeros en México, y fueron reunidos en las compilaciones de esos primeros años y posteriores,[3] por lo que su consulta nos permite advertir los detalles de las tensiones y problemas de la época, así como las tentativas de soluciones en su momento.

## Tiempos de restricciones: los extranjeros en la época colonial

Un acercamiento a la época colonial en busca de lo que significaba ser español, nos devuelve una realidad compleja y por momentos cambiante, donde

[2] Rafael Rojas, "La nueva nación frente al mundo", en *Gran historia de México ilustrada, t. III, El nacimiento de México, 1750-1856*, México, Planeta DeAgostini/Conaculta/INAH, 2001, pp. 201-220.

[3] Óscar Cruz Barney, "Las recopilaciones de derecho en el México independiente", en Mario Téllez G., y José López Fuentes (comps.), *La legislación mexicana de Manuel Dublán y José María Lozano*, México, Suprema Corte de Justicia de la Nación/Tribunal Superior de Justicia del Estado de México/Colmex/Escuela Libre de Derecho, 2004, pp. 217-255.

las nociones de "vecino", "natural" y "vasallo" cobraban más sentido —sobre todo a nivel local y dentro de cada reino de la monarquía española— que definiciones generales, como la de "español", aplicables a los súbditos de la Corona, dotando de sentido, en consecuencia, a la distinción entre "extranjero integrado" y "extranjero transeúnte". Lo que hacía la diferencia en todo caso era la posibilidad de gozar de derechos y privilegios, pero mediante la integración y el compromiso evidente e incuestionable con la comunidad —nociones de vecino y natural— en un escenario donde la legislación o la intervención real sólo aparecían excepcionalmente en caso de conflicto o cuestionamiento del estatus de los interesados.[4]

La presencia de extranjeros en la Nueva España, como en el resto de las posesiones hispanas, fue escasa, dada la política restrictiva de la Corona y su interés por mantenerlas aisladas de otros países. Así que los extranjeros interesados en pasar a estas tierras debían cumplir con una serie de trámites, obtener una licencia real, y las restricciones obedecían sobre todo a una lógica económica y mercantil:

> Desde los primeros compases de la conquista de Indias, la mirada oficial sobre lo extranjero en el comercio americano partió del recelo y el rechazo, actitudes proyectadas sobre la legislación en forma de medidas prohibicionistas, si bien quedaron matizadas en la práctica de gobierno por el cambiante interés económico, financiero o político de la Monarquía. El comercio colonial se organizó desde el principio como un monopolio; lo extranjero quedaba así excluido como un cuerpo extraño a los intereses nacionales que regían su modo de funcionamiento. Ésta fue la regla desde sus principios, a inicios del siglo XVI, hasta la independencia de las colonias americanas en el siglo XIX, pero, como toda regla, tuvo sus excepciones. La exclusión de los extranjeros en la participación en el tráfico colonial guardaba una coherencia absoluta con los principios proteccionistas y los presupuestos nacionales del mercantilismo, aunque fue más teórica que real. Por su parte, las medidas liberalizadoras adoptadas en la segunda mitad del siglo XVIII no tuvieron que ver con una apertura a la participación de otros países, sino tan sólo con la voluntad de que un mayor número de puertos españoles, además de Cádiz, que por entonces detentaba el monopolio del comercio colonial, pudieran beneficiarse de la práctica directa del mismo.[5]

[4]Véase el excelente trabajo de Tamar Herzog, *Vecinos y extranjeros. Hacerse español en la Edad Moderna*, trad. Miguel Ángel Coll, Madrid, Alianza Editorial, 2003.

[5]Juan José Iglesias Rodríguez, "Los prodigios del comercio. Miradas cruzadas en torno al tráfico colonial americano", en R. Sánchez Montero y Estela Erausquin (coords.), *España y*

A esta visión general, y no menos atinada, habría que agregar, sin embargo, situaciones que se registraban a menor escala, en relación con los territorios americanos, y que nos dibujan un escenario más abigarrado: comerciantes con más tiempo de residencia en territorios americanos que cuestionaban los derechos de sus pares peninsulares, con base en su vecindad; es decir, su integración en estas tierras; españoles americanos que ponían en entredicho la integración de peninsulares —vecindad— a partir de su lugar de nacimiento, diferenciando las comunidades locales americana y peninsular e identificando a éstos entonces como extranjeros transeúntes (naturales en Castilla, pero extranjeros en Indias); comerciantes peninsulares que desestimaban los derechos de sus pares descendientes de padres extranjeros de los que, por esa circunstancia, ponían en duda su compromiso con los intereses del reino, no obstante su larga residencia en éste; o bien el caso de naturales americanos —criollos— que en otros reinos habrían tenido preferencia para ocupar ciertos cargos, se veían relegados frente a peninsulares recién llegados.[6]

## Tiempos de cambio y definiciones: Legislación sobre extranjeros en el México independiente

### *Entradas y salidas*

Los extranjeros fueron desde el principio una novedad en el México independiente, dadas las restricciones anteriores para su ingreso a los dominios españoles. Se deseaba su llegada y se tuvieron muchas y favorables expectativas respecto de su presencia en el país. Sin embargo, los pocos registros cuantitativos apuntan a que su número fue muy escaso.

La legislación que reglamentaba el flujo de extranjeros al país contemplaba varios tipos de pasaportes: para entrar, salir o permanecer hasta por un año en México. A este último se le llamó "carta de seguridad" y garantizaba a su titular la protección de las leyes mexicanas y el goce de sus derechos civiles. Fueron muy frecuentes las circulares y recordatorios para que los extranjeros tramitasen sus cartas de seguridad, lo cual nos lleva a suponer que en la práctica no se cumplía celosamente con ese requisito.[7] Finalmente las cartas de seguridad desaparecieron con la Constitución de 1857,

---

*América en el bicentenario de la Independencia. Miradas sobre lo extraño y el extranjero*, Sevilla, Universidad de Sevilla-Secretariado de Publicaciones, 2011, p. 51.

[6]Tamar Herzog, *Vecinos y extranjeros...*, *op. cit.*, pp. [145]-175.

[7]Hecho que se puede verificar en esta compilación y las múltiples disposiciones que contiene sobre el particular.

que al garantizar la libertad de tránsito como uno de los "derechos del hombre", volvió innecesarios ese tipo de documentos.[8]

## *Nacionalidad y extranjería*

La organización de México como nuevo Estado introdujo una redefinición de la nacionalidad y la extranjería, que recogió desde su inicio el espíritu de unidad e integración planteado en el Plan de Iguala y los Tratados de Córdoba, visible en Agustín de Iturbide cuando se dirigió a los "¡Americanos! Bajo cuyo nombre comprendo no sólo a los nacidos en América, sino a los europeos, africanos y asiáticos que en ella residen [...]". Así, la novedad de esta definición de mexicanos, que abarcaba a los españoles peninsulares que se encontraban en ese momento en el país, se vio acompañada con la idea de una comunidad preestablecida e integrada horizontalmente, es decir, en una referencia implícita a la antigua noción de "vecindad", pero superando la distinción que se llegó a plantear entre auténticos "naturales" de América, los criollos, y los peninsulares como extranjeros.[9]

Atrás quedaron también los debates y dificultades en las Cortes de Cádiz para identificar a los españoles y ciudadanos, en una redacción que finalmente dejó fuera de esta segunda categoría a los africanos al equipararlos con extranjeros en los debates y por considerar que no habían migrado voluntariamente a territorios españoles y por lo tanto sus años de residencia no abonaban a su eventual vecindad.[10]

De acuerdo con la Constitución de Cádiz (1812), eran españoles:

> Primero. Todos los hombres libres nacidos y avecindados en los dominios de las Españas, y los hijos de éstos.
> Segundo. Los extranjeros que hayan obtenido de las cartas de naturaleza.
> Tercero. Los que sin ella lleven diez años de vecindad, ganada según la ley en cualquier pueblo de la monarquía.
> Cuarto. Los libertos desde que adquieran la libertad en las Españas.[11]

[8]"Constitución Política de la República Mexicana, 5 de febrero de 1857, Tít. I. secc. 1, art. 11", en Dublán y Lozano, *op. cit.*, vol. 8, pp. 384-409.

[9]Para hacer esta consideración retomo las nociones planteadas por Tamar Herzog, *Vecinos y extranjeros...*, *op. cit.*, pp. 36 y 213.

[10]Tamar Herzog, *Vecinos y extranjeros...*, *op. cit.*, pp. 205-234.

[11]"Constitución política de la monarquía española, Cádiz, 18 de marzo de 1812", en Dublán y Lozano, *op. cit.*, vol. 8, pp. 384-409; y *op. cit.*, Tít. 1, cap. II, artículo 5º.

La Constitución de Apatzingán (1814),[12] por su parte, no incluyó una definición clara sobre mexicanos ni extranjeros, pero estos últimos corresponden a los "transeúntes", cuyos derechos sí garantizaba la ley, pues

> [...] los transeúntes serán protegidos por la sociedad, pero sin tener parte en la institución de sus leyes. Sus personas y propiedades gozarán de la misma seguridad que los demás ciudadanos, con tal que reconozcan la soberanía e independencia de la nación, y respeten la religión católica, apostólica, romana.[13]

Además, podían adquirir la nacionalidad, mediante una "carta de naturaleza" a condición de respetar la religión católica y no oponerse "a la libertad de la nación".[14] Tras el breve gobierno imperial de Agustín de Iturbide se instauró una "república representativa popular federal", regida por la Constitución de 1824,[15] que no definió a los mexicanos ni a los extranjeros, pero sí reconoció como facultad del gobierno federal la de "establecer una regla general de naturalización".[16]

La Constitución de 1836 o de las *Siete Leyes*[17] sí especificó quiénes eran mexicanos:

> Son mexicanos:
> I. Los nacidos en el territorio de la República, de padre mexicano por nacimiento o naturalización.
> II. Los nacidos en país extranjero de padre mexicano por nacimiento, si al entrar en el derecho de disponer de sí, estuvieren ya radicados en la República o avisaren que resuelven hacerlo, y lo verificaren dentro del año después de haber dado el aviso.
> III. Los nacidos en territorio extranjero de padre mexicano por naturalización, que no haya perdido esta cualidad, si practican lo prevenido en el párrafo anterior.
> IV. Los nacidos en territorio de la República de padre extranjero, que hayan permanecido en él hasta la época de disponer de sí y dado al entrar en ella el aviso referido.

[12]"Decreto constitucional para la libertad de la América Mexicana, sancionado en Apatzingán a 22 de octubre de 1814", en Dublán y Lozano, *op. cit.*, vol. 1, pp. 433-451.

[13]*Ibidem* [Tít.] I, cap. III, artículo 17.

[14]*Ibidem* [Tít.] I, cap. II, artículos 13 y 14.

[15]"Constitución Federal de los Estados Unidos Mexicanos, 3 de octubre de 1824", en Dublán y Lozano, *op. cit.*, vol. 1, pp. 719-737.

[16]*Ibidem,* Tít. III, secc. 5ª, art. 50, fracción XXVI.

[17]"Leyes constitucionales (siete leyes), 30 de diciembre de 1836", en Dublán y Lozano, *op. cit.*, vol. 3, pp. 230-259.

V. Los no nacidos en él, que estaban fijados en la República cuando ésta declaró su independencia, juraron el acta de ella y han continuado residiendo aquí.
VI. Los nacidos en territorio extranjero que, introducidos legalmente después de independencia, hayan obtenido carta de naturalización con los requisitos que prescriben las leyes.[18]

En las *Bases de la Organización Política de la República Mexicana* de 1843[19] también se definió a los mexicanos:

I. Todos los nacidos en cualquier punto del territorio de la República, y los que nacieren fuera de ella de padre mexicano.
II. Los que sin haber nacido en la República, se hallaban avecindados en ella en 1821, y no hubieren renunciado su calidad de mexicanos; los que siendo naturales de Centroamérica cuando perteneció a la Nación Mexicana se hallaban en el territorio de ésta, y desde entonces han continuado residiendo en él.
III. Los extranjeros que hayan obtenido u obtuvieren carta de naturaleza conforme a las leyes.[20]

Así, ambas constituciones ratificaron ese afán incluyente respecto de los españoles peninsulares que se encontraban en el país para 1821, en la misma línea del Plan de Iguala y los Tratados de Córdoba. Las *Bases* de 1843 integraron igualmente a los centroamericanos que se encontraban en tierras novohispanas desde antes de 1821. Sin embargo, también se estipula la preferencia de mexicanos sobre extranjeros en ciertos empleos.[21] Asimismo, a partir de este documento ya no corresponde al Congreso Federal y General emitir un reglamento para la naturalización, sino que se vuelve una facultad del presidente de la República el "conceder cartas de naturalización",[22] lo mismo que "expeler de la República a los extranjeros no naturalizados perniciosos a ella",[23] lo que prefigura el posterior artículo 33 de la Constitución de 1857.

[18]*Ibidem*, Ley 1ª, artículo 1º.
[19]"Bases de Organización Política, 13 de junio de 1843", en Dublán y Lozano, *op. cit.*, vol. 4, pp. 428-449.
[20]*Ibidem*, Tít. III, artículo 11.
[21]*Ibidem*, Tít. III, artículo 15.
[22]*Ibidem*, Tít. V, art. 87, fracción XXIII.
[23]*Ibidem*, Tít. V, art. 87, fracción XXIV.

*Naturalización*

El interés gubernamental de atraer extranjeros al país y naturalizarlos mexicanos se manifestó desde los primeros años del México independiente, a juzgar por el decreto de 1823, que contiene las "fórmulas de las cartas de naturaleza".[24] También un decreto sobre colonización (1823) del emperador Agustín de Iturbide nos muestra las facilidades que se otorgarían a los colonos para naturalizarse —como el matrimonio con mexicana—, además de las exenciones de contribuciones como diezmos y alcabalas, y el afán de favorecer su integración al país.[25]

Otras leyes relativas a la naturalización fueron las de 1828,[26] 1846[27] y 1854,[28] con la singularidad de que la primera de éstas, derivada de la Constitución de 1824, se mantuvo vigente a lo largo del régimen centralista en que regían las *Siete leyes* de 1836 y en parte del periodo de las *Bases* de 1843. Así, se exigía al solicitante dos años de residencia, adhesión a la religión católica, apostólica, romana, contar con "giro, industria útil o renta de qué mantenerse" y observar buena conducta; igualmente debía renunciar a su antigua nacionalidad, a los títulos o condecoraciones de otros gobiernos y respetar las leyes mexicanas, con la posibilidad de considerarse "naturales en cabeza de marido, la mujer y los hijos, cuando éstos no estén emancipados".[29] De acuerdo con el decreto de 1846, desapareció el requisito de los años de residencia y el de adhesión a la religión católica —ya lo estipulaba la ley máxima o Constitución General—, pero sí se mantuvo el de contar con "profesión o industria útil, que le proporcionen los medios ho-

[24]"Decreto [...] Fórmulas de las cartas de naturaleza (16 de mayo de 1823)", en Dublán y Lozano, vol. 1, pp. 648-649. (Incluida en esta obra). Igualmente conviene recordar que la Constitución de Cádiz había contemplado ya la expedición de cartas de naturaleza y ciudadanía.

[25]"Se consideran naturalizados todos los extranjeros que vengan a establecerse al Imperio y ejerciendo una profesión o industria útil tengan a los tres años un capital suficiente para mantenerse con decencia, y están casados: los que con las anteriores condiciones se casasen con mexicanas, contraen un mérito particular para que se les conceda carta de ciudadanía", "Decreto [...] para la distribución de terrenos entre los extranjeros que vengan a colonizar (4 de enero de 1823)", en Francisco de la Maza, *Código de colonización y terrenos baldíos de la República mexicana,* México, Oficina Tipográfica de la Secretaría de Fomento, San Andrés, 1893, pp. 171-176.

[26]"Ley. Reglas para dar cartas de naturaleza, 14 de abril de 1828", en Dublán y Lozano, *op. cit.*, vol. 2, pp. 66-68.

[27]"Decreto del gobierno. Sobre naturalización de extranjeros, 10 de septiembre de 1846", en Dublán y Lozano, *op. cit.*, vol. 5, p. 161.

[28]"Decreto de gobierno sobre extranjería y nacionalidad de los habitantes de la República, 30 de enero de 1854", en Dublán y Lozano, *op. cit.*, vol. 7, pp. 25- 29.

[29]"Ley. Reglas para dar cartas de naturaleza (14 de abril de 1828), artículos 1º, 2º, 5º y 8º", en Dublán y Lozano, *op. cit.*, vol. 2, pp. 66-68.

nestos de adquirir su subsistencia", así como también las cartas de naturaleza serían expedidas por el presidente de la República.[30]

### *Los españoles y la definición de nacionalidad*

El retraso por parte de España para reconocer la Independencia de México, que sólo concedió hasta 1836, había aplazado la posibilidad de los interesados en recuperar su nacionalidad española con el fin de evadir contribuciones u otras disposiciones legales que consideraban adversas, además de poder recurrir a su legación y contar con el respaldo de su gobierno en eventuales reclamaciones.

En el caso de los españoles, en particular, el tema de la nacionalidad presentó algunas dificultades, pues si bien conforme al Plan de Iguala y los Tratados de Córdoba los peninsulares que permanecieran en el país a partir de 1821 serían considerados mexicanos, disposiciones posteriores, como el decreto del 10 de agosto de 1842,[31] les permitieron anular esa medida y recuperar su nacionalidad española. Este decreto se emitió en el mismo año que otro muy importante que posibilitó a los extranjeros la adquisición de bienes raíces,[32] como una recompensa de Antonio López de Santa Anna a un grupo de comerciantes extranjeros por su apoyo en la conspiración que él y Mariano Paredes impulsaron para derrocar al presidente Anastasio Bustamante en 1841.[33]

Posteriormente, se firmó otro convenio sobre nacionalidad (1847), en medio de la invasión norteamericana, por el enviado español Salvador Bermúdez de Castro y el ministro de Relaciones Exteriores, Manuel Baranda, con Santa Anna de presidente, que resultó todavía más favorable para los españoles, pues al no señalar un plazo límite para el cambio de nacionalidad, permitía pasar de una nacionalidad a otra, según el interés de cada individuo y constituyó una puerta abierta a sus reclamaciones, justas o no:

[30]"Decreto del gobierno. Sobre naturalización de extranjeros, 10 de septiembre de 1846, artículos 1º y 3º", en Dublán y Lozano, *op. cit.*, vol. 5, p. 161.

[31]"Decreto del gobierno.- Se deja en libertad a los españoles que por los tratados de Córdoba y Plan de Iguala, se consideraron como mexicanos, para que puedan quedar como tales o como españoles, 10 de agosto de 1842", en Dublán y Lozano, *op. cit.*, vol. 4, 250 pp.

[32]"Decreto del gobierno.- Permite a los extranjeros adquirir bienes raíces en la República, 22 de marzo de 1842", en Dublán y Lozano, *op. cit.*, vol. 4, pp. 130-132.

[33]Véase de Josefina Z. Vázquez, *México y el mundo. Historia de las relaciones exteriores*, t. II, México, Senado de la República, 1990, pp. 167-170 y José María Muriá (ed.), "El general Paredes y Arrillaga y los pronunciamientos de Guadalajara en 1841 y 1844", en *La Academia Mexicana de la Historia en Guadalajara*, México, El Colegio de Jalisco/H. Ayuntamiento de Guadalajara, 1994, pp. 65-79.

1ª. Todos los naturales de España llegados a la República antes o después del reconocimiento de su independencia y reputados como súbditos de la nación mexicana, quedan en completa libertad de volver a la ciudadanía española.
2º. Bastará el certificado del cónsul o vicecónsul de España en el distrito de su residencia y la autorización del representante de S.M.C., para que se les expidan las cartas respectivas de seguridad por el Ministerio de Relaciones Exteriores, no pudiendo adquirir de nuevo la ciudadanía mexicana sino en el modo y en los términos que establezcan las leyes generales de la República.
3ª. Para todos los efectos políticos y civiles serán considerados en lo sucesivo como súbditos de S.M.C., del mismo modo que los que escogieron la ciudadanía de España en virtud del decreto de 10 de agosto de 1842. Los hijos seguirán la ciudadanía de sus padres hasta que, llegados a la mayor edad, elijan entre ésta y la del país de su naturaleza.
4º. Los que, en consecuencia de este arreglo, obtengan cartas de ciudadanos españoles, no podrán valerse del apoyo o intervención de la Legación de S.M.C., en los negocios que traigan su origen de la época en que disfrutaron los derechos de ciudadanos mexicanos.[34]

## La búsqueda de nuevos acuerdos con el exterior: reconocimientos y tratados

El contexto internacional fue adverso para México cuando a partir de 1821 buscó el reconocimiento de su independencia, la obtención de préstamos y la firma de tratados comerciales y de defensa con otros países:

Gran Bretaña, potencia hegemónica del momento, estaba interesada en aprovechar las ventajas económicas que le permitía el nuevo estatus del país americano. Por su parte, México igualmente perseguía el reconocimiento británico para acceder a préstamos, tecnología y como un contrapeso a la amenaza latente de la Santa Alianza, con su política legitimista de apoyo a España, y una barrera al expansionismo de los Estados Unidos. El ministro de Relaciones Exteriores, George Canning estaba a favor del reconocimiento y recibió informes favorables sobre el México republicano de 1824, de una primera comisión conformada por Lionel Hervey, Charles O'Gorman y Henry G. Ward. A esto le siguió el nombramiento de José Mariano Michelena

[34] "Salvador Bermúdez de Castro al primer secretario del Despacho de Estado, México, 28 de abril de 1847", en Macrina Rabadán Figueroa, "*Ser o no ser...* español en México: los vaivenes en la definición y elección de la nacionalidad, 1821-1857", *Estudios. Filosofía. Historia. Letras*, Nueva Época, vol. IV, núm. 76, primavera, 2006, p. 81.

como ministro plenipotenciario y enviado extraordinario en Gran Bretaña y de Vicente Rocafuerte como secretario de la delegación.

Luego de algunas dificultades, Canning les informó en diciembre de 1824 que su país reconocía a los nuevos Estados americanos, tras lo cual en enero del año siguiente se iniciaron las negociaciones para acordar un tratado. Los puntos de desacuerdo giraron en torno a la definición de *barco mexicano*, para efectos de las condiciones de navegación, de la intolerancia de otra religión distinta a la católica en la legislación mexicana, y la concesión de privilegios comerciales para la Gran Bretaña. Finalmente el tratado, favorable a México en varios puntos, fue firmado el 26 de diciembre de 1826[35] y ratificado por el Congreso Mexicano en abril del año siguiente.[36]

México era un país católico —que mantuvo la intolerancia en todo este periodo—, por lo que su relación con el Vaticano era considerada de alta prioridad. El canónigo Francisco Paula Vázquez fue enviado a la Santa Sede en 1824 para iniciar el contacto con el papado, a condición de que éste reconociese para México el ejercicio del patronato y la inclusión de la diócesis de Chiapas en el arzobispado de México. Sin embargo, el papa León XII mostró su preferencia a favor de Fernando VII y la Santa Alianza y su rechazo a las nuevas naciones independientes. En ese sentido fue emitida su encíclica *Etsi iam dium* para los obispos de América. Las arduas gestiones de diplomáticos mexicanos como Vicente Rocafuerte y Sebastián Camacho, quienes denunciaron las maniobras de Vázquez y sus acciones contrarias a la misión que se le había encomendado, no derivaron en el reconocimiento del Vaticano, que sólo se logró después del de España en 1836.[37]

Una vez logrado el reconocimiento británico en 1824, se gestionaron con mayores expectativas de éxito acuerdos con Holanda y Prusia, que favorecerían a los comerciantes de estos países, lo mismo que a los de Hamburgo y Bremen. En realidad, los esfuerzos de las partes se habían detenido ante el temor de la Santa Alianza. Pero finalmente Hamburgo y Bremen otorgaron su reconocimiento a México y Colombia, a lo que siguió la firma de un tratado en 1827. Como éste no fue ratificado en el Congreso debido a los problemas internos de México, se acordó otro en 1831, que sí contó con la aprobación mexicana. Con Holanda también se logró un primer tratado en 1827, pero sólo pudo ser ratificado al año siguiente.

[35]"Tratados de amistad, navegación y comercio entre los Estados Unidos Mexicanos y SM el Rey del Reino Unido de la Gran Bretaña e Irlanda, 26 de diciembre de 1826", en Dublán y Lozano, *op. cit.*, vol. 2, pp. 19-25.

[36]Jaime E. Rodríguez O., "México en el mundo", en Alicia Hernández Chávez (dir.), Manuel Miño Grijalva (coord.), *México. Crisis imperial e independencia, t. 1, 1808-1830*, Lima, Fundación Mapfre/Taurus (América Latina en la Historia Contemporánea), 2011, pp. 103-117.

[37]*Ibidem*, pp. 118-124.

Prusia, por su parte, vio con recelo el dominio del mercado mexicano que podían alcanzar Inglaterra, Holanda y las repúblicas Hanseáticas, y optó por el reconocimiento de México en 1827. Pero la suerte de este tratado fue similar a los firmados con otros países, pues el clima político adverso en el ámbito doméstico de México sólo permitió su ratificación e intercambio en 1831. Asimismo, en el curso del año siguiente se firmaron los de Würtemberg, Baviera y Suiza. En el caso de Suecia, pese a los buenos oficios de Vicente Rocafuerte, por parte de México, que consiguió un primer acuerdo en 1828, nuevamente los conflictos internos de México impidieron su ratificación, con lo que el asunto sólo fue retomado después del reconocimiento de España en 1836.[38]

Pero el reconocimiento más temprano provino de la región recién descolonizada, es decir, de la Gran Colombia (conformada en la actualidad por Venezuela, Colombia y Ecuador), que en octubre de 1821 reconoció al Imperio mexicano y nombró como su representante en este país a Miguel Santamaría. A su vez, las Cortes mexicanas hicieron lo propio en abril del año siguiente. Sin embargo, este buen comienzo se arruinó cuando Santamaría se rehusó a reconocer a Iturbide como emperador, ante lo cual se ordenó su expulsión. No obstante, el ministro permaneció en Veracruz y apoyó la oposición a Iturbide. Así, tras la caída de éste, sí se firmó un tratado con el nuevo gobierno, ratificado en diciembre de 1823.[39]

Con Chile y Perú, por diversas dificultades, no fue posible un proceso similar, pero con Centroamérica, que se había unido al Imperio de Iturbide y separado tras su abdicación, se establecieron relaciones en 1824.[40] En ese mismo año se inició el contacto con Brasil, cuyo reconocimiento recíproco se dio en 1830. El Congreso de Panamá realizado en 1826 sólo contó con la presencia de México, Centroamérica, la Gran Colombia y Perú, que firmaron un tratado de carácter defensivo en contra de cualquier dominación extranjera, que finalmente no fue ratificado por las partes. Los buenos propósitos a favor de la unión hispanoamericana se fueron diluyendo, por diversas causas y conflictos internos y externos. En 1828 el presidente Bolívar violó el tratado de 1824 con Colombia, pese a la iniciativa en 1831 del ministro de Relaciones Exteriores, Lucas Alamán, en el sentido de reavivar esa colaboración. También se registraron la atomización de la Gran Colombia y de Centroamérica.[41]

[38] *Ibidem*, pp. 129-134.

[39] "Tratado de amistad, con la República de Colombia, 2 de diciembre, 1823"; "Decreto. Aprobación de un tratado de comercio con Colombia, 19 de febrero de 1824", en Dublán y Lozano, *op. cit.*, vol. 1, pp. 687-690.

[40] "Decreto. Reconocimiento de la independencia de las Provincias del Centro de América, 20 de agosto de 1824", en Dublán y Lozano, *op. cit.*, vol. 1, p. 713.

[41] Jaime E. Rodríguez O., "México en el...", *op. cit.*, pp. 140-142.

## El terreno minado de la economía

En el aspecto económico, la Nueva España de 1810 había pasado por una restructuración administrativa con base en las intendencias y una centralización financiera, como resultado de las reformas borbónicas, que derivó en el fortalecimiento de los poderes locales —aumento de pueblos y ciudades— y la descapitalización del reino en beneficio de la metrópoli. Su prosperidad de mediados del siglo XVIII se fue mermando hasta llegar al inicio del siguiente en un escenario desfavorable, con un gobierno colonial endeudado y la aparición de préstamos y donativos, forzosos y voluntarios. En particular, la consolidación de vales reales en 1804 afectó a la Iglesia, una institución que tenía un papel muy importante como prestamista para el financiamiento de otras actividades económicas.[42]

Las guerras de la Corona española en Europa a finales del siglo XVIII y principios del XIX aumentaron la presión fiscal en la Nueva España, creando un clima de tensiones sociales que antecedieron al movimiento de independencia. A esta descapitalización se agregaron los efectos negativos del conflicto armado contra los insurgentes, las salidas de plata de particulares rumbo a la metrópoli, así como la reorientación de la administración en favor de grupos de interés regionales, entre otros factores, para configurar una situación de atraso en la que el nuevo país iniciaría su vida independiente en 1821.[43]

Asimismo, el gobierno de Iturbide tomó medidas poco afortunadas como la disminución de los impuestos a las importaciones y la circulación interna y préstamos forzosos a grandes comerciantes. En el periodo de la República federalista, instaurada a partir de 1824, la expulsión de españoles obstaculizó la reactivación de las inversiones en el país, al salir tanto capitales como experiencia y conocimientos acumulados. Además, el crédito, que antes provenía de la Iglesia, empezó a ser proporcionado por prestamistas y especuladores particulares. En suma, la vulnerabilidad económica de la nueva nación se mantuvo a lo largo de varias décadas y en su origen encontraba dificultad para recaudar impuestos:

> La inestabilidad del modelo fiscal federal se agravó por un déficit crónico desde mediados de la década de 1820, condición virtualmente constante en

[42]Manuel Miño Grijalva, "El proceso económico", en Alicia Hernández Chávez (dir.), Manuel Miño Grijalva (coord.), *México. Crisis imperial e independencia, t. 1, 1808-1830*, Lima, Fundación Mapfre/Taurus (América Latina en la Historia Contemporánea), 2011, pp. 145-146 y 151-155.

[43]*Ibidem*, pp. 154-159.

las finanzas públicas hasta la década de 1880. Los fracasos financieros de los gobiernos federalistas y centralistas en la primera mitad del siglo XIX no se debieron sólo al desacuerdo político, las guerras (civil y extranjera) o a la ineficiencia administrativa sino, además, a la debilidad de los mercados de capital locales y de la economía en su conjunto. La razón fundamental de la bancarrota crónica de los gobiernos posindependientes radicó en la insuficiencia del sistema fiscal [...].[44]

Así, al no cumplirse las expectativas puestas en el incremento del comercio exterior y en el beneficio de eliminar los impuestos internos, se terminó por recurrir a la contratación de deuda externa con casas bancarias inglesas, a lo que se agregó la presencia constante del contrabando. También cobró importancia un pequeño grupo de comerciantes-agiotistas, encargado de proporcionar créditos sobre todo a los gobiernos en turno. En el ámbito de la minería, la producción de la plata en la Nueva España ya se había resentido desde 1810 y no se recuperó sino hasta 1848, a pesar de las inversiones inglesas en este sector.[45]

El comercio con el exterior, que ya había sido flexibilizado en parte desde finales de la época colonial, registró una mayor actividad a partir de la independencia cuando se liberalizó del todo.[46] A él se incorporaron especialmente los extranjeros, quienes resintieron algunas disposiciones de gobernantes que buscaban desesperadamente allegarse de recursos. Ése fue el caso del incremento del impuesto al consumo de mercancías importadas a 15 por ciento, de finales de 1839, que provocó el *quiebre* de grandes comerciantes y condujo a reclamaciones internacionales. También propició el apoyo de los comerciantes de Veracruz para derrocar al presidente Anastasio Bustamante y favorecer el ascenso de Santa Anna quien, en recompensa, disminuyó "los derechos de importación y el impuesto al consumo interno de esos productos". Sin embargo, para septiembre de 1843 fue otra vez Santa Anna quien, ante la penuria del erario, mandó incrementar el impuesto al consumo de productos importados dos veces. Posteriormente el sector de la minería registró nuevos gravámenes.[47]

La guerra contra Estados Unidos agravó aún más la situación, pues además de la suspensión temporal de pagos a los agiotistas, entre 1846 y

[44] *Ibidem*, pp. 162-163.
[45] *Ibidem*, pp. 163-171.
[46] *Ibidem*, pp. 182-186.
[47] Luis Jáuregui, "Federalismo y centralismo: los percances de la hacienda pública, 1821-1846", en *Gran historia de México ilustrada, t. III, El nacimiento de México, 1750-1856*, México, Planeta DeAgostini/Conaculta/INAH, 2001, pp. 294-296.

1848, los ingresos de las aduanas sirvieron a las tropas de ocupación. Luego, al final de la guerra, los fondos obtenidos por la indemnización estipulada en los Tratados de Guadalupe aliviarían sólo temporalmente la hacienda pública.[48]

## Conflictos entre varios frentes

### *Expulsión de españoles*

La situación de México en los primeros años de su vida independiente se caracterizó por sus dificultades hacendarias y el declive de las actividades económicas florecientes en la época colonial, es decir, la agricultura, el comercio y la minería, que se resintieron no sólo por el propio movimiento armado, sino también por la salida de capitales de los peninsulares. En contraste, los españoles europeos que se habían quedado ocupaban posiciones importantes dentro de la sociedad.

En el aspecto político, la década de 1820 presenció un fuerte enfrentamiento entre las logias escocesa y yorkina, del cual se volverían un blanco de ataque los peninsulares. La masonería del rito escocés llegó a la Nueva España gracias a las tropas españolas que arribaron en 1814, adhiriéndose a ella "criollos cosmopolitas y blancos acomodados"; con el fracaso de la alianza lograda por Agustín de Iturbide, las logias escocesas intervinieron en la caída de su régimen. Así, el triunvirato que se formó en abril de 1823 por el general peninsular Pedro Celestino Negrete, Nicolás Bravo, gran maestre de la logia escocesa, y Guadalupe Victoria tuvo el sello escocés. En contraparte, la logia yorkina se fundó en 1825, con el registro de la de York y bajo la influencia del ministro norteamericano Joel R. Poinsett.[49]

El Congreso Federal de 1827 estuvo dominado por los yorkinos, lo que devino en la paralización de la vida política del país. La beligerancia desatada entre ambas logias se vio atizada por la conspiración del padre Arenas en enero de 1827 y el pronunciamiento del plan de Montaño, dirigido por el vicepresidente Bravo en diciembre de ese año.[50] En una época de deterioro económico generalizado, se atribuyó a la prosperidad económica de los an-

[48]*Ibidem*, pp. 296-297, 300.

[49]Romeo Flores Caballero, *La contrarrevolución en la independencia. Los españoles en la vida política, social y económica de México (1804-1838)*, México, Colmex/Centro de Estudios Históricos (Nueva Serie, 8), 1969, pp. 104-105.

[50]Harold D. Sims, *La expulsión de los españoles en México (1821-1828)*, trad. Roberto Gómez Ciriza, México, FCE (Obras de Historia) [2ª. reimp.], 1995, pp. 22-24 y pp. 115-118, 122, 139 y ss.

tiguos españoles peninsulares el origen de la crisis del país.[51] Los yorkinos entonces emitieron un decreto (10 de mayo de 1827) que inhabilitaba a los peninsulares para ocupar cargos públicos, civiles o militares, de orden federal y fue el primer paso hacia las leyes de expulsión posteriores. Se sucedieron una serie de leyes y circulares hasta 1833, que insistían en el cumplimiento de la expulsión de españoles, tratando de eliminar las irregularidades que se daban en la práctica y relativas a la cuestión de las excepciones.[52]

La legislación adversa a los españoles de ese tiempo nos muestra cómo se fue escalando la animadversión en su contra, pues ya una primera ley de 1826[53] prohibía su entrada a la República. Al año siguiente, otra les impidió a quienes lo eran "por nacimiento [...] ejercer cargo ni empleo alguno de nombramiento de los poderes generales en cualquier ramo de la administración pública, civil y militar, hasta que la España reconozca la independencia de la nación".[54] Es decir, esta disposición afectaría incluso a los peninsulares que al encontrarse en el país antes de 1821 ya eran mexicanos. En ese mismo sentido, la ley del 20 de diciembre de 1827,[55] que ordenó la expulsión de españoles y exigió un juramento de reconocimiento de la independencia y sus instituciones, tampoco dispuso excluir a los españoles convertidos en mexicanos.

En cambio, si bien estipuló las condiciones para poder ser exceptuados y permanecer en el país, también incluyó un criterio discrecional para decidir el caso de otros españoles. Fue hasta la ley del 20 de marzo de 1829,[56] que al ratificar su expulsión, introducía una definición de éstos, al tiempo que exceptuaba a los nacidos en territorios americanos y Filipinas, dio por sentado un significativo reconocimiento de la vecindad y naturaleza distinta de americanos y asiáticos respecto de los peninsulares: "2. Se entienden por españoles los nacidos en los puntos dominados actualmente por el rey de España, y los hijos de españoles nacidos en alta mar. Se exceptúan solamente los nacidos en Cuba, Puerto Rico y Filipinas".[57]

[51] Harold D. Sims, *La expulsión...*, *op. cit.*, pp. 38-39.

[52] Véase esta compilación.

[53] Ley del 25 de abril de 1826. En esta compilación aparece como bando del 28 de abril de ese año: "Francisco Molinos del Campo, gobernador del Distrito Federal. Se prohíbe recibir en los puertos de la República a los españoles mientras dure la guerra con su país", en Archivo Histórico del Distrito Federal, Colección de Bandos, vol. 1, expediente 20.

[54] "Los españoles no podrán tener empleo de nombramiento de los supremos poderes, 10 de mayo de 1827", en Dublán y Lozano, *op. cit.*, vol. 2, p. 12.

[55] "Ley de expulsión de españoles, 20 de diciembre de 1827", en Dublán y Lozano, *op. cit.*, vol. 2, pp. 47-48.

[56] "Ley: sobre expulsión de españoles, 20 de marzo de 1829", en Dublán y Lozano, *op. cit.*, vol. 2, p. 98.

[57] *Ibidem*, artículo 2.

Pero la noción de vecindad resurgió en los discursos que defendían a los españoles de la expulsión, para subrayar la integración horizontal de los peninsulares en la comunidad redefinida a partir de la independencia:

> Los que por muchos años han vivido en un país sin contradicción alguna, lo han cultivado y contribuido a su engrandecimiento con el fruto de su trabajo; los que han empeñado sus capitales dando ocupación a muchos [...] procreado y educado hijos [...] dicen los publicistas adquieren un derecho indisputable, que llaman de vecindad, para vivir en el país, sin que nadie pueda privarles de él sino por culpa personal.[58]

En relación con el alcance en la aplicación de estas leyes de expulsión de españoles, Harold D. Sims ha señalado un efecto limitado en la práctica, pero un trabajo más reciente, de Jesús Ruiz de Gordejuela, cuestiona las cifras de ese autor, considerándolas a la baja y que muestran aspectos de la dimensión humana de esas expulsiones.[59]

### *Bloqueo francés o Guerra de los pasteles*

Francia mostró un marcado interés en el comercio con México desde el inicio de la década de los veinte. De ahí la presencia alternada de sus agentes secretos Schmaltz y De la Motte en 1823, el teniente del navío *Samouel*, el capitán Cuvillier y el agente comercial francés Alexander Martin, en los años siguientes. Con la información recabada, el gobierno francés resintió la influencia que iba tomando el comercio británico en México. Sin embargo, también se registró la preferencia de los consumidores mexicanos por los productos franceses. En 1827 se concertó un acuerdo entre ambos países por el que se otorgaban el tratamiento de "nación más favorecida". Sin embargo, al no ser ratificado por el Congreso mexicano, se inició un proceso de fricciones entre ambas naciones, que lejos de llevarlos a la firma de un tratado definitivo, desembocaría en el bloqueo francés a este país (1838) o la "Guerra de los pasteles", nombre que recibió por la exagerada reclamación del pastelero francés Ramontel, cuyo local había sido dañado en una revuelta.[60]

[58]"Política: Discurso sobre la expulsión de los naturales y ciudadanos de esta República nacidos en España", *El Sol*, 14 de septiembre de 1827, citado en Érika Pani, "De coyotes y gallinas: hispanidad, identidad nacional y comunidad política durante la expulsión de españoles", *Revista de Indias*, vol. LXIII, núm. 228, mayo-agosto de 2003, p. 365.

[59]Para mayores detalles sobre esta problemática, véase Macrina Rabadán Figueroa, "Nacionalidad y extranjería a propósito de los españoles en México (siglo XIX), *Migraciones*, núm. 25, 2009, pp. 18-21 y ss.

[60]Para mayores detalles y bibliografía sobre el particular, véase Macrina Rabadán Figueroa, *Propios y extraños: la presencia de los extranjeros en la ciudad de México, 1821-1860*, México,

El gobierno francés se encontraba dividido respecto del reconocimiento de México: el presidente del consejo de ministros, Villèle, se mostraba favorable, pero no así el barón Ange Dumas. Las tendencias legitimistas entraron en conflicto con los intereses comerciales, a lo que se agregaba la presión que significaba el reconocimiento británico de 1824. Cambios en el interior del gobierno francés tampoco favorecieron el avance de las negociaciones y sólo se logró un primer tratado en 1830, tras la caída del rey borbón Carlos X. Sin embargo, este documento no fue ratificado por el Congreso mexicano, con lo que hubo que esperar hasta 1839[61] para lograr uno definitivo.[62]

En el fondo del conflicto con Francia estaba el tema del comercio al menudeo, que se convirtió en un asunto espinoso para las autoridades mexicanas y los agentes extranjeros, que intentaron garantizarlo para sus connacionales. Sin embargo, en la realidad era una práctica común para los extranjeros, de tal forma que el decreto de 1843 que reforzaba su prohibición y provocó airadas reacciones por parte de los diplomáticos extranjeros, partía del reconocimiento de esa situación:

> [...] Que teniendo en consideración las reiteradas quejas de todos los Departamentos, contra el ejercicio del comercio al menudeo que se ha tolerado ilegalmente a los extranjeros; penetrado del estado decadente a que ha llegado esta clase de giro para los nacionales, que por circunstancias notorias no pueden concurrir con aquellos en el mercado [...].[63]

### *Independencia de Texas*

El conflicto con Texas y su posterior separación del país conjugaron problemas que venían de la época colonial, como el despoblamiento de los territorios septentrionales, que incluían la Alta California y Nuevo México, corres-

---

Universidad Autónoma del Estado de Morelos/Miguel Ángel Porrúa, 2006, pp. 125-129. Véanse también las siguientes leyes de esta compilación: "Que sólo en caso de naufragio pueden ser admitidos en las costas de la República los buques franceses, durante el bloqueo", 20 de abril de 1838 (Dublán y Lozano, *op. cit.*, vol. 3, p. 482); "Ley sobre que si las fuerzas francesas cometen cualquiera agresión, el gobierno declare a la república en estado de guerra con el gobierno francés", 30 de noviembre de 1838 (*ibidem*, vol. 3, pp. 564-565); "Ley. Término en que los franceses deben salir de la república", 1º. de diciembre de 1838 (*ibidem*, vol. 3, pp. 566-567).

[61] "Circular del Ministerio de Relaciones. Tratado celebrado con el contra-almirante francés, 12 de abril de 1839", *ibidem*, vol. 3, pp. 617-619.

[62] Jaime E. Rodríguez O., "México en...", *op. cit.*, pp. 124-129.

[63] "Decreto del gobierno. Prohibición a los extranjeros del comercio al menudeo, 23 de septiembre de 1843", en Dublán y Lozano, *op. cit.*, vol. 4, pp. 571-572.

pondientes a los actuales estados sureños de Estados Unidos de América, alteraciones de las fronteras, a lo que se agregó la cuestión de la esclavitud.

La victoria británica en la guerra de los Siete Años (1756-1763) le costó a Francia ceder la Luisiana al oeste del río Misisipi a su aliada España como compensación por los daños sufridos durante el conflicto. Ante la necesidad de poblar esos territorios, la Corona española siguió una política colonizadora flexible que la llevó a aceptar la presencia de protestantes angloamericanos, algunos holandeses y prusianos, además de franco-canadienses e irlandeses católicos. Posteriormente, a pesar de que debido a los temores desatados por la Revolución francesa se restringió la colonización a católicos, en 1800 Napoleón Bonaparte logró la devolución de la Luisiana occidental a Francia, para luego venderla a Estados Unidos en 1803. A los antiguos habitantes españoles de la Luisiana se les autorizó entonces pasar a Texas obteniendo tierras gratis, al tiempo que Estados Unidos consideró que Texas formaba parte de la Luisiana, lo que llevó a la Corona española a cerrar sus fronteras.[64]

El expansionismo norteamericano se manifestó nuevamente con la presencia de angloamericanos en las Floridas, hecho que llevó al ministro español en Washington, Luis de Onís, a recomendar su cesión a los Estados Unidos con tal de lograr la definición clara de una frontera con la Nueva España. Fue así como se firmó en 1817 el Tratado Adams-Onís y se ratificó en 1819. Una vez más la Corona española permitió a sus súbditos de esas tierras pasar a Texas si así lo deseaban.[65]

La Colonización siguió presente en la legislación colonial una vez restablecida la Constitución de Cádiz, tras el movimiento liberal en España que obligó a Fernando VII a modificar su política absolutista. Así, en vísperas de la consumación de la Independencia, las Cortes promulgaron una ley de colonización (28 de junio de 1821), que estuvo vigente hasta que fue decretada la del México republicano de 1824 (18 de agosto).[66] Conviene recordar además que la primera "prohibía la introducción de esclavos y declaraba libres a aquellos que entraran a territorios españoles", mientras que ambas "mencionaron que los colonos fueran católicos, porque la Constitución de 1812 y la mexicana de 1824 declaraban como religión de Estado a la católica".[67]

[64]Josefina Vázquez, "Colonización e independencia de Texas", en *Gran historia de México ilustrada, t. III, El nacimiento de México, 1750-1856*, México, Planeta DeAgostini/Conaculta/INAH, 2001, pp. 221-222.

[65]Josefina Vázquez, "Colonización...", *op. cit.*, p. 222.

[66]"Decreto.- Sobre colonización, 18 de agosto de 1824", en Francisco de la Maza, *Código de colonización...*, *op. cit.*, pp. 191-193.

[67]Josefina Vázquez, "Colonización...", *op. cit.*, pp. 222-223.

Las facilidades otorgadas a los antiguos súbditos españoles para trasladarse a Texas atrajeron desde Misuri a Moses Austin, quien solicitó establecerse ahí junto con 300 familias norteamericanas. Cuando su solicitud fue aceptada (17 de enero de 1821), éste había muerto, pero su hijo Stephen Austin decidió continuar su iniciativa y logró condiciones muy favorables para los colonos: 640 acres por colono, 320 por esposa y 160 por hijo; Austin pidió todavía 80 por esclavo. Asimismo, los colonos se comprometían a practicar el catolicismo y a jurar obediencia al gobierno del rey de España.

La situación de inestabilidad política dentro de los gobiernos mexicanos a partir de 1821 impidió una política de colonización eficaz. Los proyectos presentados, como el de 1822, siguieron los lineamientos de las leyes españolas: "concesión gratis de tierras, exigencia de catolicismo a los colonos, prohibición de la compraventa de esclavos y declaración de libertad a los hijos de esclavos a los 14 años". Con la ley de colonización (enero de 1823),[68] Austin logró la ratificación de la concesión española obtenida anteriormente,[69] y a él le siguieron las solicitudes de otros europeos y angloamericanos.[70] Pero con el tiempo quedó claro que el mayor interés para los colonos texanos estaba centrado en garantizar la existencia de la esclavitud.

Algunas de las primeras familias que llegaron con Austin lo hicieron con esclavos. Por otro lado, la Constitución de 1824 definió un ejecutivo débil y la ley de colonización de ese año "sólo reservó al gobierno federal el control de las tierras comprendidas a 20 leguas de la frontera y a 10 de los litorales. La ley daba preferencia a mexicanos e indios [...] y sujetaba la introducción de esclavos a las leyes establecidas, es decir, al decreto del 13 de julio de 1824,[71] que la prohibía".[72] Sin embargo, no obstante el espíritu de esta legislación, en la práctica siguieron llegando colonos con esclavos para establecerse en Texas.

Tal como lo registró el general Manuel Mier y Terán, la unión de Coahuila y Texas fue otro motivo de inconformidad en Texas, que se fue poblando con más colonos protestantes, especuladores y dueños de esclavos. Su Cons-

[68]"Decreto para la distribución de terrenos entre los extranjeros que vengan a colonizar, 4 de enero de 1823", en Francisco de la Maza, *Código de colonización...*, *op. cit.*, pp. 171-176

[69]"Orden, previniendo al gobierno que si no encuentra inconveniente acceda a la solicitud de Estevan Austin, sobre que se le confirme la concesión de establecer 300 familias en Texas, resuelva también sobre otras solicitudes de igual naturaleza, y se suspenda hasta nueva resolución la ley de colonización dada por la Junta Instituyente, 11 de abril de 1823", en Francisco de la Maza, *op. cit.*, p. 176.

[70]Josefina Vázquez, "Colonización...", *op. cit.*, pp. 224-225.

[71]"Decreto.- Prohibición del comercio y tráfico de esclavos, 13 de julio de 1824", en Francisco de la Maza, *op. cit.*, pp. 187-188.

[72]Josefina Vázquez, "Colonización...", *op. cit.*, p. 225.

titución de 1827 sólo alcanzó a establecer la "libertad de vientre", pero aunque el decreto del 15 de septiembre de 1829[73] sí permitió al presidente Vicente Guerrero disponer como una facultad extraordinaria la emancipación de todos los esclavos, éste mandó por otro lado exceptuar a Texas de su aplicación.[74] Al mismo tiempo, se manifestó el interés del presidente norteamericano Andrew Jackson para la compra de este territorio.

Cuando Anastasio Bustamante ocupó la presidencia en 1830 se estableció una nueva ley de colonización (6 de abril de 1830),[75] que tampoco destensó la situación, que sí se agravó con el pronunciamiento del general Antonio López de Santa Anna en contra de Bustamante en 1832. Le siguieron las movilizaciones de los texanos, la desafortunada "expedición mexicana para someter a los texanos" hasta llegar a la firma de dos tratados en Velasco, que pese a no haber sido ratificados por el Congreso mexicano, constituyeron para los texanos la confirmación de su independencia, declarada desde el 2 de marzo de 1836.[76]

### *La invasión norteamericana (1846-1848)*

El conflicto más dramático para México fue, sin duda, la guerra que libró contra Estados Unidos entre 1846 y 1848, que desembocó en la pérdida de más de la mitad de su territorio y puso en evidencia tanto el expansionismo norteamericano como los problemas internos del país, en un contexto internacional desfavorable para México.

El expansionismo de los Estados Unidos se manifestó mediante la compra de territorio, la ocupación y posterior anexión por medio de un tratado o bien por la conquista; este último fue el caso de la invasión armada a México, con una pretendida justificación ideológica de expansión de la libertad o "Destino Manifiesto".[77]

Por el tratado Adams-Onís de 1819, Estados Unidos recibió la península de la Florida, así como el territorio de la costa del Golfo de México entre el

[73]"Abolición de la esclavitud, 15 de septiembre de 1829", en Basilio José Arrillaga, *Recopilación de leyes, decretos, bandos, reglamentos, circulares y providencias de los supremos poderes y otras autoridades de la República mexicana formada de orden del Supremo Gobierno por el Lic. BJA*, México, Imprenta de JM Fernández de Lara, 1829, p. 109.

[74]Josefina Vázquez, "Colonización...", *op. cit.*, pp. 229-230.

[75]"Se permite la introducción de ciertos géneros de algodón; destinos de los derechos que produzcan y providencias relativas a la colonización y al comercio, 6 de abril de 1830", en Francisco de la Maza, *op. cit.*, pp. 241-244.

[76]Josefina Vázquez, "Colonización...", *op. cit.*, pp. 231-240.

[77]Jesús Velasco Márquez, "La guerra de Estados Unidos contra México", en *Gran historia de México ilustrada, t. III, El Nacimiento de México, 1750-1856*, México, Planeta DeAgostini/Conaculta/INAH, 2001, p. 262.

río Misisipi y la Florida, que había sido ocupado por norteamericanos antes del tratado. Anteriormente habían comprado la Luisiana a Francia en 1803 e incluso desde entonces pretendieron incluir a Texas en esa adquisición. Más tarde, con los gobiernos de John Quincy Adams y Andrew Jackson intentaron comprarla a México para lo cual comisionaron a Joel R. Poinsett; luego insistiría nuevamente el enviado Anthony Butler bajo el gobierno de Jackson, con el rechazo en ambos casos de los gobiernos mexicanos.[78]

Cuando finalmente en 1836 los texanos declararon su independencia, contaron con el apoyo de ciudadanos norteamericanos violando el estado de neutralidad establecido por el gobierno del presidente Jackson. La anexión de Texas a los Estados Unidos en 1845 fue considerada por México como motivo de guerra con base en argumentos legales y de seguridad,[79] y condujo a la suspensión de relaciones diplomáticas con Estados Unidos.[80]

Por otra parte, el gobierno de James Knox Polk envió a John Slidell aparentemente a negociar con el gobierno del presidente José Joaquín Herrera un acuerdo que contemplaba la idea de que Texas llegaba hasta el río Bravo, la solicitud de pago de indemnizaciones a ciudadanos norteamericanos y la oferta de compra de los territorios de Nuevo México y California. En realidad se trataba de una tentativa expansionista de Polk.

Pero el presidente Herrera no consiguió ninguna salida negociada y en cambio fue sustituido en enero de 1846, por el general Mariano Paredes, quien tampoco logró nada en los siete meses de su gobierno. Polk recurrió a versiones amañadas sobre un supuesto ataque mexicano en suelo norteamericano, y el 13 de mayo de 1846 el Congreso norteamericano declaró la guerra a México. Por parte de éste, también se reconoció el estado de guerra y se inició la defensa armada del país. La invasión norteamericana se extendió también por los territorios mexicanos de Nuevo México y California, con el proyecto adicional del presidente Polk de conquistar Coahuila y Chihuahua.[81]

En 1846 el escenario mexicano era de crisis, agudizada por el apoyo que otorgó el presidente Mariano Paredes a una conspiración monarquista. Las derrotas de Palo Alto y Resaca de Guerrero aceleraron su caída, a pesar de que fue declarado presidente provisional. Así, sus enemigos federalistas lo desconocieron y propiciaron, en cambio, la vuelta a la Constitución republi-

[78] *Ibidem*, p. 264.

[79] "Ley se autoriza a gobierno para que pueda oír las proposiciones que ha hecho Tejas, 17 de mayo de 1845", en Dublán y Lozano, *op. cit.*, vol. 5, p. 17; "Ley. Se convoca a la nación a la defensa de la independencia nacional, amenazada por la usurpación de Tejas, 4 de junio de 1845", en Dublán y Lozano, *op. cit.*, vol. 5, pp. 19-20.

[80] Jesús Velasco, "La guerra de Estados...", *op. cit.*, pp. 265-266.

[81] *Ibidem*, pp. 266-273.

cana federal de 1824 bajo la presidencia de Antonio López de Santa Anna. Éste, sin embargo, delegó el mando político en el vicepresidente Valentín Gómez Farías, al acometer la defensa armada en contra del ejército de Taylor. Le siguieron la derrota mexicana en la batalla de la Angostura y el levantamiento de "Los Polkos", en contra de Gómez Farías, y el regreso de Santa Anna a la ciudad de México. Mientras tanto, por Veracruz avanzaba el general Winfield Scott rumbo a la capital del país.[82]

A mediados de 1847 llegó el comisionado norteamericano Nicholas P. Trist para negociar la paz, y entre agosto y septiembre de ese año el ejército norteamericano ocupaba la ciudad de México. A la renuncia de Santa Anna a la presidencia le siguió el ascenso de Manuel de la Peña y Peña como presidente interino y luego el general Pedro María Anaya. Éste nombró a Bernardo Couto, Luis G. Cuevas y Miguel Atristaín para iniciar las negociaciones con Trist en enero de 1848 y que culminaron con el Tratado de Paz, Límites y Arreglo Definitivo entre México y Estados Unidos de América, mejor conocido como Tratado de Guadalupe Hidalgo.[83]

En él quedaron estipulados, entre otros puntos, el reconocimiento por parte de México del río Bravo como límite sur de Texas, así como la cesión de Nuevo México y California. Estados Unidos pagaría a México 15 millones como indemnización. El tratado fue ratificado por Estados Unidos en marzo y por México en mayo de 1848, bajo la presidencia nuevamente de De la Peña, concluyendo así ese conflicto que terminó con una nueva definición de la frontera del país derivada de la pérdida de más de la mitad del territorio mexicano.[84]

## Consideraciones finales

Al iniciar su vida independiente en 1821, México se enfrentó a los requerimientos propios de la fundación de un nuevo Estado, tales como la definición de sus nacionales —y por consiguiente, de los extranjeros—, la delimitación de sus fronteras y la búsqueda del reconocimiento en el ámbito internacional. Sin embargo, el escenario no podía ser completamente novedoso ni prometedor, pues inevitablemente se lastraron problemas y tensiones del periodo anterior, que en parte se habían expresado en forma violenta a partir de 1810, e incluso al principio hubo que organizarse en varios aspectos con base en normas heredadas de su antiguo estatus.

[82] *Ibidem*, pp. 273-275.

[83] "Tratado de paz, amistad y límites entre la República mexicana y los Estados Unidos del Norte, 30 de mayo de 1848", en Dublán y Lozano, *op. cit.*, vol. 5, pp. 367-380.

[84] Jesús Velasco, "La guerra de Estados...", *op. cit.*, pp. 277-280.

Así, la nueva nación fue negociando tratados internacionales con el resto de las naciones en un contexto exterior poco favorable, al tiempo que recibía en su territorio un mayor flujo de extranjeros respecto de la época colonial. Este escenario planteaba la dificultad para aquellos que no profesaran la religión católica, habida cuenta de la intolerancia religiosa vigente. La presencia de los españoles resultó particularmente delicada a la luz de los problemas políticos entre las logias masónicas, lo que derivó en las leyes de expulsión en su contra. México también enfrentó agresiones y conflictos con otras potencias, como el intento de reconquista español de Barradas en 1829, la independencia de Texas en 1836 y su anexión a los Estados Unidos en 1845, el bloqueo francés de 1838 y finalmente la invasión norteamericana de 1846-1848. Esta última le dejaría como saldo la pérdida de más de la mitad de su territorio, es decir, la redefinición de su frontera septentrional.

Los retos y las dificultades que encontró México en su primer tramo de vida independiente respecto de las cuestiones migratorias y relativas a la extranjería quedaron plasmados en las diversas recopilaciones legislativas de la época y posteriores. De ahí el imperativo de su consulta al abordar cualesquiera de estos aspectos, pues las diversas disposiciones legales emitidas en esos años dan cuenta, entre otras cosas, de los intentos —a menudo fallidos— de sus gobernantes por controlar un país y de los intereses de los actores individuales o colectivos, incluidos señaladamente los extranjeros, que se manifestaban en cada coyuntura.

## Bibliografía y hemerografía

ARRILLAGA, Basilio José, *Recopilación de leyes, decretos, bandos, reglamentos, circulares y providencias de los supremos poderes y otras autoridades de la República mexicana,* México, Imprenta de JM Fernández de Lara, 1829.

BARNEY, Óscar Cruz, "Las recopilaciones de derecho en el México independiente", en Mario Téllez G. y José López Fuentes (comps.), *La legislación mexicana de Manuel Dublán y José María Lozano*, México, Suprema Corte de Justicia de la Nación/Tribunal Superior de Justicia del Estado de México/Colmex/Escuela Libre de Derecho, 2004, pp. 217-255.

DUBLÁN, Manuel y José María Lozano, *Legislación mexicana. Colección completa de las disposiciones legislativas expedidas desde la Independencia de la República*, 42 tomos, México, Imprenta del Comercio, 1876-1910.

FLORES CABALLERO, Romeo, *La contrarrevolución en la independencia. Los españoles en la vida política, social y económica de México (1804-1838)*, México, Colmex/Centro de Estudios Históricos (Nueva Serie, 8), 1969.

HERZOG, Tamar, *Vecinos y extranjeros. Hacerse español en la Edad Moderna*, trad. Miguel Ángel Coll, Madrid, Alianza Editorial, 2003.

JÁUREGUI, Luis, "Federalismo y centralismo: los percances de la hacienda pública, 1821-1846", en *Gran historia de México ilustrada, t. III, El Nacimiento de México, 1750-1856*, México, Planeta DeAgostini/Conaculta/INAH, 2001, pp. 281-300.

MAZA, Francisco de la, *Código de colonización y terrenos baldíos de la República mexicana*, México, Oficina Tipográfica de la Secretaría de Fomento, San Andrés, 1893.

MIÑO GRIJALVA, Manuel, "El proceso económico", en Alicia Hernández Chávez (dir.), Manuel Miño Grijalva (coord.), *México. Crisis imperial e independencia, t. 1, 1808-1830*, Lima, Fundación Mapfre/Taurus (América Latina en la Historia Contemporánea), 2011, pp. 145-194.

MURIÁ, José María (ed.), "El general Paredes y Arrillaga y los pronunciamientos de Guadalajara en 1841 y 1844", en *La Academia Mexicana de la Historia en Guadalajara*, México, El Colegio de Jalisco/H. Ayuntamiento de Guadalajara, 1994, pp. 65-79.

PANI, Érika, "De coyotes y gallinas: hispanidad, identidad nacional y comunidad política durante la expulsión de españoles", en *Revista de Indias*, vol. LXIII, núm. 228, mayo-agosto de 2003, pp. 355-373.

RABADÁN FIGUEROA, Macrina, *Propios y extraños: la presencia de los extranjeros en la ciudad de México, 1821-1860*, México, Universidad Autónoma del Estado de Morelos/Miguel Ángel Porrúa, 2006.

_______, "*Ser o no ser...* español en México: los vaivenes en la definición y elección de la nacionalidad, 1821-1857", *Estudios. Filosofía. Historia. Letras*, Nueva Época, vol. IV, núm. 76, primavera de 2006, pp. 65-93.

_______, "Nacionalidad y extranjería a propósito de los españoles en México (siglo XIX)", *Migraciones*, núm. 25, junio de 2009, pp. 11-36.

ROJAS, Rafael, "La nueva nación frente al mundo", en *Gran historia de México ilustrada, t. III, El Nacimiento de México, 1750-1856*, México, Planeta DeAgostini/Conaculta/INAH, 2001, pp. 201-220.

RODRÍGUEZ, Juan José Iglesias, "Los prodigios del comercio. Miradas cruzadas en torno al tráfico colonial americano", en R. Sánchez Montero y Estela Erausquin (coords.), *España y América en el bicentenario de la Independencia. Miradas sobre lo extraño y el extranjero*, Sevilla, Universidad de Sevilla-Secretariado de Publicaciones, 2011.

RODRÍGUEZ O., Jaime E., "México en el mundo", en Alicia Hernández Chávez (dir.), Manuel Miño Grijalva (coord.), *México. Crisis imperial e independencia, t. 1, 1808-1830*, Lima, Fundación Mapfre/Taurus (América Latina en la Historia Contemporánea), 2011.

SIMS, Harold D., *La expulsión de los españoles en México (1821-1828)*, trad. Roberto Gómez Ciriza, México, FCE (Obras de Historia) [2ª. reimp.], 1995.

VÁZQUEZ, Josefina Z., "Colonización e independencia de Texas", en *Gran historia de México ilustrada, t. III, El Nacimiento de México, 1750-1856*, México, Planeta DeAgostini/Conaculta/INAH, 2001, pp. 231-240.

———, "El general Paredes y Arrillaga y los pronunciamientos de Guadalajara en 1841 y 1844", en José María Muriá (ed.), *La Academia Mexicana de la Historia en Guadalajara*, México, El Colegio de Jalisco/H. Ayuntamiento de Guadalajara, 1994, pp. 65-79.

———, *México y el mundo. Historia de las relaciones exteriores*, México, Senado de la República, 1990, t. II.

VELASCO MÁRQUEZ, Jesús, "La guerra de Estados Unidos contra México", en *Gran historia de México ilustrada, t. III, El Nacimiento de México, 1750-1856*, México, Planeta DeAgostini/Conaculta/INAH, 2001, pp. 261-280.

# Disposiciones jurídicas sobre extranjería entre invasiones y guerra civil, 1848-1875

Nidia Cisneros Chávez*

El periodo que corre entre los años de 1848 y 1876 está marcado por la disputa entre liberales y conservadores por la búsqueda de un Estado moderno a través de una política económica y social, acorde con el concierto de las naciones. Este espacio de tiempo es importante debido a que representa un cambio de régimen, de proyectos político-económicos que dieron un giro significativo en la emisión de permisos y normas que regulaban a los extranjeros en México.

En términos llanos, la diferencia de postura que marcó la inestabilidad política y social de México consistió en que los conservadores eran partidarios de un modelo de gobierno monárquico, que impusiera el orden económico, político y social por medio de un gobierno fuerte. El liberalismo, en cambio, era proclive a un régimen democrático con una economía de libre cambio y una regulación social, cuyos frutos se observan en la Constitución de 1857 y en las Leyes de Reforma de 1859.[1]

El enfrentamiento de esas facciones resultaron en eventos clave como el término de la dictadura santanista, el inicio del gobierno republicano-liberal; el establecimiento y caída del Segundo Imperio, así como la restauración de la República. La intrínseca diferencia de cada uno de esos regímenes se observa en un estado de continua tensión: se había olvidado el pacto federalista y cada provincia actuaba como una república, de tal manera que era necesario un poder político capaz de cohesionar los intereses nacionales; la hacienda pública tenía una enorme deuda con los tenedores de bonos ingleses y pobres recursos para hacer una sólida y eficaz estructura en la

*Investigadora del Centro de Estudios Migratorios.

[1]Justo Sierra Méndez, "Prolegómenos de la Reforma", en *Lecturas históricas mexicanas*, México, UNAM, 1994, p. 633.

organización administrativa gubernamental, donde se incluía al ejército para pacificar al país. Debe apuntarse también la sublevación indígena en Yucatán y en las provincias colindantes con Estados Unidos, las cuales agravaron la alerta del ejército, todavía más precaria durante las sublevaciones contra las Leyes de Reforma.

A pesar de los cambios constantes por los sucesivos regímenes, así como por las dificultades para establecer criterios administrativos, el Estado mexicano emitió normas que regulaban su relación con los extranjeros. Así, en materia de extranjería, las políticas quedaron sujetas a cinco temas básicos que envolvieron la legislación promulgada por el Estado mexicano: el territorio, la colonización, la cuestión de la soberanía, la libertad religiosa y el peligro extranjero.

## Colonización

La política de colonización fue un eje fundamental y común denominador del proyecto de desarrollo económico para los diferentes gobiernos de este periodo, y aglutinará una buena parte de las políticas públicas del Estado. Existen dos premisas para entender la estrategia política de colonización, una tiene que ver con el proyecto modernizador del país y la segunda con la escasa y poco preparada población que participaría en el impulso de esa modernización. El proyecto propuesto fue el impulso a la inmigración específicamente que ayudara en el desarrollo civilizatorio a la manera de las grandes potencias europeas, con las que el gobierno mexicano aspiraba a equipararse.

El 5 de julio de 1848,[2] la Junta Directiva del Ministerio de Relaciones Exteriores envió un proyecto sobre colonización que destacaba la importancia de la inmigración para poblar el territorio primordialmente por extranjeros. Para la atracción de estos foráneos, el proyecto proponía establecer leyes hospitalarias, garantías de seguridad y las condiciones idóneas para el establecimiento de franquicias. Esa legislación debería normar: las causas criminales que suscitara la estancia de los extranjeros en México, el establecimiento de colonias que eventualmente se convertirían en estados, la tolerancia religiosa, la libertad de cultos y prevenciones sobre vagos y viciosos.

La Colonización fue considerada tan importante que además de la iniciativa de proyecto, el gobierno envió ese mismo año, el *Primer decreto o resolución del gobierno sobre colonización*, que funcionaría mientras se publicaba la

[2]"Proyecto sobre colonización, presentado por la Junta Directiva del ramo al Ministerio de Relaciones, 5 de julio de 1848", en Francisco de la Maza, *Código de colonización y terrenos baldíos de la República mexicana*, México, Oficina Tipográfica de la Secretaría de Fomento, 1893, p. 393.

ley respectiva, que permitiría introducir colonos (extranjeros) por cuenta de los propietarios de haciendas para labrar tierras.[3] Entre las características que establecía el decreto para las colonias estaban: facilitar la introducción de pobladores en el interior del país, proporcionar fondos necesarios para el transporte de los inmigrantes y que se atendieran las necesidades de las haciendas ya constituidas. Este decreto constaba de 17 artículos que especificaban quiénes tendrían la facilidad de traslado y los procedimientos que se seguirían para llevarlo a cabo así como la manutención de los colonos, entre otros puntos.

Algunas circulares fueron emitidas apuntalando la ley de colonización como el reglamento que promovía el traslado de familias belgas del 11 de febrero de 1852;[4] o la circular para promover la inmigración extranjera específicamente al estado de Oaxaca del 26 de febrero de 1852. Otros decretos establecían reglas para la medición de los terrenos que se entregarían para la colonización, para el levantamiento de planos, entre otras cuestiones.[5]

Una de las concesiones territoriales más conocidas del periodo fue la del 27 de junio de 1853,[6] emitida durante el gobierno de Antonio López de Santa Anna concedía terrenos baldíos al francés Hipólito du Pasquier de Dommartin para que familias católicas europeas de origen francés, belga, alemán, italiano y español colonizaran los terrenos baldíos de Chihuahua. El suceso es importante por la magnitud de la población que colonizaría ese territorio, modelo para otras colonias que no se formarían.

De acuerdo con ese decreto, los gastos de traslado y manutención de los colonos por el lapso de un año, correrían por cuenta de Dommartin, de la misma forma que los instrumentos de trabajo, con armas y municiones para su defensa y enseres necesarios a partir de su llegada, tiempo tras el cual comenzaría la manutención de las familias por cuenta propia. El propio Dommartin sería el otorgante de los títulos de las tierras para los emigrados, de acuerdo con su propio criterio. El límite de colonos instalados en ese establecimiento sería de 25 mil personas en cinco años, los cuales, una vez alojados en territorio mexicano, obtendrían de manera automática su carta de ciudadanía. Entonces, los emigrados obtendrían franquicias y facilidades

[3]Primer decreto o resolución del gobierno sobre colonización, 5 de julio de 1848, Francisco de la Maza, *op. cit.*, pp. 368-399.

[4]"Reglamento para traslación de familias belgas, 26 de febrero de 1852", en Francisco de la Maza, *op. cit.*, p. 521.

[5]"Circular para promover la inmigración extranjera, 26 de febrero de 1852", en *ibidem*, p. 521.

[6]"Decreto concediendo terrenos baldíos de Chihuahua a Mr. Hipólito du Pasquier de Dommartin para que sean colonizados con las familias europeas que se compromete a traer, 27 de junio de 1853", en *ibidem*, pp. 535-551.

para la construcción de caminos en los límites de la colonia así como para la construcción de límites fuera de la colonia y con salida hacia el mar.[7]

Al mediar el siglo XIX se publicó el *Decreto sobre colonización europea*, del 16 de febrero de 1854,[8] promulgado aún por el gobierno de Antonio López de Santa Anna. Esta ley promovía cuantiosas oportunidades para los extranjeros si explotaban la riqueza del suelo mexicano, para lo cual se utilizaron agentes con facultades de seleccionar a quiénes trasladar hacia México de acuerdo con tres requisitos simples: que profesaran la religión católica, que tuvieran buenas costumbres y que contaran con algún oficio útil como agricultura, artes, comercio o los referentes a la industria. Asimismo, los agentes deberían procurar la comodidad de los migrantes manteniendo una flota constante para su traslado y facilitar préstamos para la llegada de aquellos otros colonos de escasos recursos, quienes tendrían dos años para pagar la deuda contraída con el gobierno mexicano.

El común denominador de las leyes de colonización fueron los incentivos para los colonos, dádivas en tierras a crédito que se irían pagando conforme aumentaran su productividad, incluía además la naturalización de la nacionalidad mexicana para que tuvieran plenos derechos. Bajo esas condiciones ingresaron al país muchos extranjeros con la intención de encontrar oportunidades de desarrollo, sin embargo, también incursionaron quienes se aprovecharon de las condiciones favorables y buscaron ventajas personales.

El suceso más conocido fue el de una supuesta colonia minera que se instalaría en la parte norte del estado de Sonora, a cargo del conde Gastón Raousset de Boulbon en 1853. Se trataba de uno de los proyectos más ambiciosos por las facilidades otorgadas a la empresa y las relaciones de alto nivel que se consolidaron con capital francés, el interés del embajador de Francia en México, la connivencia del gobernador de ese estado y una nutrida colonia francesa asentada en Sonora. Por desgracia, la ambición de Raousset de Boulbon, jefe de la colonia, llevó el proyecto colonizador a buscar la independencia de Sonora tal como lo habían hecho los colonos texanos.[9]

[7]De acuerdo con González Navarro, la concesión obligaba a los colonos a defender sus terrenos y su nueva patria, sometiéndolos a las leyes del país y la práctica de la religión católica. El ministro francés Alphonse Dano aprovecharía el momento para promover la ayuda europea en América, lo que para el mismo autor se trataba de la alevosa actuación de los cónsules franceses que veían a México en un estado de permanente revolución que podían aprovechar para extender su influencia. Véase Moisés González Navarro, *Los extranjeros en México y los mexicanos en el extranjero, 1821-1970*, vol. 1, México, Centro de Estudios Históricos/Colmex, 1993 (1821-1867), p. 342.

[8]Decreto sobre colonización europea, 16 de febrero de 1854, en Dublain y Lozano, *op. cit.*, vol. 7, pp. 51-53.

[9]Antonio García Cubas, "El conde Raousset de Boulbon", en Ernesto de la Torre Villar (comp.), *Lecturas históricas mexicanas*, t. 2, México, UNAM, 1994, pp. 431-440. Véase una crónica completa en Moisés González Navarro, *Los extranjeros...*, *op. cit.*

Los rasgos que caracterizaron a los colonos europeos tuvieron un cierto paralelismo con lo estipulado por la legislación colonizadora, volviéndose un estereotipo la forma de ver a los extranjeros "benéficos":

> El colono ideal era un padre de familia —robusto— casi congénitamente honrado, embebido de un amor sin descanso por el trabajo, privado de ambiciones políticas, respetuoso de la autoridad, y muy hábil en el arte de extraer prosperidad de una tierra obstinada. La nacionalidad del colono variaba, dependiendo de los informes sobre cuáles pueblos europeos estaban emigrando, su reputación, y si significaban o no un peligro para la seguridad nacional.[10]

También se creía que el colono, por sí mismo, traía nuevas ideas, métodos y estilos de trabajo, así como el arraigo de la disciplina europea para enriquecerse espiritualmente.[11]

En este cuadro ideal figuraban principalmente artesanos y trabajadores de la tierra, es decir, población rural. Sin embargo, la realidad fue que la mayoría de los extranjeros estuvieron asentados en zonas urbanas como comerciantes, prestadores de servicios, dedicados a la industria manufacturera o como inversionistas de minas y casi todos habían rechazado su naturalización.

El último régimen de Antonio López de Santa Anna (1853-1855), quien lejos de poner fin a la inconformidad social generada bajo un sentimiento de derrota, encaró militarmente el levantamiento de sus opositores, un conflicto que dejó una deuda interna subsidiada con el dinero obtenido por la venta del territorio del norte y con un aumento de impuestos. Bajo este panorama, inició la Revolución de Ayutla en 1855 encabezada por Ignacio Comonfort, quien encausó muchas de las demandas de las entidades, inconformes con la política santanista: pueblos que habían quedado sin representación, despojados de sus bienes, la exigencia por el reconocimiento de ayuntamientos y de concejos municipales que habían sido abolidos en 1853, entre otras demandas.[12]

[10] Dieter George Berninger, *La inmigración en México (1821-1857)*, México, SEP (Sepsetentas), 1974, p. 184.

[11] *Ibidem*, p. 185.

[12] *Cfr.* De acuerdo con González Navarro, el gobierno de Comonfort autorizó la adquisición de fincas rústicas y urbanas, y minas metálicas y de carbón de piedra a los extranjeros, entre otros bienes raíces, siempre y cuando estuvieran establecidos a más de 20 leguas de la frontera, Moisés González Navarro, *Los extranjeros...*, *op. cit.*, p. 354. Andrés Lira y Anne Staples, "Del desastre a la reconstrucción republicana, 1848-1876", en *Nueva historia general de México*, México, Colmex, 2010, pp. 449-450.

Una regulación importante de la política de colonización fue el fraccionamiento de los terrenos baldíos. Desde 1848 se emitieron una serie de decretos en los estados de limitación y deslinde para la adquisición de terrenos, aun de los propios habitantes mexicanos. Ese tipo de decretos también inició de manera local, hasta que el 31 de mayo de 1875 el gobierno federal emitió el *Decreto de Autorización al Ejecutivo para celebrar contratos sobre colonización*, uno de los documentos más importantes para la contratación de jornaleros agrícolas, antecedente que define las condiciones laborales de los inmigrantes guatemaltecos que trabajarán las fincas cafetaleras del sureste mexicano.[13]

Esa norma estableció la celebración de contratos de colonización con especificaciones precisas para las familias que llegaran a trabajar en las fincas agrícolas entre las que destacaban: subvención por familia; anticipo con un rédito equitativo hasta de cincuenta por ciento del salario; subsidios por familia inmigrante; prima por familia de raza indígena establecida en las colonias de inmigrantes o por familia mexicana asentada en las colonias de la frontera. Con esta legislación, el esfuerzo de colonización tendría un impulso significativo durante el periodo posterior, el del Porfiriato.[14]

Durante el gobierno del Segundo Imperio mexicano, se instalaron oficinas de inmigración y se realizaron gastos considerables en la medición y deslinde de terrenos, lo que muestra el interés sobre los planes colonizadores del emperador en la llegada de europeos.[15] En 1864 el gobierno imperial había ordenado beneficios para los emigrantes alemanes que se dirigían a Veracruz, principalmente a Córdoba y Orizaba, mediante un decreto consignado bajo el largo título que resume su esencia: "Se ordena se disponga un edificio en donde además de alojamiento, les proporcione a los que vengan a colonizar el alimento necesario a precio cómodo y gratis, en caso de que carezcan de recursos".[16] En este documento se permitía el ingreso de extran-

[13] "Decreto del Congreso. Autoriza al Ejecutivo para celebrar contratos sobre colonización, 31 de mayo de 1875", en Dublán y Lozano, *Legislación mexicana. Colección completa de las disposiciones legislativas expedidas desde la Independencia de la República*, vol. 12, México, Imprenta del Comercio, 1876-1910, pp. 742-743.

[14] "Como el 8 de agosto de 1855 se abolieron las cartas de seguridad que anualmente concedían los cónsules a sus nacionales, el de Inglaterra comunicó a la Foreign Office que ignoraba el número exacto de los ingleses residentes en México. Sin embargo, posteriormente informó que ascendían a 345, incluidos los que vivían en Zacatecas, Guanajuato, San Luis Potosí, Tampico, Matamoros, Tepic y Mazatlán; su número variaba constantemente en Veracruz por la insalubridad de ese 'puerto'". Moisés González Navarro, *Los extranjeros..., op. cit.*, p. 355.

[15] *Cfr.* Carlos Illades, "Poblamiento y colonización: las políticas públicas, 1854-1910", en *El poblamiento de México,* t. III, México, Segob/Conapo, 1993, p. 141.

[16] "Decreto: Se ordena se disponga un edificio en donde además de alojamiento, les proporcione a los que vengan a colonizar el alimento necesario a precio cómodo, y gratis lo último en caso de que carezcan de recursos, 25 de abril de 1865". José Sebastián Segura, *Boletín de las Leyes del Imperio Mexicano o Código de la Restauración*, núm. 267, t. 4, 1865, pp. 496-501.

jeros para la colonización en el Imperio y no distaba mucho de lo propuesto por otros gobiernos en la atención y manutención de los extranjeros, "de ser necesario" para que se internaran en el Imperio, traslados a módicos precios por ferrocarril, incluso a otorgarles trabajo durante su viaje.

> Esta Secretaría [de Fomento] al aceptar tan generosas ofertas, no puede menos que dar a un público testimonio del agrado con que las recibe, esperando que tan bello ejemplo será imitado por los propietarios de las fincas rústicas, que pueden proporcionar en ellas tierras y trabajos a los inmigrantes, lo cual facilitará mucho la colonización del país, entretanto que el Gobierno adquiere datos seguros de la extensión, calidad y situación de los terrenos en que han de formarse en grande escala las colonias que se proyectan.[17]

El decreto sobre colonización más importante durante el Imperio de Maximiliano se dio a conocer el 28 de marzo de 1865.[18] Establecía una Junta de Colonización constituida por nacionales y extranjeros, adscrita al Ministerio de Fomento para proponer proyectos de ley y reglamentos sobre colonización por cuenta del Tesoro Imperial sobre el descubrimiento, deslinde y distribución de los terrenos baldíos, basado en el proyecto de población por el incremento de inmigrantes para la utilización de esos terrenos. La normatividad en esta materia debería reglamentar: las formas para reconocimiento de terrenos nacionales y públicos; el establecimiento de medios prácticos para la ocupación indebida de terrenos; la creación de mecanismos expeditos para los juicios de deslinde; estudio del modo de atracción de inmigrantes a México, entre otras funciones.

De manera inmediata se creó el Reglamento para la ejecución del decreto de esta ley, en la que se establecía una junta de colonización formada por 12 individuos nombrados por el Ministerio de Fomento, cuatro mexicanos y el resto extranjeros a título honorífico, sin remuneración. A nivel local, existirían juntas auxiliares encargadas de resolver y proponer soluciones a la colonización en su Departamento.[19]

### El territorio

El proyecto limítrofe, en este periodo, se consideró primordial para el desarrollo del país, cuyo establecimiento legitimaría el nuevo poder político y eco-

[17] *Ibidem.*
[18] Se establece una junta llamada de "colonización" y propondrá los proyectos de ley.
[19] *Ibidem.*

nómico frente al resto de las naciones. En el orden internacional, el establecimiento de los límites mexicanos fue motivo de conflicto entre las potencias mundiales, las cuales buscaban ejercer su influencia en la región y proteger sus intereses o ampliar su territorio, lo que motivó al gobierno mexicano a fomentar negociaciones por diversas vías. La delimitación fronteriza fue primordial para la política de poblamiento y colonización de los territorios del norte, sin embargo, la guerra con Estados Unidos dio un giro dramático al límite de lo que había sido su territorio con la pérdida de 2 204 617 km$^2$ tras el Tratado de La Mesilla, en 1853.

La delimitación del territorio de la frontera sur de México con Guatemala, para este periodo, había quedado en un *impasse* tras la anexión de la región del Soconusco, en 1842. El límite entre México, Belice y Guatemala se mantuvo incierto en tanto que, para el caso mexicano, se trataba de un territorio muy lejano al centro político y a los intereses de los diferentes regímenes. La instalación de comunidades inglesas en el área de Belice para la explotación de materias primas utilizadas en la industria británica ocasionó que Inglaterra aprovechara el descuido de las autoridades mexicanas e hiciera oficial su posesión sobre Honduras (que aún no era británica) con miras a la posesión de la península yucateca para construir una ruta que conectara al Pacífico y al Atlántico.

La diplomacia mexicana comenzó a gestionar con la Corona británica los límites de Belice, cuya asamblea, integrada principalmente de británicos, había reconocido como inglés el territorio de Blue Creek, en la península de Yucatán. Este suceso inició un largo proceso diplomático entre México e Inglaterra que, a diferencia de la frontera del norte, culminó gracias a los posteriores proyectos de colonización para el desarrollo económico establecido en la última década del siglo XIX.

Para el caso de la frontera con Belice y la Honduras británica, el diálogo se estableció con Inglaterra; una segunda negociación se llevó a cabo con el gobierno guatemalteco y, aunque informalmente, Estados Unidos ejerció una enorme influencia en las negociaciones con ambas naciones. Una cuarta mediación para el establecimiento de la frontera norte se sostuvo, en términos formales, entre los gobiernos de Estados Unidos y el de México, éste en franca desventaja tras la invasión de 1847.

Después de la intervención norteamericana, México firmó el *Tratado de paz, amistad y límites con los Estados Unidos del Norte* el 30 de mayo de 1848.[20] Con este acuerdo, la ganancia de Estados Unidos era, según el mensaje del

[20]Andrés Lira apunta que el tratado de paz y límites con Estados Unidos fue firmado el 2 de febrero y ratificado por el Congreso mexicano el 30 de junio de 1848, pero no acota la fecha

presidente de ese país, James K. Polk, al Congreso de Estados Unidos: "...difícil calcular el valor de estos inmensos aumentos a nuestras posesiones territoriales".[21] Entre los territorios descritos por el presidente estadunidense se encontraban Texas, con el cual se adjudicaba una parte de las aguas navegables tributarias del Mississippi y una extensa costa marítima; Nuevo México con una importante extensión de tierra fértil con minas de metales preciosos; la Alta California con una vasta riqueza mineral y suelo fértil, además de sus costas que podrían utilizarse para el comercio con China, Asia, las Islas del Pacífico y de la parte occidental de México y Centroamérica, los países sudamericanos y las posesiones rusas que colindan con ese océano, un territorio que, consideraba Polk, podría ser el gran emporio naval de occidente; California, con grandes yacimientos de oro y minas de azogue, entre otros muchos beneficios.[22]

Un decreto interesante de este periodo fue suscrito el 19 de agosto de 1848: "Para que las familias mexicanas que se encuentran en los Estados Unidos puedan emigrar a su patria",[23] en apoyo a los mexicanos que después del Tratado de límites habían quedado en territorio estadunidense. Directamente relacionado con el tema de la colonización, en junio de ese año el gobierno mexicano destinó un fondo para la traslación de familias mexicanas que quisieran emigrar del territorio perdido en el Tratado de Paz de Guadalupe Hidalgo;[24] dos meses después decretó las características del traslado, con este documento que bien puede constituirse como el primer evento de repatriación de mexicanos de Estados Unidos.

Antonio López de Santa Anna firmó, en 1853, un nuevo tratado cediendo la mitad del territorio mexicano a Estados Unidos, fijando la frontera en el Río Bravo, fuente natural preciada para la agricultura de las colonias de norteamericanos. La Mesilla fue vendida a los Estados Unidos por 20 millones

---

en la que entra en vigor o es publicado oficialmente. Andrés Lira y Anne Staples, "Del desastre...", *op. cit.*

[21] Ángela Moyano Pahisa (coord.), *EUA. Documentos de su historia política II*, t. 2, México, Instituto Mora, 1988, pp. 213-227.

[22] El 8 de agosto de 1851 el gobierno de Arista expidió un decreto que castigaba a toda embarcación que transportara esclavos en aguas mexicanas, a la que declararían como pirata y hacían firmar a la tripulación de las embarcaciones un documento sujetándose a tal declaración, seguramente porque los barcos británicos seguían trasportando esclavos a sus plantaciones en el Caribe. Carlos González Parrodi y Mercedes de Vega (coords.), *La historia del pasaporte en México*, México, SRE, 1994, p. 64.

[23] Sobre facilitar recursos para la traslación de las familias mexicanas que se hallen en el territorio cedido a los Estados Unidos del Norte, 19 de agosto de 1848. Dublán y Lozano, *op. cit.*, vol. 5, pp. 438-441.

[24] Así llamado comúnmente el Tratado de paz, amistad y límites con Estados Unidos antes descrito.

de pesos, tras una desventajosa negociación que coaccionaba infructuosamente al gobierno mexicano ceder los estados de Tamaulipas, Nuevo León Chihuahua, Coahuila, Sonora y Baja California por 50 millones de pesos. En el territorio de La Mesilla algunos colonos incluso se habían naturalizado como mexicanos para poder manejar sus empresas sin dificultad alguna, empresarios que fueron adquiriendo puestos administrativos en El Paso, Texas, territorio que obedecía administrativamente al cantón de Bravo, pero que terminó formando parte del Condado de Texas según un acuerdo de 1850.

## La libertad religiosa

El modelo de desarrollo de los liberales fue considerado una transformación que incluía la creación e impulso de un estrato de propietarios medios, los extranjeros incluidos en este sector, que indujeran y atendieran nuevos métodos de producción agrícola, con intereses propios, así como el abandono de tradiciones corporativistas con base en cuatro ejes fundamentales: la educación, la libertad de expresión, el libre comercio y la libertad religiosa.[25]

En el umbral de la promulgación de las leyes que desvinculaban a la Iglesia del Estado, en México sólo se podía practicar la religión católica romana sin tolerancia de ninguna otra. La intolerancia religiosa significaba, entre otras cosas, una herencia colonial que mantenía a la Iglesia con el control sobre la población por medio del registro de los autos sacramentales en las parroquias, como el bautizo y el matrimonio, así como el control sobre de los cementerios, entre otros trámites administrativos.[26] Sin embargo, en la práctica existió una tolerancia de cultos pasiva por la atención a la política pública respecto de los extranjeros inversionistas o trabajadores de empresas extranjeras, tal como fue incluido en diversos tratados internacionales, por medio de los cuales se había permitido profesar una religión dis-

[25] *Cfr.* Luis Ramos, "La Iglesia y la consolidación del Estado mexicano en el siglo XIX", en Guadalupe Jiménez Codinach (coord.), *El buen ciudadano: Benito Juárez, 1806-2006*, México, INAH, 2006. p. 43. Véase también, Jean Pierre Bastián, *Protestantismos y modernidad latinoamericana. Historia de unas minorías religiosas activas en América Latina*, México, FCE, 1994, pp. 74-76. Ambos autores se refieren a la defensa del *statu quo* religioso por algunos estadistas liberales en América Latina en general, y en México, en particular. Ramos establece los antecedentes que llevaron a la coyuntura en la que se vio mermado el poder eclesiástico en México.

[26] De acuerdo con Luis Ramos, los liberales se pronunciaban específicamente contra los Estados Pontificios en apoyo a la Unidad Italiana. Apunta principalmente algunos antecedentes importantes que dieron pie a la reforma del Estado, la poca presencia de obispos, pues desde la época colonial era común la lentitud en su nombramiento y toma de posesión. Luis Ramos, "La iglesia y...", *op. cit.*, p. 41.

tinta a la católica, como fue el caso de iglesias y panteones metodistas en los que germanos e ingleses practicaban sus ritos.[27]

En el periodo que aquí se describe, el tratado que contiene esas características fue el suscrito de tipo comercial entre México y el rey de Prusia de *Amistad, navegación y comercio*, pero que garantizaba la seguridad de los súbditos germanos en México, así como el respeto a su religión y al rito funerario que llevaran a cabo si fallecieran en la República: "ni los sepulcros violados de ningún modo, ni bajo pretexto ninguno".[28]

Con la puesta en marcha del liberalismo quedó cancelado el modelo del antiguo régimen en torno a la intolerancia religiosa, y con ello inició una nueva relación entre los extranjeros y el gobierno mexicano. Al triunfo de la Revolución de Ayutla se instituyó un nuevo régimen político y económico, cuyo proyecto fue modernizar al país a través de reformas estructurales que reafirmaba la autoridad estatal por sobre la religiosa. Cuatro años intensos entre 1856 y 1860 en los que se aprobaron leyes que marcaron el nuevo rumbo del país. La Ley Juárez,[29] que igualaba los derechos jurídicos de los ciudadanos en tribunales civiles federales y no en los tribunales católicos, al mismo tiempo que abolía los fueros eclesiásticos; la Ley Orgánica del Registro del Estado Civil[30] por la que se creó el registro civil, que en adelante autorizaría inhumaciones, emitiría certificados de defunción, actas de nacimiento y otorgaría permisos para la construcción de cementerios cercanos a las comunidades donde vivían los extranjeros;[31] y finalmente la Ley sobre Libertad de Cultos que desde su primer artículo protegía el libre albedrío.

Esta ley, emitida el 4 de diciembre de 1860, en su artículo primero decía: "Las leyes protegen el ejercicio del culto católico y de los demás que se establezcan en el país, como la expresión y efecto de la libertad religiosa, que siendo un derecho natural del hombre, no puede ni debe tener más límites que el derecho de tercero y las exigencias del orden público".[32]

[27] *Cfr.* Dieter George Berninger, *La inmigración...*, *op. cit.*, p. 169.

[28] "Decreto que aprueba y ratifica el Tratado de amistad, navegación y comercio con el rey de Prusia y diferentes Estados Soberanos alemanes, de amistad, navegación y comercio, 16 de enero de 1856", en Dublán y Lozano, *op. cit.*, vol. 8, pp. 21-29.

[29] Cuyo nombre oficial era Ley de Administración de Justicia y Orgánica de los Tribunales de la Nación del Distrito y Territorios, incluir en la lista de acuerdo con el párrafo seleccionado.

[30] Ley Orgánica del Registro Civil, 28 de julio de 1859, Dublán y Lozano, *op. cit.*, vol. 8, pp. 696-702.

[31] *Cfr.* Macrina Rabadán, *Propios y extraños: la presencia de los extranjeros en la vida de la ciudad de México. 1821-1860*, México, Universidad Autónoma del Estado de México/Miguel Ángel Porrúa, 2006, p. 51.

[32] "La ley sobre libertad de cultos 4 de diciembre de 1860. Artículo 1", en Dublán y Lozano, *op. cit.*, vol. 8, pp. 762-766.

Con estas leyes se asestó el golpe final a la influencia de la Iglesia católica sobre el gobierno, y también cambió la relación entre las autoridades con aquellos extranjeros que no profesaban el culto católico, principalmente los anglosajones y germanos. Se incrementó el número de iglesias de diferentes ritos, así como el permiso de construcción de cementerios no católicos, entre otras prerrogativas a las diferentes religiones. Destaca para esta época el decreto del 25 de febrero de 1861, otorgando a los súbditos alemanes el Hospital de El Salvador para que en él realizaran sus actos litúrgicos, tras una petición expresa de esa comunidad.

## La soberanía

Gran parte del discurso en defensa de la soberanía nacional y la idea sobre la xenofobia se gestó en el periodo que aquí se analiza, dadas las invasiones al territorio mexicano por Estados Unidos en 1847, la declaración tripartita de guerra entre Francia, Gran Bretaña y España contra el gobierno de Benito Juárez, en 1861, y finalmente por el establecimiento de una monarquía moderada, hereditaria y con un príncipe católico.[33] Se trata de un periodo de cambios profundos en el sistema político, principalmente por la disminución del poder eclesiástico. Los conservadores mexicanos encabezados por Félix Zuloaga desconocieron la Constitución del 57, en franca rebeldía contra las leyes reformistas, a quienes se adhirió el presidente Comonfort, quien salió del país tras un golpe de Estado militar. Benito Juárez asumió el gobierno como correspondía a su cargo de presidente de la Suprema Corte y gobernó, junto con el gobierno del golpe militar, en una gestión itinerante, paralela a los golpistas y también a la imposición de una monarquía como la de Maximiliano de Habsburgo.

El gobierno de Juárez declaró la moratoria y, en consecuencia, España, Francia e Inglaterra enviaron tropas a los puertos mexicanos en 1861, coyuntura que utilizó oportunamente Napoleón III para expandir su influencia por el continente americano, con lo cual se vio vulnerada la soberanía nacional celosamente cuidada.[34] Entonces se emitió una serie de decretos

[33]Existe una amplia historiografía en torno a la discusión de la defensa de la soberanía en contraposición al rechazo del extranjero en el siglo XIX. Véase Delia Salazar (coord.), *Xenofobia y xenofilia en la historia de México, siglo XIX y XX*, México, INM/INAH, 2006; Clara Lida, *Los españoles en el México independiente: 1821-1950*, México, Colmex, 2006; Tomás Pérez Vejo, "La extranjería en la construcción nacional", en Pablo Yankelevich (coord.), *Nación y extranjería*, México, UNAM, 2009, entre muchas otras. Además de las discusiones generales, existen análisis también sobre grupos específicos de extranjeros que documentan el rechazo hacia ellos bajo la justificación de la soberanía nacional.

[34]Para una lectura amplia sobre el conflicto en las relaciones entre México y España, así como sobre la deuda con esa nación véase Antonia Pi-Suñer, "El eterno problema: deuda y

en torno a la estancia de los extranjeros, como el de la Secretaría de Relaciones del 25 de enero de 1861, "Sobre los motivos que impulsaron al gobierno para disponer la salida de la República de varios ministros extranjeros".[35] El documento destacaba la ambigüedad de algunos extranjeros que llegaron al puerto de Veracruz y que se declararon en favor del "gobierno reaccionario", que entonces encabezaba Miguel Miramón. La actuación del gobierno republicano fue cautelosa para evitar otros conflictos internacionales, que vulneraran las relaciones con otros países y la soberanía nacional.

Un documento interesante que señala la situación del gobierno republicano ante la invasión de los franceses fue el de 10 de febrero de 1861, "Circular de la Secretaría de Relaciones. Que las autoridades de los Estados no traten cuestiones internacionales con oficiales de fuerzas navales extranjeras",[36] cuya introducción señalaba las irregularidades en las que había operado la administración pública y restaurando los ramos de gobierno "al orden debido" tras la Guerra de los tres años. Entre tales irregularidades, apunta el documento, destacan los arreglos de algunos estados que tuvieron que pactar con fuerzas navales extranjeras "[...] a título de proteger a sus ciudadanos [y con ello] crearon dificultades en nuestros puertos".[37]

A pesar de estas circunstancias, el gobierno de Juárez continuó impulsando la inmigración emitiendo decretos como el del 13 de marzo de 1861 sobre "Franquicias otorgadas a los extranjeros y compañías de ellos, que compren terrenos para trabajos agrícolas o para establecer colonias",[38] que exentaba de impuestos a los extranjeros que desearan establecer fincas rústicas hasta por cinco años, y los que formaran una colonia quedarían exentos de impuestos hasta por 10 años, entre otros incentivos. La Ley del 2 de mayo de 1861[39] estableció medidas como la colocación de agentes mexicanos en el exterior que sirvieran como enganchadores, exención de impuestos durante cierto

---

reclamaciones (1861-1868)", y para los argumentos sobre el contexto internacional véase Agustín Sánchez Andrés, "La diplomacia hispano-mexicana: de la intervención tripartita a la caída del Imperio", ambos en Clara Lida (comp.), *España y el Imperio de Maximiliano*, México, Colmex, 1999.

[35]Sobre los motivos que impulsaron al gobierno para disponer la salida de la República de varios ministros extranjeros. Dublán y Lozano, *op. cit.*, vol. 9, pp. 20-21.

[36]Que las autoridades de los estados no traten cuestiones internacionales con oficiales de fuerzas navales extranjeras, 10 de febrero de 1861. Dubláin y Lozano, *op. cit.*

[37]*Ibidem.*

[38]Franquicias otorgadas a los extranjeros y compañías de ellos, que compren terrenos para trabajos agrícolas o para establecer colonias, 13 de marzo de 1861. Dublán y Lozano, *op. cit.*, pp. 113-114.

[39]Ley para fijar el derecho mexicano en orden a los agentes comerciales residentes en el territorio de la nación. 2 de mayo de 1861, Archivo Histórico del Distrito Federal, Colección Bandos, caja 32, exp. 69.

tiempo, naturalización de los inmigrantes, libertad en el ejercicio de cultos, libre importación de herramientas e insumos, etcétera.

Estos sucesos sofocaron el proyecto inmigratorio de la primera mitad del siglo. Sin embargo, sólo fue un momento de transición hacia una nueva etapa en la disposición de leyes sobre colonización y extranjería que sí impulsó el Imperio de Maximiliano, el cual, además de la inmigración europea, insistió en la llegada de asiáticos y *confederados* en franca coincidencia con la política liberal.[40]

## Registro de extranjeros

Tras la pérdida del territorio, México proyectó una política en torno al control fronterizo de entradas y salidas que afectó a nacionales y extranjeros bajo el argumento del cuidado de la soberanía y la seguridad territorial que, a la larga, constituiría una incipiente política de registro de extranjeros. Pueden enumerarse para este periodo algunos lineamientos suscritos por los gobiernos posteriores a la ausencia de Santa Anna entre 1848 y 1852, una vez que el gobierno de la República fue asumido por Manuel de la Peña y Peña, en 1848, y por los cortos periodos de José Joaquín de Herrera en 1848, Mariano Arista en 1851 y Juan Bautista Ceballos en 1852. La necesidad de protección de las fronteras surgió principalmente en la región norte por la incursión de manera violenta de grupos de "indios bárbaros" o Comanches que ocasionaban destrozos en regiones norteñas como Durango, Zacatecas o San Luis Potosí u otras zonas estratégicas para la seguridad de la soberanía.

El gobierno de José Joaquín de Herrera fue el encargado de la salvaguarda de las fronteras y ante la amenaza de una nueva violación a la seguridad de la nación, decretó para el Ramo de Pasaportes eliminar la carta de seguridad a los extranjeros inscritos en la guardia nacional;[41] aumentar las restricciones para la entrada de extranjeros mal intencionados;[42] garantizar el libre tránsito y reforzar las medidas de control en cada puerto y punto fronterizo, por el que arribaran extranjeros y mexicanos, por medio de pasaportes que otorgaran permiso de salida.

[40]Dieter George Berninger, *La inmigración...*, *op. cit.*, p. 179.

[41]José Ramón Malo, gobernador del Distrito Federal. "Se exceptúan de la obligación de tener cartas de seguridad a los extranjeros que sirvan en la Guardia Nacional, mientras presten ese servicio que permite el artículo 69 de la ley de 15 de julio de 1848, 3 de febrero de 1849", Archivo Histórico del Distrito Federal, Colección de Bandos, caja 18, expediente 42.

[42]Se observe a la introducción de los extranjeros, las reglas establecidas, 15 de septiembre de 1849. Dublán y Lozano, op. cit., vol. 5, pp. 609-610; y Disposiciones para el cumplimiento del reglamento de pasaportes, 7 de diciembre de 1849, AHDF, Bandos, caja 18, exp. 102.

El establecimiento de procedimientos administrativos para el registro de extranjeros tuvo diversos propósitos durante este periodo. Desde el control que quiso ser "absoluto" de la población durante el régimen santanista, hasta la supresión de las cartas de seguridad o registro para asegurar el libre tránsito de los extranjeros. La legislación sobre el control de entradas y salidas por los nuevos límites del territorio mexicano fue emitida en previsión de la incursión de indígenas apaches y comanches rebeldes, desplazados por la colonización de sus territorios, hacia la segunda mitad del siglo, en los estados de la región fronteriza del norte. Los indígenas intentaban recuperar las tierras que, tras una larga tradición de nomadismo, consideraban suyas. La hostilidad de estos grupos fue considerada por el gobierno mexicano como un riesgo para la seguridad nacional, tal como lo reflejan varios encargados del Ministerio de Guerra que solicitaron mayores recursos para incrementar la vigilancia del territorio e impedir nuevas incursiones de filibusteros que fueran aprovechadas por Estados Unidos.[43]

De tal manera, el régimen de Santa Anna ordenó un mayor control de la estancia y libre tránsito, su salida y su ingreso no sólo de extranjeros, sino también de mexicanos. En 1849 emitió el documento "Se observe a la introducción de los extranjeros las reglas establecidas", en el que solicitaba a las capitanías de puerto una "noticia nominal" de todas las personas que hubieran salido por las entradas bajo su resguardo, así como un listado de los extranjeros que entraran también al país dada la "multitud de extranjeros, sin los requisitos legales [que habían entrado al territorio] originándose de ahí el contrabando y otros abusos que el reglamento de pasaportes de 1828 quiso prevenir al fijar las reglas que debían seguirse para la introducción de extranjeros al país".[44]

El 24 de agosto de 1852 se creó la sección de Registros en la Secretaría de Relaciones, debido a las circunstancias que habían suscitado incursiones como la de Gastón Raousset de Boulbon en Sonora, tras simular interés por la creación de una colonia minera y después intentar la independencia de Sonora. El gobierno sonorense, al descubrir el descontrol del francés, inició una persecución en su contra para solicitarle abandonar su nacionalidad francesa y pedir el registro o carta de seguridad de todos los miembros de su tropa, que se redujera el número de sus hombres a 50 y que el resto mar-

[43] *Cfr.* Jorge Chávez, "Los apaches y la frontera norte de México S. XIX", en Jorge Chávez Chávez (comp.), *Visiones históricas de la frontera*, México, Universidad Autónoma de Ciudad Juárez, 2010.

[44] "Circular.- Se observe a la introducción de los extranjeros las reglas establecidas, 15 de septiembre de 1849", en Dublán y Lozano, *op. cit.*, vol. 5, pp. 609-610.

chara desarmado. El galo rehusó a cumplir estas peticiones afirmando que afectaban su dignidad.[45]

El registro formal de extranjeros fue solicitado el 14 de diciembre de 1852 por el Ministerio de Relaciones Exteriores para proveer a los extranjeros de cartas de seguridad a aquellos extranjeros no naturalizados.[46] Este documento de seguridad sería requerido por cualquier autoridad estatal en cualquier parte de la República y tendría que renovarse cada año. Aquellos extranjeros que obtuvieran su naturalización como mexicanos quedarían exentos del trámite de esa carta.

El 15 de diciembre de 1852 una orden del Ministerio de Relaciones indicó que se debería anotar en los pasaportes la nacionalidad de las personas que los solicitaran, dado que algunos extranjeros querían pasar como mexicanos en los términos siguientes: "para evitar que algunos individuos intenten engañar a los agentes de la República en el exterior, de lo que ya se ha dado caso, queriendo los consideren como mexicanos sin tener esta calidad".[47]

De tal forma que se decidió anotar en el pasaporte la nacionalidad del individuo cada vez que éste saliera del país. En la misma fecha otra orden del Ministerio de Relaciones especificaba la creación del padrón de extranjeros, donde se debía anotar aquellos extranjeros que tuvieran cartas de seguridad.[48] La formación del padrón de extranjeros se llevaría a cabo en la primera semana de marzo, cuando se registrarían las listas de todos los extranjeros, señalando los que tuvieran carta de seguridad con el número de registro y la fecha de su expedición. Los extranjeros estarían obligados a renovar cada año sus cartas de seguridad hacia finales del año, en la que se abrirían los trámites al respecto y establecían sanciones para quienes no tuvieran ese documento.

Un año después, una disposición del 24 de septiembre de 1853 sobre el uso de pasaportes, establecía que ningún habitante del país podía transitar por el territorio sin la portación de un documento emitido por el gobierno

[45]Delia González, "El marqués de Pindray, el conde Raousset de Boulbon y otros miembros de la colonia francesa de la Alta California en la colonización de Sonora, México (1850-1854)", en Chantal Cramaussel y Delia González (eds.), *Viajeros y migrantes franceses en la América española y portuguesa durante el siglo* XIX, vol. II, México, El Colegio de Michoacán, 2007, pp. 311-337.

[46]Sobre que se obligue a los extranjeros a proveerse de cartas de seguridad, 14 de diciembre de 1852, Dublán y Lozano, *op. cit.*, vol. 6, p. 288.

[47]"Orden del Ministerio de Relaciones sobre que se exprese en los pasaportes la nacionalidad de las personas que los soliciten, 15 de diciembre de 1852", en Dublán y Lozano, *op. cit.*, vol. 6, p. 288.

[48]Sobre que se forme el padrón de extranjeros, anotándose los que tengan cartas de seguridad . 15 de diciembre de 1852. Dublán y Lozano, *op. cit.*, vol. 6, pp. 288.

local, prefectos o subprefectos, quienes tenían la obligación de llevar un registro de ese trámite y emitir un documento que, entre otros datos, asentara el nombre, edad, estado, profesión u oficio, origen y residencia ordinaria. "Los pasaportes serán personales, de manera que nunca se darán para D.N. [*sic*], o para N.D. [*sic*] y compañeros, sino un pasaporte para cada individuo".

El documento hablaba de "habitantes" en general, sin embargo, meses después otro documento del 15 de marzo de 1854 especificaba en su artículo 3º, que estaban obligados a portar pasaportes "únicamente" los militares, los empleados de gobierno y los extranjeros al internarse del puerto donde llegaran. Si los extranjeros no hubieran obtenido su carta de seguridad correspondiente deberían obtener un visado de su cónsul, que presentarían al desembarcar.[49]

Uno de los decretos más célebres para el siglo XIX fue el de 30 de enero de 1854, "sobre Extranjería y nacionalidad de los habitantes de la República", emitido durante el último periodo de gobierno de Santa Anna.[50] El documento además de establecer el control del ingreso y egreso permitía la adquisición de bienes raíces a los extranjeros.[51] Dicha legislación fue vista como una de las más completas de la época en comparación con las europeas por restrictiva y poco favorable para los extranjeros.[52] La vigencia de esa ley fue truncada por la Revolución de Ayutla, que derogó casi todas las leyes expedidas durante el gobierno santanista. Sin embargo, no habiendo otra referencia al respecto fue utilizada en los tribunales hasta 1861.

Se trata de un decreto que definía claramente quiénes eran extranjeros y quiénes podrían obtener la nacionalidad mexicana de acuerdo con diversos casos como: los hijos de extranjeros nacidos en México; los hijos de mexicanos nacidos en el extranjero; los ausentes de la República hasta por 10 años; los hijos de mexicanos residentes fuera de la República; las mujeres que contrajeran matrimonio con extranjeros; la naturalización de mexicanos en otro país, entre otros casos. También establecía la documentación requerida para

[49]Decreto sobre pasaportes. 24 de septiembre de 1853, Dublán y Lozano, *op. cit.*, vol. 6, pp. 680-681.

[50]Decreto de Gobierno sobre extranjería y nacionalidad de los habitantes de la República, 30 de enero de 1854, Dublán y Lozano, *op. cit.*, pp. 25-29.

[51]El Bando que reproduce esta norma menciona que la ley sobre el permiso de adquisición de bienes raíces a los extranjeros es del 14 de marzo, pero Dublán y Lozano lo consignan el 11 de marzo. AHDF, "Colección de Bandos, caja 24, exp. 39", en Dublán y Lozano, *op. cit.*, vol. 7, pp. 25-29.

[52]Ricardo Rodríguez, *La condición jurídica de los extranjeros en México en la administración del sr. General Porfirio Díaz. Síntesis del Derecho Internacional privado*, México, Oficina Tipográfica de la Secretaría de Fomento (Colección Digital de la UANL), 1903, p. 145.

su estancia en México, como la carta de seguridad y su renovación anual, cuya falta ocasionaría "por primera vez" una multa por contravenir la norma. También señaló la obligación de los transeúntes de poseer pasaporte de entrada al país. Por último, los requisitos de naturalización también se detallaron.

Esa legislación estableció claramente los derechos y obligaciones de los extranjeros más allá de su nacionalidad y de la buena o mala relación de México con el país del que eran originarios, destacan entre otras prohibiciones:

> Art. 19. [...] no gozan de los derechos políticos propios de los nacionales, ni pueden obtener beneficios eclesiásticos, ni ejercer la pesca en las costas de la República, ni con sus buques hacer el comercio de cabotaje, ni tampoco el de altura para conducir efectos que no sean frutos o artefactos de su respectiva nación, cuando esto se reserve por las leyes a los mexicanos, conforme a los tratados vigentes. Asimismo no pueden obtener empleos o cargos municipales, ni cualesquiera otros propios de las carreras del Estado.[53]

La documentación de extranjeros tal como aquí se describe fue puesta en duda durante la gestión de los gobiernos liberales en el Congreso constituyente de 1856, en el cual se propuso, por un lado, la abolición de las cartas de seguridad con argumentos como los del diputado Francisco Zarco, quien discutía sobre la libertad de tránsito:

> No vi en las cartas de seguridad más que una vejación, una traba al extranjero, que hace poco honor a la República, y no produce las ventajas que le encuentra el sr. Arias. Los extranjeros no las desean, tienen obligación de proporcionárselas para no lograr veinte pesos de multa, o pasar diez días en la cárcel, conforme a la ley de 1828. Y las necesitan también porque sin ellas no están bajo el amparo de la Ley.[54]

Así, el artículo 11 de la Constitución de 1857 decretaba: "El derecho de cualquier individuo de entrar y salir de la República, viajar por su territorio, y mudar de residencia, sin necesidad de carta de seguridad, pasaporte, salvoconducto u otro requisito semejante".[55]

Durante la administración de Juárez, entre los conflictos internos y externos, las circunstancias hicieron del registro de extranjeros una prácti-

[53] *Op. cit.*, Decreto de Gobierno sobre extranjería.

[54] Archivo de Andrés Landa y Piña, Centro de Estudios Migratorios (AALyP, CEM). Documentos empastados 4.

[55] "Extracto de la Circular del Ministerio de Relaciones sobre pasaportes para el exterior solicitados voluntariamente, 31 de diciembre de 1870", en Dublán y Lozano, *op. cit.*, vol. 11, p. 468.

ca cotidiana y necesaria debido al reclamo de pérdidas de los extranjeros que tensaba las relaciones diplomáticas de México. A raíz del conflicto armado, algunos de ellos habían reclamado al gobierno de México el pago de daños y perjuicios en sus propiedades y bienes, lo que fue puntualmente indemnizado. Sin embargo, el momento fue aprovechado por ciertos mexicanos que declaraban ser extranjeros pretendiendo cobrar un resarcimiento de sus bienes. En consecuencia, Juárez decretó el 13 de marzo de 1863, las "Prevenciones respecto de extranjeros, por lo relativo a su inscripción y una prohibición a los mexicanos de renunciar a su nacionalidad", en la que se impedía que los mexicanos obtuvieran otra nacionalidad durante cualquier conflicto armado, denunciándolos como traidores y sus bienes sometidos a la satisfacción de la responsabilidad civil por gastos y perjuicios de guerra.[56]

El establecimiento del registro de inmigrantes en México tuvo el propósito de apuntalar la política colonial, según se establecía en el discurso del gobierno constitucional a la nación del 7 de julio de 1859; documento en el cual se delineaba un programa de gobierno en materia religiosa, educativa, libertad de expresión, entre otras acciones, en las cuales se apuntaba el fomento a la inmigración en los términos de "allanar las dificultades prácticas que se oponen a su ingreso y a su permanencia en el país", como la falta de ocupación inmediata y lucrativa, además de la poca seguridad en los campos y caminos y algunas poblaciones:

> Sólo con éstas y otras medidas de igual naturaleza, con la consolidación de la paz pública, con el arreglo de la administración de justicia, con la libertad de cultos, y con las facilidades que al mismo tiempo debe dar el gobierno para la traslación de los emigrados a nuestros puertos, es como se conseguirá que vaya aumentándose y mejorándose prontamente nuestra población: porque mientras que no se obre así, el negocio de la colonización continuará siendo, como lo ha sido treinta años há, un motivo de vana declamación para todos los traficantes políticos que brotan de nuestras revueltas [...].[57]

Los conflictos bélicos con Francia y luego la imposición del Imperio de Maximiliano evitó la creación de nuevas leyes generales en torno a los ex-

[56]Prevenciones respecto de extranjeros, por lo relativo a su inscripción: Prohibición a los mexicanos de renunciar a su nacionalidad, 13 de marzo de 1863. Dublán y Lozano, *op. cit.*, pp. 597-598.

[57]El 7 de julio de 1859. "Decreto del gobierno constitucional a la nación", en *El Archivo Mexicano. Colección de leyes, decretos, circulares y otros documentos*, t. III, México, Imprenta de Vicente G. Torres, 1856, pp. 75-77.

tranjeros. Sin embargo, ante tal circunstancia, los lineamientos que se plantearon desde entonces para la inmigración fueron decretos que regulaban la estancia de los extranjeros por medio de su documentación y registro ante las autoridades.

El gobierno imperial de Maximiliano se inclinó por mantener la política pública hacia los extranjeros tal como la habían establecido los liberales. En su decreto del 3 de agosto de 1863, creaba la Secretaría de Estado y Negocios Extranjeros[58] que se encargaría de llevar el registro de los extranjeros en el Imperio y "gozar de los derechos de extranjería que les concedieran las leyes y los tratados con sus respectivas naciones y otorgaba cuatro meses para el registro de los extranjeros que se encontraran en el país, aún en los Departamentos fuera de la capital".[59]

De tal manera que los capitanes de puertos y prefectos de las ciudades fronterizas que registraran la llegada de extranjeros debían matricular a quienes ingresaran de nuevo al Imperio, quienes se internaran en el territorio por primera vez, a cambio, las autoridades entregarían un certificado en el que constara la nacionalidad del extranjero, sin el cual ningún funcionario público lo reconocería, ni los tribunales, ni jueces recibirían demanda alguna por reclamo o gestión alguna en las oficinas del Imperio.

> Para obtener los extranjeros el documento de que se trata [es decir, el certificado de matrícula] comprobarán su nacionalidad con el pasaporte con que ingresaron al Imperio o en su defecto con un certificado del agente diplomático o consular de su nación. Para obtenerlo no tendrán que hacer solicitud alguna por escrito.[60]

Así, el Imperio decretó el reglamento de pasaportes el 9 de noviembre de 1863 para que los súbditos del Imperio registraran sus pasaportes. Nin-

[58]Matrícula de extranjeros. Plazo para verificala. Requisitos. certificados, penas. Prevenciones a los capitanes de los puertos, prefectos de ciudades fronterizas, tribunales, oficinas y escribanos, 3 de agosto de 1863. Boletín de las leyes del Imperio mexicano, *op. cit.*, vol. 1, pp. 200-202.

[59]Durante el establecimiento del Imperio de Maximiliano se llevó a cabo una nueva división territorial a partir del fraccionamiento del país en Departamentos, jurisdicciones más pequeñas que las provincias o estados en la República. El seguimiento de las fronteras eran los accidentes naturales entre unos departamentos y otros, de tal manera que se formaron 50 departamentos. Esto tenía la clara intención de controlar y administrar de manera más eficaz el territorio. Con ello podrían evitarse problemas con las comunidades de indígenas que representaban una amenaza para el gobierno, principalmente en los estados del norte. *Cfr.* Adriana Jiménez, "El proyecto de división territorial de Manuel Orozco y Berra en el Segundo Imperio; antecedentes, aplicación y problemas", tesis de licenciatura, Facultad de Filosofía y Letras-UNAM, 2003. p. 75.

[60]"Decreto de la Regencia del Imperio. Matrícula de extranjeros", *Boletín de las Leyes del Imperio Mexicano o Código de la Restauración*, núm. 91, t. 1, 3 de agosto de 1863, pp. 200-202.

guno podría viajar sin ese documento.[61] En cambio, una vez que regresó el gobierno liberal a la república, se aplicó el artículo 11 de la Constitución de 1857 que exentaba a la población de la necesidad de un pasaporte o salvo conducto para la entrada y salida del territorio.

## Los temores al extranjero

Existen algunas premisas en torno a la apreciación que sobre los extranjeros se tuvo durante el siglo XIX. Una de ellas es desde luego jurídica, plasmada en la Constitución de 1857, que establecía que todo aquel que no hubiera nacido en territorio mexicano o no contara con una característica de naturalizado, poseedor de bienes raíces o tuvieran hijos mexicanos, sería considerado extranjero. Fue en esta legislación en la que se atribuyó explícitamente al Ejecutivo la capacidad de expulsar a cualquier extranjero que considerara pernicioso.[62] Uno de los grupos extranjeros que expulsaron a partir de esta norma fue el de los españoles, debido a la fuerte confrontación entre los intereses de la Corona española y los del Estado mexicano.[63]

Una segunda premisa tiene que ver con la estratificación de la sociedad mexicana, que estuvo basada por mucho tiempo en una división por castas, cuya diferenciación estaba en la pureza racial. Bajo esa lógica, los extranjeros con rasgos europeos fueron considerados superiores y ejemplo de la integridad que los nacionales no poseían.[64] Esta forma de apreciar a la población marcó una distancia entre los mexicanos frente a los grupos extranjeros, principalmente los que concentraban su actividad económica en diversos sectores en los que empleaban a los nacionales, a quienes explotaban. Destacan los británicos en la extracción de minerales, los franceses en la industria textil, y tardíamente para este periodo, los alemanes en fincas agrícolas y

[61] "Pasaportes. Ninguno puede viajar sin ese documento", en *ibidem*, 9 de noviembre de 1863, pp. 445-446.

[62] Constitución Política de la República Mexicana de 1857. El artículo que aquí se cita y permite la inmediata expulsión de los extranjeros es el 33, cuyo eje principal, en este caso, radica en el establecimiento de las garantías que poseían los extranjeros en contraposición con la característica de los ciudadanos mexicanos. La redacción del primer párrafo de este artículo corresponde a la misma que se plasmará en la Constitución de 1917, aunque su eje primordial, en ese caso, no es el mismo del que aquí se señala. Una discusión interesante en el caso del artículo 33 para el siglo XX se puede ver en Roberto Palacios y Bermúdez de Castro, *El artículo 33 constitucional*, México, Antigua Librería Robredo, 1949; Pablo Yankelevich, "El artículo 33 constitucional y las reivindicaciones sociales en el México posrevolucionario", en Delia Salazar (coord.), *Xenofobia y...*, *op. cit.*

[63] *Cfr.* Clara Lida, "Los españoles en el México independiente", *Historia Mexicana*, vol. LVI, núm. 2 (222), octubre-diciembre de 2006.

[64] Tomás Pérez Vejo, "La extranjería...", *op. cit.*, p. 164.

monterías, por mencionar algunos grupos. Entre estas actividades y el maltrato a los trabajadores en diversos ámbitos originó una actitud de recelo hacia los extranjeros.

Un ejemplo más radical fue el del gobernador de Sonora, quien desdeñó a los inversionistas norteamericanos después de la pérdida del territorio sonorense en el Tratado de La Mesilla.[65] De la misma forma se observan limitaciones para otros europeos después de la Intervención francesa:

> Los inversionistas que vinieron de Europa en la segunda mitad del siglo XIX consideraron que nuestro país era todavía muy joven y que, por tal razón, no podía competir en el orden industrial y mercantil con las naciones desarrolladas del viejo continente. A su vez los mexicanos los vieron como bienhechores y promotores del progreso.[66]

Debe considerarse que la intención de atraer a la inmigración tuvo un origen racista que clasificaba a los grupos sociales atribuyéndoles ciertas características deseables como la decencia, la ética, el trabajo, contrapuestas a lo indeseable como la inmadurez, pereza, mediocridad, asociadas a "lo mexicano" o a "lo indígena".

En los debates del Congreso Constituyente del 56 (las discusiones en torno a los extranjeros, a su documentación o registro y a la permisividad dentro del territorio mexicano) se puede observar la parcialidad con la que fueron tratados los extranjeros de acuerdo con su nacionalidad. Esto no es casual, ya que la política migratoria intentó resolver problemas económicos más que sociales, y por ello muchos argumentos se pronunciaron en contra de la atracción de inmigrantes o de su plena restricción. A pesar de ello se pueden encontrar decretos peculiares como el de 18 de noviembre de 1861,[67] en que se prohíbe todo acto de agresión a extranjeros en las diversiones llamadas "gallos" y los gritos de "muera", como una clara normativa por no estar el país en guerra con ningún otro y para evitar cualquier tipo de agresión en su persona o en sus bienes que vulneraran su tranquilidad. El documento establecía que debían terminarse incluso las diversiones conoci-

[65] De acuerdo con González Navarro esta época de 1852 fue la que peor trató a los norteamericanos (por nacimiento o por naturalización) impidiéndoles la entrada "salvo autorización del comandante general". Moisés González Navarro, *Los extranjeros…*, *op. cit.*, p. 334.

[66] Jaime Olveda, "Empresarios e inversiones extranjeras en Jalisco, siglo XIX", en Jaime Olveda (ed.), *Inversiones y empresarios extranjeros en el noroccidente de México. Siglo XIX*, México, El Colegio de Jalisco, 1996, pp. 139-158 y 96.

[67] Se prohíbe todo.

das como "gallos", donde se escuchaban gritos de "muera" contra cualquier nacionalidad.

El ánimo contra los extranjeros desató conflictos importantes, incluso diplomáticos en momentos en los que México buscaba reconocimiento internacional.[68] Se trataba principalmente de los extranjeros propietarios de haciendas agroindustriales en los que se ocupaban campesinos con quienes se excedían en malos tratos,[69] bajos salarios, despojaban de sus tierras o arrendaban tierras a costos muy altos, como en las haciendas cañeras de Morelos.[70] Pero existían otros grupos de extranjeros que no fueron vistos con menosprecio, hubo quienes se identificaron con los sucesos ocurridos durante la invasión estadunidense o la guerra de Reforma, inclusive.

La visión de las elites hacia los extranjeros estuvo definida en torno a la mejora de la raza, sobre todo a partir de las teorías del darwinismo social por medio de las cuales se resolverían los problemas sociales y políticos. Los conservadores promovían la migración española y católica, mientras que los liberales buscaban una inmigración de tipo protestante con los cuales formar pequeños propietarios.[71]

El principal compromiso del Estado mexicano hacia los extranjeros fue la garantía de seguridad que ofrecía tanto a locales como a visitantes temporales o permanentes. En general, un "[...] país de recepción configura un mosaico de discursos, acciones y realidades por demás contrastantes".[72] Podríamos suponer que un país de destino ofrece una estancia segura de huéspedes y que nos reditúa intercambios culturales, educativos, de nego-

[68]Véase Salvador Rueda Smithers, "Entre política y delito. Los crímenes de San Vicente y Chiconcuac en diciembre de 1856", en Delia Salazar (coord.), *Xenofobia y..., op. cit.*, p. 53.

[69]"No fue este problema, relativamente menor, el que precipitó la crisis entre España y México, sino el hecho de que el presidente Ignacio Comonfort el 12 de abril de 1856 embargó bienes españoles incluidos en la Convención de 1851", en Moisés González Navarro, *Los extranjeros..., op. cit.*, p. 358. La explicación que hace el autor citado respecto de los enfrentamientos ocurridos en México contra los españoles es muy detallada (pp. 358 y ss.). También explica el conflicto crediticio diplomático entre México, Francia, Gran Bretaña y España. Véase, pp. 353 y ss.

[70]Salvador Rueda Smithers, "Entre política y...", *op. cit.*, p. 80; Romana Falcón, "Descontento campesino e hispanofobia. La tierra caliente a mediados del siglo XIX", *Historia Mexicana*, vol. XLVI (175), núm. 3, enero-marzo de 1995. Ambos artículos refieren diferentes etapas del asesinato de españoles en las haciendas de San Vicente Chiconcuac y Dolores, en Morelos, en diciembre de 1856; también véase Moisés González Navarro, *Los extranjeros..., op. cit.* El episodio ha sido uno de los más emblemáticos en la demostración de la hispanofobia a mediados del siglo XIX.

[71]Dieter George Berninger, *La inmigración..., op. cit.*, p. 187. La obra de este historiador es uno de los ejemplos documentales más interesantes respecto del rechazo de la inmigración en México en el periodo de este estudio, principalmente por su defensa de los extranjeros en México.

[72]Pablo Yankelevich (coord.), *México, país refugio. La experiencia de los exilios en el siglo XX*, México, INAH, 2002.

cio, entre otros beneficios. Durante el periodo descrito, se firmaban tratados internacionales que establecían esas garantías de seguridad a sus súbditos o connacionales, principalmente para sus actividades económicas. Cada tratado obligaba a los países que lo suscribían a velar por las garantías individuales de sus ciudadanos o súbditos, de tal forma que se volvía necesario signar convenios con cada una de las naciones con las que México tenía relaciones de amistad y comercio, dadas ciertas características específicas.

En estos tratados, México se comprometía a que el capital de los inversionistas estuviera seguro en el país e incluía, entre otros puntos: que los protestantes asentados en México tuvieran un lugar donde enterrar a sus muertos, dado su credo religioso diferente; que los bienes estuvieran resguardados por el gobierno mexicano; garantizaba la igualdad en el pago de aranceles a las exportaciones, así como equidad en el cobro de importaciones respecto a otros países; libertad de tránsito y navegación en aguas y puertos de México; la total permisividad en la exportación de productos naturales de la misma manera que a otros países;[73] y en algunos casos muy contados, el nombramiento de "la nación más favorecida" que incluía beneficios comerciales específicos a las potencias extranjeras.

El tratado comprendía también libertad de comercio recíproco, seguridad para los ciudadanos de ambas naciones siempre y cuando se sometieran a las leyes del país donde hicieran sus operaciones. Tendrían como base para realizar su comercio las facilidades otorgadas a los demás extranjeros, que consistían en poseer bienes, venderlos, estar exentos del servicio militar y no ser molestados por causas religiosas.[74] Para este periodo, este tipo de Tratados se firmaron con las ciudades Hanseáticas (en Alemania) Francia, Holanda, Prusia, Bélgica e Italia, naciones bien conocidas por su interés mercantil.

Sin embargo, muchas de las normas en materia administrativa pusieron en desventaja las actividades de los extranjeros, de acuerdo con las quejas que recibían los consulados de diferentes países por abuso de autoridad en las aduanas, por extorsión, amenaza o por violar las normas federales entre las

[73]"Tratado de Amistad, Comercio y Navegación entre México y Gran Bretaña", 25 de octubre de 1827. Dublán y Lozano, *op. cit.*, vol. 2, pp. 19-25. De hecho, comparando los lineamientos de los tratados entre la Corona británica y la Corona española del siglo XVIII respecto de los territorios americanos, se pueden encontrar perfectamente las mismas estrategias en que se privilegiaba a los súbditos de las naciones amigas. Es el caso del Tratado de Versalles, que dio pie a los asentamientos ingleses que poseería Gran Bretaña en Belice.

[74]Rosaura Hernández Rodríguez, "Comercio entre México y las ciudades Hanseáticas en 1842", en José Valero Silva (ed.), *Estudios de historia moderna y contemporánea de México*, vol. 1, México, UNAM-Instituto de Investigaciones Históricas, 1965, pp. 135-158. Tomando como base el Tratado entre México y el príncipe de Sajonia de 1831.

que se encontraban la obtención de cartas de seguridad que permitían su tránsito por el territorio, o aquella norma que establecía la notificación anual que ratificaba su estancia en el país.

Algunos testimonios de esta época aseguraban el maltrato cotidiano a los extranjeros de la siguiente manera: "[...] puede decirse que hasta que no se aliente adecuadamente a los extranjeros para que se establezcan en este país, y se les garantice justicia y seguridad cuando se encuentren aquí, México nunca será lo que la naturaleza quiso que fuera, un país rico y próspero".[75]

Y es que la densidad poblacional, por muchos años, fue considerada insuficiente para los diversos planes de desarrollo que se proyectaron a lo largo del siglo XIX.

Muchos extranjeros viajaron por México aportando su creatividad en materia cultural. Para este periodo (1848-1876) destacaron personajes como el litógrafo belga Claudio Linatti, quien dibujó diversos personajes de la vida militar, religiosa y civil; otro litógrafo, Carl Nebel, también dibujó diferentes momentos de sucesos como la llegada de las tropas norteamericanas a Veracruz, Palo Alto y Monterrey. Algunos escritores escribieron crónicas de la época, cuyo testimonio han ayudado tanto al conocimiento del siglo XIX por medio de estampas cotidianas, de paisajes, de opiniones sobre la sociedad, entre otros eventos de la época, como los que describe Fanny Calderón de la Barca. Uno de los señalados como "viajeros" por las temporadas de residencia en México fue el naturalista Carl B. Heller, dedicado a recorrer el territorio para reconocer los diferentes tipos de vegetación, desconocida en Europa, quien en muchos trazos dejó plasmada la flora y fauna del país.[76]

## A modo de conclusión

El objetivo de este capítulo fue mostrar la política migratoria en los años álgidos que corren de 1848 a 1875. El paso de ocho titulares en el poder ejecutivo, además del gobierno del Imperio de Maximiliano, es ya un indicativo de la dificultad que fue organizar la administración pública en México. Sin embargo, la promulgación de leyes sobre extranjería da cuenta de una cierta continuidad en el proceso de regulación de un sector permanente de súbditos y ciudadanos de otra nacionalidad establecidos en el territorio nacional, un esfuerzo compartido por casi todos los regímenes que vieron en esa

[75]Dieter George Berninger, *La inmigración...*, *op. cit.*, p. 110.
[76]Véase Martha Poblett Miranda, *Viajeros en el siglo XIX*, México, Conaculta, 2000.

población una oportunidad para establecer condiciones ideales al desarrollo económico.

De acuerdo con el rastro de cinco políticas públicas sobre extranjería como son el territorio, la colonización, la cuestión de la soberanía, la libertad religiosa y la relación con los extranjeros, se puede decir que las actividades de los extranjeros tuvieron un antes y un después de las leyes republicanas de 1857 y 1859.

En materia de colonización deben destacarse los intentos para establecer colonias en diferentes puntos del país, pocas veces exitosas y en varias ocasiones utilizadas con fines particulares, adversos al interés nacional (al que tanto se apegaban las leyes sobre colonización), así como la cuestión de garantías de seguridad otorgadas por el Estado mexicano a los extranjeros en los tratados internacionales que, además de regular las actividades comerciales, permitían algunas actividades restringidas para otros extranjeros.

Para la conformación del territorio nacional, estos años fueron los del establecimiento de la frontera norte de México, después de la invasión norteamericana de 1847 y la firma del Tratado de La Mesilla, en 1853, ambas convenciones en las que se perdió más de la mitad del territorio, cuyo suceso además fue importante en materia del registro de extranjeros, estrechamente vinculado, por un lado, con la idea de la soberanía nacional tras las invasiones de indios en los estados del norte de México y la guerra declarada por Francia tras el episodio de la moratoria declarada por el gobierno de Benito Juárez; y, por otro, con la incubación del nacionalismo a través de la idea del interés general.

No debe olvidarse la nueva legislación en torno a la libertad religiosa favorable sobre todo para la población extranjera metodista compuesta primordialmente por germanos e ingleses, quienes se dedicaban principalmente a las inversiones, el comercio, eran dueños de fincas y bienes raíces, mineros y empleados. Pero no fue la única población que participó en el desarrollo de México, también lo hicieron en el sector cultural y artístico, cuyo material hoy en día es un testimonio de esa época a través de los litógrafos y cronistas.

En materia del registro de extranjeros, desde periodos anteriores ya se habían aplicado procedimientos administrativos para el control de entrada de los extranjeros, se volvió más estricta esa obligación nuevamente bajo la consigna de vigilar la soberanía nacional. Finalmente, también fue una época en la que se sembraron en buena medida resentimientos xenófobos en torno a ciertas nacionalidades.

### Bibliografía y hemerografía


Archivo Histórico del Distrito Federal (AHDF), Colección de Bandos.

Archivo Histórico Diplomático Genaro Estrada de la Secretaría de Relaciones Exteriores.

BASTIÁN, Jean Pierre, *Protestantismos y modernidad latinoamericana. Historia de unas minorías religiosas activas en América Latina*, México, FCE, 1994.

BERNINGER, Dieter George, *La inmigración en México (1821-1857)*, México, SEP (Sepsetentas), 1974.

CHÁVEZ, Jorge, "Los apaches y la frontera norte de México S. XIX", en Jorge Chávez Chávez (comp.), *Visiones históricas de la frontera*, México, Universidad Autónoma de Ciudad Juárez, 2010, pp. 17-57.

DUBLÁN, Manuel, y José María Lozano, *Legislación mexicana. Colección completa de las disposiciones legislativas expedidas desde la Independencia de la República*, 42 tomos, México, Imprenta del Comercio, 1876-1910.

*El Archivo Mexicano. Colección de leyes, decretos, circulares y otros documentos*, 4 tomos, México, Imprenta de Vicente G. Torres, 1856-1862.

FALCÓN, Romana, "Descontento campesino e hispanofobia. La tierra caliente a mediados del siglo XIX", *Historia Mexicana*, vol. XLVI (175), núm. 3, enero-marzo de 1995, pp. 461-199.

GARCÍA CUBAS, Antonio, "El conde Raousset de Boulbon", en Ernesto de la Torre Villar (comp.), *Lecturas históricas mexicanas*, t. 2, México, UNAM, 1994, pp. 431-440.

GONZÁLEZ, Delia, "El marqués de Pindray, el conde Raousset-Boulbon y otros miembros de la colonia francesa de la Alta California en la colonización de Sonora, México (1850-1854)", en Chantal Cramaussel y Delia González (eds.), *Viajeros y migrantes franceses en la América española y portuguesa durante el siglo XIX*, vol. II, México, El Colegio de Michoacán, 2007, pp. 311-337.

GONZÁLEZ NAVARRO, Moisés, *Los extranjeros en México y los mexicanos en el extranjero, 1821-1970*, vol. 1, México, Colmex (1821-1867), 1993.

GONZÁLEZ PARRODI, Carlos y Mercedes de Vega (coords.), *La historia del pasaporte en México*, México, SRE, 1994.

HERNÁNDEZ RODRÍGUEZ, Rosaura, "Comercio entre México y las ciudades Hanseáticas en 1842", en José Valero Silva (ed.), *Estudios de historia moderna y contemporánea de México*, vol. 1, México, UNAM-Instituto de Investigaciones Históricas, 1965, pp. 135-158.

ILLADES, Carlos, "Poblamiento y colonización: las políticas públicas, 1854-1910", en *El poblamiento de México*, t. III, México, Segob/Conapo, 1993, pp. 134-147.

JIMÉNEZ, Adriana, "El proyecto de división territorial de Manuel Orozco y Berra en el Segundo Imperio; antecedentes, aplicación y problemas", tesis de licenciatura, Facultad de Filosofía y Letras-UNAM, 2003.

LIDA, Clara, *Los españoles en el México independiente: 1821-1950*, México, Colmex, 2006.

———, "Los españoles en el México Independiente. 1821-1950. Un estado de la cuestión", *Historia Mexicana*, vol. LVI, núm. 2 (222), octubre-diciembre de 2006, pp. 613-650.

LIRA, Andrés, y Anne Staples, "Del desastre a la reconstrucción republicana, 1848-1876", en *Nueva historia general de México*, México, Colmex, 2010, pp. 443-486.

MAZA, Francisco de la, *Código de colonización y terrenos baldíos de la República mexicana*, México, Oficina Tipográfica de la Secretaría de Fomento, San Andrés, 1893.

MOYANO PAHISA, Angela (coord.), *EUA. Documentos de su historia política II*, tomo 2, México, Instituto de Investigación Dr. Mora, 1988.

OLVEDA, Jaime, "Empresarios e inversiones extranjeras en Jalisco, siglo XIX", en Jaime Olveda (ed.), *Inversiones y empresarios extranjeros en el norooccidente de México. Siglo XIX*, México, El Colegio de Jalisco, 1996, pp. 139-158.

PALACIOS Y BERMÚDEZ DE CASTRO, Roberto, *El artículo 33 constitucional*, México, Antigua Librería Robredo, 1949.

PÉREZ VEJO, Tomás, "La extranjería en la construcción nacional mexicana", en Pablo Yankelevich (coord.), *Nación y extranjería*, México, UNAM, 2009, pp. 147-185.

PI-SUÑER, Antonia. "El eterno problema: deuda y reclamaciones (1861-1868)", en Clara Lida (comp.), *España y el Imperio de Maximiliano*, México, Colmex, 1999, pp. 37-103.

RABADÁN, Macrina, *Propios y extraños: la presencia de los extranjeros en la vida de la ciudad de México. 1821-1860*, México, Universidad Autónoma del Estado de México/Miguel Ángel Porrúa, 2006.

RAMOS, Luis, "La Iglesia y la consolidación del Estado mexicano en el siglo XIX", en Guadalupe Jiménez Codinach (coord.), *El buen ciudadano: Benito Juárez, 1806-2006*, México, INAH, 2006, pp. 41-53.

RODRÍGUEZ, Ricardo, *La condición jurídica de los extranjeros en México en la administración del sr. general Porfirio Díaz. Síntesis del Derecho Internacional privado*. México, Of. Tip. de la Secretaría de Fomento, 1903.

RUEDA SMITHERS, Salvador, "Entre política y delito. Los crímenes de San Vicente y Chiconcuac en diciembre de 1856", en Delia Salazar (coord.), *Xenofobia y xenofilia en la historia de México siglos XIX y XX. Homenaje a Moisés González Navarro*, México, INM/INAH/DGE Ediciones, 2006, pp. 53-58.

SALAZAR, Delia (coord.), *Xenofobia y xenofilia en la historia de México, siglo XIX y XX, Homenaje a Moisés González Navarro*, México, INM/INAH/DGE Ediciones, 2006.

SÁNCHEZ ANDRÉS, Agustín, "La diplomacia hispano-mexicana: de la intervención tripartita a la caída del Imperio", en Clara Lida (comp.), *España y el Imperio de Maximiliano*, México, Colmex, 1999, pp. 105-178.

SEGURA, José Sebastián, *Boletín de las leyes del Imperio Mexicano o código de la restauración. Colección completa de las leyes y demás disposiciones dictadas por la intervención francesa, por el Supremo Poder Ejecutivo Provisional,, y por el Imperio mexicano, con un apéndice de los documentos oficiales más notables y curiosos de la época*, 4 tomos, México, Imprenta Literaria, 1863-1865.

SIERRA MÉNDEZ, Justo, "Prolegómenos de la Reforma", en *Lecturas históricas mexicanas*, México, UNAM, 1994, pp. 630-649.

YANKELEVICH, Pablo, "El artículo 33 constitucional y las reivindicaciones sociales en el México posrevolucionario", en Delia Salazar (coord.), *Xenofobia y xenofilia en la historia de México siglos XIX y XX. Homenaje a Moisés González Navarro*, México, INM/INAH/DGE Ediciones, 2006, pp. 359-378.

_______ (coord.), *México, país refugio. La experiencia de los exilios en el siglo XX*, México, INAH, 2002.

# El Porfiriato, políticas de promoción y estímulo a la inmigración, 1876-1911

Delia Salazar Anaya*

Cuando los hombres de la revolución de Tuxtepec tomaron el poder político de México en diciembre de 1876 —después de haber desconocido al gobierno de Miguel Lerdo de Tejada, bajo la bandera de la "no reelección"—, las grandes potencias del mundo experimentaban un periodo de enorme estabilidad política, económica y militar, que en buena medida se extendió desde la firma de los tratados de paz de Frankfurt, que dieron fin a la Guerra Franco-Prusiana (1870-1871),[1] hasta el inicio de la guerra de 1914, desencadenada por el asesinato del archiduque Francisco Fernando de Habsburgo en Sarajevo, en junio de ese mismo año.

Si bien la guerra del 14 puso en entredicho el gran optimismo con el que los hombres del siglo XIX, inspirados en las doctrinas del progreso, el evolucionismo y los grandes avances de la ciencia y la tecnología, creían haber controlado al mundo, en México, el cuestionamiento a tal concepción se adelantó unos años debido al estallido de la primera revolución social del siglo XX, iniciada por el llamado de Francisco I. Madero a la toma de las armas, debido al descontento y el respeto de los derechos democráticos de los mexicanos, en noviembre de 1910.

Sin embargo, el periodo que generalmente se ha denominado como Porfiriato, que en algunas propuestas cronológicas inicia con el ingreso del general oaxaqueño Porfirio Díaz Mori a la ciudad de México en noviembre

*Dirección de Estudios Históricos de Instituto Nacional de Antropología e Historia.

[1]Como resultado de derrota francesa, durante la Guerra Franco-Prusiana (1870-1871), en el territorio galo concluyó el Segundo Imperio francés con el derrocamiento de Napoleón III e inició el de la III República francesa. De igual forma en 1871, con la sesión de los territorios de Alsacia y Lorena, hasta ese momento bajo potestad francesa, se establece el II Imperio Alemán, también conocido como "II Reich" y concluye el proceso de la llamada Unidad Italiana, gracias a la incorporación de los estados Pontificios (Roma).

de 1876, y concluye en mayo de 1911, cuando el antiguo defensor de la soberanía mexicana —que había tomado las armas contra los invasores durante la Intervención francesa (1862-1867)— solicitó el respaldo de la nación de Voltaire para vivir su exilio en París, bien merece nuevas lecturas o relecturas. El Porfiriato fue un periodo excepcional en la historia mexicana, no sólo por su enorme continuidad política interna y externa, su notoria expansión económica y material y su férreo control de cualquier tipo de oposición o alteración del llamado "orden público", sino también porque, cuando menos en la letra, sus funcionarios expresaron una vocación profundamente legalista en todas sus acciones de gobierno.

Y, aunque a largo plazo siempre existirán diferencias entre el hecho y el derecho, para los fines de este ensayo trazaré algunas de las características más significativas del enorme cúmulo de leyes, decretos, convenciones, reglamentos, circulares y demás disposiciones legales sobre inmigración y extranjería emitidos por el gobierno mexicano durante el lapso comprendido entre 1876 y 1911, que surgieron al amparo de un proyecto de modernización económica y social, donde la atracción de migrantes y capitales provenientes del exterior se consideró indispensable para el correcto desarrollo de los recursos materiales y humanos con los que México contaba en aquel entonces.[2]

## México y el exterior

Uno de los más ambiciosos proyectos de las políticas públicas porfiristas fue colocar a México en el concierto de las naciones más desarrolladas del mundo. Emular a Francia con sus valores democráticos y humanitarios herederos de la Revolución de 1789, así como por su influencia en la cultura, el desarrollo urbano y aun en el vestido, el consumo o las costumbres sociales, fue un rasgo dominante del Porfiriato. Pero, en contraste, también se admiraba el portentoso desarrollo material estadunidense, expresado en todo tipo de factorías y negocios, extensas vías férreas, modernas e iluminadas urbes e innumerables obras de infraestructura hidráulica o carretera.

[2]Debo mencionar que desde 1988 me acerqué a las fuentes jurídicas vinculadas al estudio de los extranjeros residentes en el país, en el Seminario Inmigrantes en la Historia de México, de la Dirección de Estudios Históricos del INAH. En aquel momento el seminario tenía proyectado elaborar una compilación sobre el tema, que diera cuenta sobre los ordenamientos más significativos de los siglos XIX y XX, pero lamentablemente, por diversas vicisitudes, dicho proyecto nuca se concluyó. Desde entonces a la fecha debo especial gratitud a la doctora María del Refugio González, destacada historiadora del derecho en México, quien fue mi maestra en la Facultad de Filosofía y Letras de la UNAM y acertadamente me indicó cuál era la ruta y las fuentes a seguir en aquella ambiciosa encomienda.

El Reino Unido de la Gran Bretaña e Irlanda, el Imperio Alemán o el Reino de Italia, de igual forma estimulaban el imaginario de quienes vislumbraban que México podría contar con una imponente marina mercante, no pocos centros metalúrgicos y grandes urbes con edificios adosados de nuevas formas arquitectónicas y obras de arte. Y, aunque a largo plazo, la influencia estadounidense tendió a expandirse en gran parte de Latinoamérica, y claro está en México. Otro rasgo propio del Pofiriato fue la permanente búsqueda de un equilibrio estratégico, que sirviera de contrapeso frente al poderío de la vecina nación del norte, por el cual se incentivó la creación de múltiples vínculos con las potencias del concierto europeo de aquel entonces.

Es por ello que los mayores empeños de la primera gestión del presidente Díaz y del cuatrienio de su compadre el general Manuel González Flores (1880-1884) tuvieron como objetivo lograr el restablecimiento de relaciones diplomáticas con las naciones europeas y con Estados Unidos a fin de reintegrar a México al circuito de los grandes mercados financieros internacionales, que se le habían cerrado desde el inicio de la Intervención Tripartita de 1861, debido a la suspensión de pagos a los acreedores externos decretada por el presidente Benito Juárez.

Uno de los problemas más álgidos que debió resolver el gobierno mexicano fue el reconocimiento de la llamada "deuda inglesa", cuyos primeros arreglos convenidos en agosto de 1884 —que causaron gran crítica al gobierno de Manuel González— derivaron en fructíferos acuerdos comerciales, la firma de un tratado de paz, comercio y navegación, y finalmente en el restablecimiento de las relaciones diplomáticas formales con el Reino Unido de la Gran Bretaña e Irlanda en 1888.[3] Vale mencionar que en el capítulo quinto del tratado arriba mencionado, se estipulaba un aspecto esencial, que trascenderá a innumerables contratos y concesiones que el gobierno mexicano otorgó a súbditos británicos en México durante el periodo, la sujeción de los extranjeros a las leyes y tribunales locales. El tratado firmado en 1888 y publicado en febrero de 1889 decía a la letra:

> Los ciudadanos o súbditos de cada una de las Partes Contratantes que residan temporal o permanentemente en los dominios y posesiones de la otra están sujetos a las leyes del país de su residencia, especialmente las que fijan

[3]Lorenzo Meyer, *Su majestad británica contra la revolución mexicana, 1900-1950*, México, Centro de Estudios Internacionales/Colmex, 1991, pp. 53-54. "Arreglo preliminar celebrado con la Gran Bretaña para reanudar las relaciones entre ambos países, 27 de octubre de 1884", en Manuel Dublán y José María Lozano, *Legislación mexicana o colección de las disposiciones legislativas expedidas desde la Independencia á la República*, vol. 17, México, Imprenta del Comercio, 1884, pp. 23-27.

los derechos y obligaciones de los extranjeros, en los mismos términos en que lo estén los ciudadanos o súbditos de la nación más favorecida.[4]

Con Francia, el tratado de amistad y comercio, que buscó dejar atrás el enfrentamiento de ambas naciones durante por la intervención napoleónica y el Imperio de Maximiliano de Habsburgo, convalidó en abril de 1888 que: "Los mexicanos en Francia y los franceses en México podrán recíprocamente entrar, viajar o residir con toda libertad en cualquiera parte de los territorios y posesiones respectivos, y gozarán, para ese efecto, en cuanto a sus personas y a sus bienes, de la misma protección y seguridad que los nacionales".[5] Y, la cooperación con la república Gala, más adelante también permitió la firma de otros convenios especiales, como uno de protección recíproca de propiedad industrial en 1900 y otro que selló el reconocimiento de los contratos matrimoniales en 1910.

En el caso de España, que había mostrado una actitud menos beligerante hacia México en tiempos de la Intervención Tripartita, durante el periodo también se rubricaron prósperas relaciones bilaterales mediante un tratado de arbitraje y otro de legalización de firmas en 1902; a los que muy pronto se sumó una convención sobre propiedad científica y literaria en 1903 y otra sobre el ejercicio de profesiones liberales en 1904. Con España también se concertaron acuerdos menores, como el que posibilitó el reconocimiento de los títulos de los profesores españoles de instrucción, para que ejercieran en México hacia 1910.[6]

No pocos de los tratados pactados con algunas naciones europeas tomaron prevenciones con respecto a las afectaciones que en el pasado habían sufrido los extranjeros en el país, como los llamados "préstamos forzosos", que muchos empresarios debieron otorgar a los dirigentes de alguna facción en pugna, para conservar sus vidas o sus propiedades, durante largos años de luchas intestinas o intervenciones. Así, por ejemplo, en el tratado firmado con el Imperio Alemán en diciembre de 1882, en su artículo XIV, señalaba:

[4]Secretaría de Relaciones Exteriores (SRE), Sección Europa, Asia y África, Inglaterra, "Tratado de Amistad, Comercio y Navegación, 16 de febrero de 1889", en Archivo Histórico del Distrito Federal, Colección Bandos (AHDF, Bandos, en adelante), vol. 59, exp. 35, p. 6.

[5]SER, Sección Europa, Asia y África, "Tratado de amistad, comercio y navegación México-Francia 20 de abril de 1888", en AHDF, Bandos, vol. 59, exp. 35, p. 6. En tratado se acordó desde el firmado el 27 de noviembre de 1886.

[6]A pesar de la simpatía mexicana por la independencia cubana de España, México mantuvo una posición neutral frente al conflicto hispano-estadunidense de 1898. La buena relación también fluyó debido a la escasa intervención de la legación española en los asuntos mexicanos. Véase Agustín Sánchez Andrés, "La normalización de las relaciones entre España y México durante el Porfiriato (1876-1910)", *Historia Mexicana*, vol. XLVIII, núm. 4, 1999, pp. 731-766.

> Los ciudadanos y súbditos de cada una de las Partes Contratantes no estarán sujetos en el territorio de la otra, a otros ni más altos impuestos, contribuciones o cargas que los que se paguen por los nacionales. Estará[n] exentos de todo servicio personal en el ejército, la marina y en la milicia o guardia nacional; de toda contribución, sea en metálico, sea en efectos, destinada a sustituir ese servicio; de préstamos forzados y de cargas, requisas y contribuciones de guerra, a menos que éstas sean impuestas o requeridas sobre la propiedad inmueble del país, en cuyo caso deberán pagarlas de la misma manera que los nacionales. No podrán ser tomados ni detenidos para alguna expedición militar, ni para otro objeto de servicio público cualquiera que sea, sus buques, tripulaciones, mercancías y demás bienes y efectos; sin previa indemnización sobre bases justas y equitativas.[7]

Dichas prevenciones, que definían las condiciones en que los extranjeros de cada nación contratante podían residir, conservar sus bienes o su labor, en el caso de que se suspendieran relaciones diplomáticas o se presentara un enfrentamiento que pudiera lesionar sus intereses en el país, seguramente ofreció mayor certeza jurídica a los capitales e inmigrantes venidos del exterior. Pero cuando dichos estatutos se contravenían por algún levantamiento, los representantes de las naciones afectadas podían presentar una reclamación formal, como las que vendrían más adelante en amplio caudal, por los daños y perjuicios sufridos por algunos extranjeros durante la Revolución.

Y aunque naturalmente los tratados más destacados se suscribieron con naciones poderosas del continente europeo —como Francia, Alemania, Italia, Bélgica, Suecia, Noruega y los Países Bajos—, otros también se formularon con naciones que podían atraer inmigrantes del continente asiático, como el que se firmó en la ciudad de Washington, con el Imperio de Japón en octubre de 1888. Que si bien México los suscribió con la intención de promover su comercio en Oriente, para Japón también significó la firma de un primer tratado, basado en la igualdad recíproca, que le abría mejores posibilidades dc negociación con los Estados que no aceptaban que sus ciudadanos fueran juzgados por las leyes japonesas, que se consideraban autárquicas y atrasadas.[8]

[7]SRE, "Tratado entre Alemania y México, 31 de julio de 1887", en *El Monitor Republicano*, 15 de agosto de 1883, p. 1.

[8]Iyo Kunimoto, "La Negociación del Tratado de Amistad, Comercio y Navegación de 1888 y su significado histórico", *Revista Mexicana de Política Exterior*, núm. 86, junio de 2009, pp. 98-99.

Ya hemos señalado que los tratados convalidaban la libertad de inmigrar de sus ciudadanos, pero algunos incluso señalaron las acciones que deberían tomar los gobiernos en el caso de que detectaran una práctica que pusiera en riesgo el traslado y la seguridad del migrante por medio de la violencia o el engaño, como fue el tráfico inhumano que llevaban a cabo algunas compañías enganchadoras de trabajadores durante la segunda mitad del siglo XIX. Tal fue el caso del tratado que México firmó con China en 1900, que en su artículo quinto decía:

> Las dos Altas Partes Contratantes convienen en que será libre y voluntaria en lo futuro la emigración de sus respectivos súbditos, solos o acompañados de sus familias: en consecuencia, reprueban cualquier acto de violencia o de engaño que pueda cometerse en los puertos o cualquier otro lugar de China, con el propósito de expatriar súbditos chinos contra la voluntad de estos. Los dos gobiernos se comprometen a perseguir con todo el rigor de las leyes cualquiera contravención de la estipulación precedente, y a imponer las penas establecidas por sus legislaciones respectivas a las personas o barcos que violen esta estipulación.[9]

En contraste, el mismo documento signó algunas diferencias, que probablemente fueron aplicadas a discreción en el trato a los inmigrantes chinos que pretendieron probar suerte en México. Así, por ejemplo, el artículo XIII señalaba: "El servicio por contrato de ciudadanos o súbditos de un país, como trabajadores, criados, u otro semejante, en plantaciones, fábricas, talleres, establecimientos mercantiles o familias particulares en el otro país, se sujetará a las reglas que de común acuerdo establezcan ambas Altas Partes Contratantes".[10]

Mas allá de que la política exterior mexicana se dirigió a estrechar sus lazos con las naciones que se suponían más vigorosas e interesadas en aportar sus capitales humanos y pecuniarios al desarrollo de México, durante el periodo se sellaron otras convenciones con un amplio número de Estados latinoamericanos, como fue el caso de Honduras, Guatemala, República Dominicana, El Salvador y Nicaragua. De igual forma, la política exterior del Porfiriato buscó cierto liderazgo en Latinoamérica. Por ello, participó en la primera Conferencia Interamericana, convocada en Washington, de octubre de 1889 a abril de 1890, donde se discutieron políticas sobre comer-

[9] SRE, "Tratado de amistad, comercio y navegación con el Imperio de China, 30 de junio de 1890", en Dublán y Lozano, *op. cit.*, vol. 32, 1900, p. 407.

[10] *Ibidem*, pp. 409-410.

cio, propiedad literaria, pesas y medidas, moneda y medidas sanitarias. En 1901 organizó la siguiente conferencia en la ciudad de México y participó activamente en las que se desarrollarían en Río de Janeiro y Buenos Aires, en 1906 y 1910.[11]

Problema especial para las relaciones internacionales se presentaba en la frontera norte y sur. En lo que respecta al norte, el arribo de los esperados inversionistas estadunidenses, que el gobierno mexicano estimulaba financiando excursiones grupales donde se les mostraban los "innumerables recursos naturales" susceptibles de explotación en el suelo nacional, se vio favorecido con el reconocimiento norteamericano al régimen de Díaz el 18 de abril de 1878. No obstante, dicha declaración demoró 18 meses en convertirse en realidad, a pesar de que México cumplió puntualmente con el pago de los abonos concertados por las reclamaciones estadunidenses y trató de solventar diversos conflictos en la zona fronteriza, como lo fueron las incursiones de indios nómadas, la actividad de salteadores, traficantes y el abigeato, que habían mantenido en franca tensión las relaciones diplomáticas por largos años.

Circunstancia que entró en crisis, cuando tropas estadunidenses autorizaron al general Ord —comandante militar en Texas— a traspasar la frontera mexicana con el fin de perseguir y castigar a supuestos malhechores, bajo el argumento de que las autoridades locales no hacían lo suficiente para garantizar la seguridad en la frontera,[12] así como las quejas de los comerciantes del sur de Estados Unidos por la existencia de una zona libre en el norte que permitía el contrabando de productos europeos hacia su país.[13]

La normalización de relaciones coexistió con un largo conflicto por definir los límites fronterizos entre México y Estados Unidos, derivados del Tratado de Guadalupe Hidalgo. En 1886, por ejemplo, se ratificó una convención entre ambas naciones en relación con la línea divisoria que se alteraba por el curso de los ríos Grande y Gila (Colorado), que aún siguió en la agenda bilateral por largos años.[14] Con Estados Unidos se pactaron acuer-

[11] Al respecto véase Carlos Marichal (coord.), *México y las conferencias panamericanas 1889-1938*, México, SRE, 2002.

[12] Véase SRE, "Convenio celebrado con los Estados Unidos sobre paso de tropas de una y otra nación, 31 de octubre de 1884", en Dublán y Lozano, *op. cit.*, vol. 17, 1884, pp. 28-29.

[13] John Mason Hart, *Empire and revolution. The Americans in Mexico since the Civil War*, Berkeley/Los Ángeles, University of California Press, 2002, 73-76; Josefina Zoraida Vásquez y Lorenzo Meyer, *México frente a Estados Unidos (Un ensayo histórico, 1776-1993)*, México, FCE (Obras de Historia), 1994, pp. 89-113 y Roberta Lajous, *La política exterior del Porfiriato (1876-1920)*, Blanca Torres (coord.), *México y el mundo. Historia de las relaciones internacionales*, vol. IV, México, Senado de la República, 2000, pp. 41-56.

[14] SRE, "Convenio con los Estados Unidos respecto de la línea divisoria en la parte que sigue el techo del Río Grande y del Río Gila, 29 de septiembre de 1886", en Dublán y Lozano,

dos de carácter comercial, que Paolo Riguzzi, en un estudio especialmente acucioso, señala de difícil reciprocidad por la preponderancia estadunidense y debido a los intereses en pugna de los grupos empresariales y personalidades de la vida política nacional y regional que buscaban beneficios pecuniarios particulares.[15]

Otro aspecto de la relación bilateral fue la extradición de reos criminales, que llevó a la modificación un viejo tratado firmado en 1861 por el presidente Benito Juárez y su homólogo estadunidense Abraham Lincoln.[16] Aunque los diplomáticos porfiristas cabildearon por restringir las expectativas estadunidenses que pretendían juzgar a los mexicanos que cometieran alguna falta y escaparan a México, el tratado de 1899 definió con claridad cuáles serían los delitos susceptibles de extradición,[17] y no consideró sujetos a tal procedimiento a los individuos cuya falta imputada fueran de carácter "puramente político". Aspecto que no satisfizo del todo la expectativa mexicana de ejercer un mayor control político sobre las actividades de sus opositores en la zona fronteriza, como las que emprendieron los miembros del Partido Liberal Mexicano (PLM), de los hermanos Flores Magón o del Partido Anti-reeleccionista, de Francisco I. Madero, en los años concluyentes de la administración del general Díaz.

En el otro extremo, aunque desde diciembre de 1877 se había llevado a cabo una convención preliminar entre México y Guatemala para resolver el añejo problema de límites territoriales por el estado de Chiapas y el Soconusco, fue hasta mayo de 1883 que oficialmente entraría en vigor un tratado de límites territoriales entre ambas naciones. En él se señaló que los individuos residentes en la zona que, a partir de ese momento pasó a formar parte del territorio mexicano —básicamente el Soconusco—, tenían un año para decidir si conservaban su nacionalidad guatemalteca de origen o si en su defecto optaban por la mexicana.[18]

---

*op. cit.*, vol. 17, pp. 618-620. Vale mencionar que la controversia concluyó hasta la firma de una convención firmada en Washington en 1889, que finalmente entraría en vigor a finales de 1890.

[15]Paolo Riguzzi, *¿Reciprocidad imposible? La política del comercio entre México y Estados Unidos, 1857-1938*, México, El Colegio Mexiquense/Instituto de Investigaciones Dr. José María Luis Mora, 2003.

[16]Roberta Lajous, *La política...*, *op. cit.*, p. 57.

[17]Entre los delitos sujetos a extradición estaban: homicidio, estupro y violación, bigamia, incendio, crímenes de mar, allanamiento de morada, robo a bancos y oficinas públicas, robo con violencia, falsificación, peculado, abuso de confianza, secuestro, destrucción de vías de comunicación y hurto u robo, 1899, 24 de abril. SRE, "Convención entre los Estados Unidos Mexicanos y los de Norte América para la extradición de criminales, 24 de abril de 1899", en Dublán y Lozano, *op. cit.*, vol. 31, primera parte, pp. 692-693.

[18]SER, "Tratado de límites territoriales entre México y Guatemala , firmado en la ciudad de México el 27 de septiembre de 1882, aprobado por el senado el 17 de octubre de 1882, pero entra en vigor 1 de mayo de 1883", en Dublán y Lozano, *op. cit.*, 1886, vol. 16, pp. 472-475.

No obstante, las comisiones científicas encargadas para definir con claridad los linderos entre ambos países tardaron muchos años para concluir sus trabajos, periodo en el cual se presentaron diversas modificaciones al tratado original. Aunque hay que decir que en la década de los noventa del siglo XIX las más prósperas relaciones entre México y Guatemala también se convalidaron mediante algunos compromisos especiales, como el que reconocía ciertas reclamaciones de 1890 y otro de extradición de criminales en 1895.

Los arreglos fronterizos se dieron a la par de un importante proyecto modernizador del Soconusco, encabezado por el entonces secretario de Hacienda, Matías Romero, mediante el cual se otorgaron diversas concesiones para la formación de un puerto, el concurso de algunas líneas navieras, e incluso de una ferroviaria que pretendía facilitar la comercialización de cultivos de exportación, [19] sobre todo el café, que también llevó a la zona a un amplio número de finqueros —alemanes, estadunidenses—; colonos —japoneses, jamaiquinos y guatemaltecos— y no pocos jornaleros agrícolas, que en mayoría llegaron de la misma Guatemala o de lugares más remotos como China o la India, por las necesidades de mano de obra que requirió el café.

En la frontera sur, la mejoría de las relaciones diplomáticas con el Reino Unido permitió en 1892 la firma de un tratado entre México y la antigua colonia de Honduras Británicas, hoy Belice. Dicho acuerdo más allá de definir los linderos de las partes contratantes, que hacían frontera con Guatemala en distintos puntos, se comprometió a buscar la pacificación de las "tribus indias" que vivían en la región, prohibiéndoles a sus ciudadanos que les proporcionara armas o municiones.[20] El tratado, también llamado Mariscal-Spenser adicionó una cláusula que facilitaría el tráfico de buques mercantes mexicanos en la Bahía de Honduras.[21]

Si bien los arreglos trataron de poner término a un rancio conflicto y contribuyeron a la pacificación de la zona desde el inicio de la "Guerra de Castas" —cuando muchos indígenas perseguidos en la península de Yucatán se refugiaron en Honduras—, también facilitó el repoblamiento de la región con el asentamiento de colonos, la comercialización del palo de tinte y otros productos madereros en la Bahía del Río Hondo y, claro está, la conformación del Territorio de Quintana Roo en 1902.[22]

[19]Delia Salazar Anaya, *Las cuentas de los sueños. La presencia extranjera en México a través de las estadísticas nacionales, 1880-1914*, México, INM/Centro de Estudios Migratorios/INAH/DGE Ediciones, 2010, pp. 337-347.

[20]SRE, "Tratado con la Gran Bretaña sobre límites entre la República mexicana y la colonia de Honduras Británica, firmado el 8 de julio de 1893 y publicado el 29 de julio de 1897", en Dublán y Lozano, *op. cit.*, vol. 27, 1897, p. 321.

[21]*Ibidem*, p. 322.

[22]Delia Salazar, *Las cuentas...*, *op. cit.*, pp. 347-350.

Por otro lado, durante el Porfiriato México colocó su pabellón en las exposiciones universales de París de 1889 y 1900, con el fin de mostrarse al mundo como una nación en plena modernización económica, para lo cual se invitó a diversos empresarios progobiernistas para que exhibieran sus productos, así como una amplia gama de muestras que aludían a la diversidad de recursos naturales que podrían explotarse en su suelo, a fin de atraer la inversión extranjera.[23] De igual forma, por años, el gobierno nacional financió la publicación de una amplia gama de escritos, en español y en otros idiomas, que daban cuenta sobre los adelantos del comercio, la industria o la minería, además de la riqueza cultural y social del país; al tiempo que colocó a sus mejores hombres al frente de consulados, legaciones y representaciones oficiales encomendados de resguardar y estrechar los nexos internacionales.

Es por ello que, las buenas relaciones que México logró construir con el exterior durante más de tres décadas de "paz y progreso", selladas durante las fiestas del primer Centenario de la Independencia Nacional, con la visita de más de 31 representaciones especiales de diplomáticos, empresarios y hombres de letras provenientes de América, Asia y Europa,[24] también se vieron acompañadas con la presencia de un número abundante de inmigrantes extranjeros que habían llegado al país con antelación o bajo el impulso de las políticas de colonización y fomento económico del Estado, de las que hablaremos en seguida.

## Los esfuerzos colonizadores

Durante los primeros años del gobierno porfirista, diversas voces expresaron en los medios impresos el enorme beneficio que México recibiría mediante la llegada de una caudalosa inmigración extranjera, que en opinión de los miembros de la elite política e intelectual nacional y regional vendría a subsanar la "carencia de brazos" requeridos para el desarrollo de las riquezas naturales del territorio, sobre todo en las entidades de menor densidad demográfica del norte de México o la península de Yucatán. Tal fue el caso de un amplio artículo que se insertó en el rotativo *El Combate*, en enero de 1878, bajo la firma de D. Evaristo, que decía:

> México necesita de la colonización. Sus terrenos extensos y vírgenes necesitan de la mano del hombre para que den sus benéficos frutos. No dudamos

[23]Roberta Lajous, *La política...*, *op. cit.*, p. 24.

[24]Genaro García, *Cónica oficial de las fiestas del centenario de la independencia de México*, México, Talleres del Museo Nacional, 1911, p. 45.

que ésta es una palanca de Arquímedes, con la cual nuestra patria llegará al pináculo de la preponderancia. Promueva el gobierno por cuantos medios estén a su alcance, el sistema de colonización íntimamente enlazado con la división territorial, y México será una nación feliz y rica.[25]

Empero, apenas se supo que el gobierno mexicano había firmado un contrato en enero de 1878, con Guillermo Andrade —a nombre de la Compañía Mexicana Agrícola, Industrial y Colonizadora de los Terrenos del Colorado—, para establecer cuando menos a 200 familias colonizadoras en Baja California y Sonora,[26] en la prensa mexicana, aunque algunas notas expresaron su esperanza porque se cumplieran los estatutos del contrato,[27] aparecieron opiniones recelosas, que alertaban sobre los peligros que podrían presentarse al otorgar a extranjeros el privilegio de poblar el territorio norteño. El mismo rotativo *El Combate*, por ejemplo, incluyó un amplio estudio donde señalaba los riesgos que conllevaba el ingreso de colonos estadounidenses:

En esta vez el Sr. Riva Palacio ha olvidado tomar las precauciones para que no vuelva a acontecer lo que nos pasó en Texas. La colonización tiene que ser del centro a la circunferencia, y todo lo que sea faltar a esta importante condición, es entregar el territorio en manos de los *yankees*, como nos pasó en Texas, Nuevo México y la Alta California. Medite bien el ciudadano ministro, y encontrará que, poblada una extremidad del país, en la cual la influencia gubernativa de México apenas se hace sentir, y poblada de individuos de costumbres, ideas y afecciones distintas de las nuestras y a favor de los Estados Unidos, no pasarán diez años sin que se pierda, para México, una nueva zona que se anexará a la República del Norte.[28]

Por ello, el articulista recomendaba al ministro de Fomento que sería más adecuado promover el establecimiento de individuos de ascendencia latina, que se asumían más afines a la idiosincrasia nacional —como se propuso en otros proyectos que deberían traer colonos italianos, belgas, franceses, canarios, cubanos o portorriqueños—, puesto que servirían como un dique humano y cultural frente al expansionismo norteamericano:

[25]D. Evaristo, "Plumadas. Algo sobre las colonias", en *El Combate*, 6 de enero de 1878.

[26]Secretaría de Fomento (SF), "Contrato celebrado con el C. Guillermo Andrade para colonización en terrenos de Sonora y la Baja California, 11 de enero de 1878", en Dublán y Lozano, *op. cit.*, vol. 13, p. 417. El contrato también apareció en *El Siglo Diez y Nueve*, 11 de febrero de 1878, p. 3.

[27]*El Hijo del Trabajo*, 10 de febrero de 1878, p. 4.

[28]*El Combate*, 11 de febrero de 1878, p. 1.

Sr. Ministro, no por mucho madrugar, amanece más temprano; ¿queréis entregar al extranjero otra porción de nuestro territorio? No, pues bien, no permitáis que la colonización se haga del perímetro al centro, sino al contrario, y tratad que vengan mezcladas por lo menos las razas colonizadoras con la latina; de otro modo, nuestra pérdida es segura; ya hay tristísimos ejemplos en los cuales no ha valido que los colonos se titulen ciudadanos mexicanos, pues este título lo respetan hasta el día que les conviene.[29]

Y aunque la crítica a la acción gubernamental, que a veces se inclinaba por la repatriación o la redistribución de la población nativa, siguió materializándose en múltiples escritos, la colonización con extranjeros —panacea de muchos y dolor de cabeza de otros desde los albores del México independiente— durante el lapso que nos ocupa vivió un fuerte estímulo. Si bien, en un inicio los liberales pusieron su mayor empeño por llevar a cabo las acciones necesarias para establecer colonos agrícolas, mineros o industriales de origen externo en el país mediante no pocos recursos públicos, a largo plazo fue cediendo dichas labores a empresas de inmigración privadas, que cometieron más de un abuso.[30]

En los años ochenta del siglo XIX, el gobierno federal otorgó gran número de concesiones a empresarios locales y extranjeros para crear compañías que se encargarían de promover y transportar inmigrantes. Tal fue el caso de la Agencia Mexicana de Inmigrantes, fundada por Salvador Malo —un connotado fraccionador de colonias residenciales de la ciudad de México—. Éste, en febrero de 1883, obtuvo un contrato para formar varias empresas en Europa y en el continente americano, que se comprometerían a "traer al país en el término de diez años, a contar de la fecha de este contrato, de veinte mil a cincuenta mil colonos europeos y americanos [...] de edad de siete años para arriba, debiendo ser de estos inmigrantes, cuando menos cuatro mil familias de agricultores, en el primer caso y ocho mil en el segundo".[31]

Dichas compañías debían dar aviso periódico sobre sus gestiones a la Secretaría de Fomento. Sin embargo, a largo plazo poco se supo sobre sus avances. Los gastos y expectativas creadas con las firmas encargadas de promover la colonización llamaron la atención de periodistas e intelectuales de

[29] *Idem.*

[30] Sobre este proceso es un clásico el libro de Moisés González Navarro, *La colonización en México*, México, Talleres de Estampillas y Valores, 1960. Aspecto que también es retomado por el autor en *Los extranjeros en México y los mexicanos en el extranjero, 1821-1970*, vol. II, México, Colmex, 1994.

[31] "Agencia de colonización", *El Siglo Diez y Nueve*, 1 de febrero de 1883, pp. 1-2.

la época. Salvador Echavarri, quien firmaba con el seudónimo de Juvenal, en su columna de *El Monitor Republicano*, en septiembre de 1883, señaló:

> Estamos informados de que el Gobierno paga con munificencia en el extranjero unos empleados, que llaman agentes de colonización; todos ellos son unos grandes señores que se pasan la *vita bona* en París, Londres, olvidándose por supuesto en medio de las delicias capuanas de aquellos grandes centros de civilización, olvidándose de que no se les ha mandado a pasear sino a estudiar y desarrollar un asunto en el que en gran parte está cifrado el porvenir de México.[32]

Pero claro está, la creencia, a veces obsesiva de algunos sectores de la elite nacional, que cifraba una parte del "porvenir de México" en la llegada de colonos extranjeros —bajo cierta influencia del darwinismo social, que poco apostaba por las cualidades de la población nativa y menos por las comunidades indígenas— que podía evidenciarse en la prensa y en muchos estudios de época, trascendió en un amplio *corpus* de reformas legislativas, reglamentos, concesiones y diversas circulares que, vistas con escasa crítica, podrían indicar que durante el Porfiriato México vivió el impacto y las transformaciones propias de la llegada y adaptación de millares de inmigrantes externos.

No obstante, a largo plazo los informes recabados por las autoridades de Hacienda y Fomento, que al inicio del régimen aseguraban que México podía recibir a varios millones de pobladores oriundos de todas las latitudes del mundo,[33] muy pronto se dieron cuenta de que sus esfuerzos y sus políticas de colonización tendieron a ser infructuosos. Aunque, habría que decir que, en comparación con las décadas precedentes, donde también se promovió la colonización, durante el Porfiriato, efectivamente se lograron establecer algunos miles de inmigrantes, cuya impronta aún puede percibirse.

Como bien afirma González Navarro —a partir de sus acuciosos estudios, basados en la prensa y en innumerables memorias oficiales—, "el gobierno federal usó dos medios principales para impulsar la colonización: el deslinde de los baldíos como paso previo para titularlos eventualmente a particulares, y el empleo directo de los fondos del presupuesto en comprar

[32]Juvenal, "Boletín de El Monitor", *El Monitor Republicano*, 13 de septiembre de 1883, p. 1.

[33]Véase Circular de la Secretaría de Hacienda (SH), "Se piden noticias sobre producción, trabajo y colonización, 14 de enero de 1878", en Dublán y Lozano, *op. cit.*, vol. 13, pp. 419-420. El informe se publicó hacia 1880 en Emiliano Busto, *Estadística de la República mexicana. Estado que guardan la agricultura, la industria, minería y comercio. Resumen y análisis de los informes rendidos por la Secretaría de Hacienda (1877)*, vol. II, México, Imprenta de Ignacio Cumplido, 1880, p. 366.

tierras y transportar e instalar colonos".[34] Para cumplir tan ansiado objetivo, en 1883 se decretó una Ley de Colonización y Deslinde de Terrenos Baldíos, que vendría a substituir a la norma promulgada en 1875, por Sebastián Lerdo de Tejada,[35] que si bien ya favorecía los intereses de las compañías privadas, a las que el gobierno federal ofrecía distintas subvenciones y exenciones fiscales, también les autorizaba la adquisición de terrenos baldíos —una tercera parte de los terrenos habilitados o su valor en efectivo—, y la compraventa de terrenos a particulares.[36]

La recién promulgada ley de 1883 facultó al ejecutivo para nombrar comisiones de ingenieros encargados de "deslindar, medir, fraccionar y valuar los terrenos baldíos o de propiedad nacional de la República", cuyo límite sería de 2,500 hectáreas de extensión. Dichos terrenos serían "cedidos a los inmigrantes extranjeros y a los habitantes de la República que desearen establecerse en ellos como colonos", en venta —ya sea en abonos o de contado—, o a título gratuito, ofreciendo en este último caso a cada colono sólo una extensión de cien hectáreas con el compromiso de residir en ella y cultivarla durante cinco años consecutivos.[37] Los colonos extranjeros acreditados a título individual o a través de empresas autorizadas gozarían de la exención de servicio militar; contribuciones —excepto las municipales—, derechos de importación e interiores a sus víveres, instrumentos de trabajo, de construcción, mobiliario y animales de cría; derechos de exportación a los frutos que cosecharan; premios de trabajo, primas, protecciones y otros derechos sobre documentos, como el pasaporte.

Llama la atención el hecho de que el ejecutivo autorizara a compañías particulares para habilitar los terrenos susceptibles de colonización, otorgándoles en compensación una tercera parte de los predios habilitados, o su

[34]Moisés González Navarro, *Los extranjeros...*, vol. II, 1994, p. 103.

[35]Véase Dieter Berninger, *La inmigración en México*, México, SEP (Sepsetentas, 144), 1974.

[36]La ley de 1875, entre otros aspectos, ofreció: "una subvención por familia establecida y una menor por familia desembarcada en algún punto; anticipo con un rédito equitativo, hasta de un cincuenta por ciento de dicha subvención; venta a largo plazo y módico precio pagadero en abonos anuales, de terrenos colonizables, previa medición, deslinde o avalúo; prima por familia inmigrante; exención derechos de puerto a toda embarcación que transporte a la República diez o más familias de tal carácter; prima por raza indígena establecida en las colonias de inmigrantes; prima por familia mexicana establecida en las colonias de la frontera". Carlos Illades Aguilar, "Poblamiento y colonización: las políticas públicas, 1854-1910", en *El poblamiento de México. Una visión histórico demográfica, t. III, México en el Siglo XIX*, México, Segob/Conapo, 1993, p. 142.

[37]SF, "Ley sobre colonización y deslinde de terrenos baldíos, 15 de diciembre de 1884", en Francisco de la Maza, *Código de colonización y terrenos baldíos de la República mexicana, formada por FldM, según acuerdo del presidente de la República por conducto de la Secretaría de Estado y Despacho de Fomento, años de 1841 a 1892*, México, Oficina Tipográfica de la Secretaría de Fomento, San Andrés, 1893, pp. 937-945.

valor, con la simple condición de abstenerse de venderlos a extranjeros que no gozaran de autorización para adquirirlos o que fueran superiores a las 2,500 hectáreas. La ley de 1883 también otorgó un conjunto de exenciones, primas y subvenciones a las compañías encargadas de la instalación de colonos, en tanto que sólo debían comprometerse a establecer un plazo perentorio para la introducción de los mismos y el cumplimiento de las condiciones estipuladas en los contratos autorizados por la Secretaría de Fomento.

Las reformas a la legislación de baldíos aplicadas después de 1883, como distintos autores han señalado, aceleraron en gran medida el latifundismo, puesto que las compañías antes de atraer colonos extranjeros o nacionales en gran número, tendieron a especular y transferir importantes extensiones de tierra a empresas particulares. Durante su vigencia, la Secretaría de Fomento autorizó contratos de colonización a distintas compañías privadas, muchas de ellas de capital extranjero en Sinaloa, Coahuila, Chiapas, Chihuahua, Guerrero, Veracruz, Durango, Tamaulipas, Oaxaca, Michoacán, San Luis Potosí, Yucatán, Sonora y en el Distrito Federal.[38] De ellas, fueron especialmente criticadas las concesiones que se otorgaron a Luis Huller y Cía., en Baja California y Chiapas, por la enorme extensión de los territorios amparados en el contrato y la posible enajenación de tierras en la frontera, lo que provocó un descrédito más para Manuel González.[39]

Mayor escándalo vendría a causar la Ley del 26 de marzo de 1894, que otorgaba el derecho a todo habitante de la República "para denunciar terrenos baldíos, demasías y excedencias en cualquier parte del territorio nacional, y sin limitación de extensión", exceptuando únicamente a los ciudadanos de naciones limítrofes para la adquisición de predios en las fronteras. De igual forma, cesaba la obligación impuesta en 1883, "a los propietarios y poseedores de terrenos baldíos de tenerlos poblados, acotados y cultivados", y la prohibición a las compañías deslindadoras, para "enajenar las tierras que les hayan correspondido, por composición de gastos de deslinde, en lotes o fracciones que excedan las 1,500 hectáreas".[40] Así, la intención colonizadora

[38]Las concesiones de colonización eventualmente pueden conocerse a través de las principales compilaciones legislativas del periodo porfirista, pero también la mayoría se localizan en prensa periódica del momento, junto con artículos que refieren a la conveniencia o los límites de cada una. Sin embargo, la mejor fuente para conocer el desarrollo de las colonias fundadas en la época se encuentra en el Archivo Histórico de Terrenos Nacionales de la Secretaría de la Reforma Agraria.

[39]Véase la concesión otorgada a Luis Huller para formar colonias agrícolas, mineras e industriales en Baja California y la Isla de Cedros en *El Siglo Diez y Nueve*, 25 de julio de 1884, pp. 1-2.

[40]SF, "Ley sobre ocupación y enajenación de terrenos baldíos , 26 de marzo de 1894", en Dublán y Lozano, *op. cit.*, vol. 24, p. 36.

de las legislaciones precedentes pasó a segundo plano, en tanto que favorecía la especulación de terrenos y, por tanto, se ha señalado que vino a "remachar el latifundismo".[41]

Al iniciar el siglo XX, el gobierno porfirista reconoció el equívoco con el que había actuado al favorecer a las compañías deslindadoras y en un intento por dar marcha atrás, emitió dos decretos, en 1902 y 1909, con el objetivo de recuperar su papel rector en el deslinde de terrenos baldíos, desconociendo a las compañías privadas y restándoles muchas de sus prebendas.[42] No obstante, el interés por atraer inmigrantes extranjeros y en particular porque éstos se convirtieran en colonos de campo siguió presente en el discurso político porfirista hasta el fin del régimen, aunque luego vinieron nuevos proyectos aún en la posrevolución, que concluyeron hasta el periodo cardenista.

A pesar de los descalabros, la panacea de alcanzar un efectivo poblamiento del territorio —que se pensaba asediado, vacío y carente de brazos capaces de explotarlo— promovió el arribo de un determinado número de colonos extranjeros, que según las memorias de Secretaría de Fomento lograron establecer 16 colonias oficiales y 44 particulares, formadas por italianos y estadunidenses en mayoría, aunque las hubo de muy diversas nacionalidades y reflejadas en las modestas cuentas de la estadística nacional en todos los municipios donde se establecieron, aunque hay que señalar que fueron extremadamente escasas desde el punto de vista de aquellos que soñaron con atraerlos.[43]

Sin embargo, a pesar de los magros logros de las políticas públicas en materia de colonización, que apenas consiguieron asentar en el país a un reducido número de inmigrantes, otras acciones emprendidas por el gobierno

[41]Moisés González Navarro, *Los extranjeros...*, vol. I, p. 106.

[42]El decreto del 30 de diciembre de 1902 promovió que "sólo los organismos oficiales harían en adelante el deslinde de los terrenos baldíos, desconociéndose así a las compañías privadas [...] La nueva ley también prohibía el uso de los baldíos para pagar subvenciones, pues iban a reservarse para uso público o colonias. Todavía más decisivo fue el cambio operado con el decreto del 18 de diciembre de 1909. Abrogó la Ley del 26 de marzo de 1894; suspendió la facultad del Ejecutivo para enajenar terrenos nacionales mientras los deslindes anteriores no fueran ratificados por comisiones oficiales; autorizó el arrendamiento de los terrenos baldíos y nacionales por un término no mayor de diez años mediante el pago anual mínimo de 5% del valor del terreno, concediéndoles a los arrendatarios el derecho del tanto en caso de venta, las tierras así deslindadas se destinarían preferentemente a la colonización; o a otros fines de interés general; además, no podrían enajenarse a favor de una persona más de 5 000 hectáreas", *ibidem*, pp. 106-107.

[43]*Ibidem*, vol. II, p. 133. Cada colonia es atendida en forma general por el mismo autor en su libro *La colonización...* No obstante, en fecha reciente han aparecido algunos estudios profusamente documentados sobre el establecimiento y desarrollo de algunas colonias. Sirven como ejemplo los trabajos de Jean-Dale Lloyd, Luis Aboites, Marcela Martínez o Lawrence Taylor.

nacional estimularon con mayor efectividad su llegada, puesto que no pocos extranjeros arribaron al país en comparsa de los grandes flujos de inversión externa que activaron el desarrollo de los transportes, la infraestructura y el saneamiento de las poblaciones, la minería, la industria y el comercio. De la mano de los acuerdos diplomáticos y mediatizados por el ritmo de las inversiones extranjeras llegaron muchos más inmigrantes extranjeros al país de los que el Estado mexicano había conseguido atraer a través de sus intentos fallidos de colonización artificial.

## Obras públicas e inversión externa

Otro de los grandes proyectos de las políticas públicas porfiristas estuvo ligado a la construcción de los llamados "caminos de hierro", que enlazaron a la capital del país con diversos puntos de la frontera norte. Junto con el ir y venir de hombres de portafolio que se hicieron cargo de negociar los términos de las concesiones y los ingenieros encargados del diseño y trazado de las vías, llegó al país una amplia gama de trabajadores ferroviarios, que, desde la perspectiva del Estado mexicano, muy seguramente se sumarían a la "buena marcha de la nación".

Así, por ejemplo, en abril de 1882, cuando apenas se iniciaban los trabajos de construcción de algunos de ellos, la prensa citadina filtró algunas noticias en las que se decía: "varios extranjeros que trabajan en el camino de fierro de Tampico piensan pedir al gobierno su carta de naturalización".[44] Situación bastante utópica, puesto que en los hechos fue mucho más común que dichos trabajadores mantuvieran su nacionalidad estadunidense e incluso conservaran la lengua inglesa, como un elemento de diferenciación étnica y cultural, pero también para asegurar sus trabajos en el exterior.

Tal fue el caso que en diciembre de 1881, el gobierno de Manuel González giró algunas circulares recomendando a las empresas concesionarias que sus empleados encargados del trabajo de algunas cuadrillas conocieran el idioma del país.[45] Lo mismo sucedió en octubre de 1882, cuando se invitó a emplear el español como lengua franca entre los empleados de las estaciones ferroviarias.[46]

[44] *El Siglo Diez y Nueve*, 27 de abril de 1882, p. 2.

[45] SF, "Recomienda a las empresas ferrocarrileras que sus empleados, que tengan a su cargo una o más cuadrillas, conozcan el idioma del país, 15 de diciembre de 1881", en Dublán y Lozano, *op. cit.*, vol. 16, p. 172.

[46] SF, "Recomienda a las empresas de ferrocarril que los empleados de las estaciones conozcan el idioma del país, 26 de octubre de 1882", en Dublán y Lozano, *op. cit.*, vol. 16, pp. 333-334.

[...] tanto para evitar los conflictos a que esto pueda dar lugar, como porque lo natural es que las personas que vengan a la República procuren aprender el idioma que se hable en ella, el presidente de la República ha tenido a bien disponer que se recomiende muy especialmente a los representantes de las empresas ferrocarrileras, que hagan por que el nombramiento de empleados para el servicio público en las estaciones recaiga en personas que conozcan el idioma del país; a fin de que el público sea servido con la debida regularidad y evitar las continuas quejas que por esta circunstancia se tienen.[47]

Cabe señalar que la red ferroviaria que se fue trazando en la época también definió el mapa geográfico de las iglesias protestantes en el país que, beneficiadas por las Leyes de Reforma, no sólo dieron servicios religiosos a los trabajadores externos de la red, la minería o el petróleo, sino que también realizaban diversas acciones de proselitismo entre la población nativa. Situación que naturalmente alentaba la crítica de los sectores católicos, que veían la expansión protestante como un elemento perturbador de los ritos, las costumbres y las tradiciones de la mayor parte de la población mexicana.[48]

Aunque las concesiones ferroviarias —que hacía 1910 permitieron construir 19 000 kilómetros de vías primarias y 7 810 kilómetros adicionales de vías cortas y alimentadoras—,[49] se han señalado en distintos estudios como un claro ejemplo de la política entreguista de los presidentes Díaz y González. Vale mencionar que en todos los contratos firmados durante el periodo se estipuló que dichas empresas serían tratadas como mexicanas y se someterían a las leyes del país. De igual forma, también se limitó a las empresas para transferir sus concesiones a otras manos, sin la autorización de las autoridades competentes. Así, por ejemplo, en el contrato firmado entre Manuel Fernández Leal, secretario de Fomento y el estadunidense James Sullivan,[50] agente y representante de la Compañía Constructora Nacional

[47]*Ibidem*, p. 334.

[48]Mayores informes sobre las dificultades de adaptación de los trabajadores ferroviarios de origen externo pueden verse en mi texto: Delia Salazar, "Ferrocarriles e inmigración internacional en el norte de México, 1880-1914", en R.B. Brown (coord.), *El impacto del ferrocarril en Chihuahua*, Ciudad Juárez/Chihuahua, Universidad Autónoma de Ciudad Juárez, 2009, pp. 75-112.

[49]John H. Coatsworth, *El impacto económico de los ferrocarriles en el Porfiriato*, vol. I, edición corregida y ampliada, México, Ediciones Era, 1984, p. 113; y Delia Salazar, *Las cuentas...*, *op. cit.*

[50]James Sullivan ya contaba con un ferrocarril urbano en la ciudad de México. Cuando recibió la concesión para la construcción de una línea que llegaría a la frontera norte, la prensa y no pocos sectores antiestadunidenses manifestaron su crítica. John Hart, *Empire and...*, *op. cit.*, pp. 108-109.

Mexicana, en el segundo capítulo, que definía las bases de la compañía, el artículo siete decía:

> La compañía o compañías serán siempre mexicanas, aun cuando todos o algunos de sus miembros fueren extranjeros; estarán sujetas a la jurisdicción de los Tribunales de la República, en todos los negocios cuya causa y acción tengan lugar dentro del territorio. Ellas mismas y todos los extranjeros y los sucesores de estos que tomaren parte en la empresa, sea como accionistas, empleados, o cualquiera otro carácter, serán considerados como mexicanos, en todo cuanto a ellas se refiera; nunca podrán alegar, respecto de los títulos y negocios relacionados con la Empresa, derechos de Extranjería, bajo cualquier pretexto que sea; solamente tendrán los derechos y medios de hacerlos valer, que las leyes de la República conceden a los mexicanos; y, por consiguiente, no podrán tener injerencia alguna en los asuntos que se refieren a la Empresa los agentes diplomáticos extranjeros.[51]

En otro de los más conocidos contratos ferroviarios, como el que firmó el comerciante estadunidense Francisco De Gress,[52] en representación de la Compañía del Ferrocarril Internacional Reformado, en el artículo 38, donde se señalaban las razones por las que el contrato podría caducar se estipuló: “Por enajenar o traspasar esta concesión o los derechos que de ella se deriven a algún gobierno o Estado extranjero, o por admitirlo como socio en la Empresa”.[53]

La modernización de las comunicaciones y los poblados, emprendida por los liberales, también requirió de diversos insumos que más allá de los que se importaron del exterior —que solían beneficiar a las grandes casas comerciales de propiedad extranjera—, también desarrollaron diversas áreas de explotación de recursos naturales, donde figuraban inversionistas y trabajadores externos: madera, elaboración de durmientes de ferrocarril, petróleo, producción de asfalto para labores de pavimentación, etcétera.

Muchos de los contratos de obra pública o concesiones para el desarrollo o explotación de recursos naturales que figuran consistentemente en las

[51]SF, “Contrato con James Sullivan como agente y en representación de la Compañía Constructora Nacional Mexicana, para la construcción de un ferrocarril de México al Océano Pacífico en el puerto de Manzanillo y de México a la frontera Norte en Laredo o en el Paso del Águila, 13 de septiembre de 1880”, en AHDF, Colección Bandos, p. 3.

[52]De Gress llegó a México junto con sus hermanos en 1867 y fue propietario de la Armería Americana. Mayores datos sobre su vida en “El Sr. D. Francisco de Gress”, *El Siglo Diez y Nueve*, 5 de enero de 1883, p. 2.

[53]SF, “Contrato para la construcción del Ferrocarril Oriental Mexicano Interoceánico, 7 de junio de 1881”, en Dublán y Lozano, *op. cit.*, vol. 14, p. 816.

compilaciones legislativas de la época, y en memorias de gobierno, generalmente fueron otorgados a empresarios extranjeros de muy diversas nacionalidades o a representantes de los mismos, que aunque en muchos casos fueron mexicanos, funcionaban como agentes de inversión o socios menores de las empresas.

Vale mencionar, a fin de no caer en los excesos de la historiografía posrevolucionaria, que muchas de las concesiones y contratos otorgados a empresarios extranjeros y sus socios mexicanos, las recibieron comerciantes o profesionistas ya establecidos, que aunque prósperos, su fortuna en poco se asemejaba a los capitales de los *trust* estadunidenses con los que se construyeron las grandes ramales ferroviarias —como el Central Mexicano, Nacional Mexicano, Internacional Mexicano y de Sonora—, o las más importantes obras portuarias —como las del puerto de Veracruz o el Istmo de Tehuantepec—, a cargo del contratista británico Weatman Pearson.

Incluso no faltaron los que fracasaron en sus proyectos por diversas vicisitudes. Tal fue el caso de un cirujano estadunidense avecindado en Colima, de nombre Klay Wise, quien después de haber obtenido un atractivo contrato para "formar colonias agrícolas, mineras, fabriles e industriales en el estado de Chiapas" y una concesión para construir un ferrocarril entre Tapachula y San Benito, la muerte lo sorprendió en 1882 y sus herederos naturalmente debieron traspasar los negocios del conocido profesionista convertido en promotor de fraccionamientos y obra pública.[54]

En otras áreas del desarrollo económico nacional, las políticas públicas mostraron especial apertura hacia la inversión y la explotación de los recursos minerales del subsuelo por extranjeros. Las modificaciones al *Código Minero* en 1884 iniciadas durante la presidencia de Manuel González,[55] que desde la época colonial habían restringido el usufructo y la propiedad del subsuelo de la nación, dejaron de aplicarse. La certeza jurídica y aún irrevocable a la propiedad privada, que ofreció el régimen liberal de Díaz, fue sellada en la Ley minera de 1892, que también cedió a las empresas el derecho de contratar o despedir libremente a sus trabajadores.[56]

La seguridad interna, producto de la pacificación y la férrea disciplina con que se controló el descontento de los trabajadores mineros y el bandidaje —para algunos prácticamente erradicado por el traslado de mercancías y

[54] *El Nacional*, 6 de septiembre de 1881, p. 3; *El Hijo del Trabajo*, 18 de septiembre de 1881, p. 2; *Voz de México*, 29 de abril de 1882, p. 3; *El Siglo Diez y Nueve*, 17 de enero de 1882, p. 2.

[55] Véase SF, "Código de Minería, 22 de noviembre de 1884", en Dublán y Lozano, *op. cit.*, vol. 15, pp. 898-922. Comenzó a regir a partir del 1 de enero de 1885.

[56] SF, "Ley minera , 25 de noviembre de 1909", en Dublán y Lozano, *op. cit.*, vol. 41, segunda parte, pp. 332-355.

recursos por el ferrocarril—, así como la implantación de nuevas tecnologías y sistemas de extracción —luz eléctrica, cianuración, fundición— que detonaron el volumen de la producción, abrieron las puertas del país a inversionistas y trabajadores extranjeros de muy diversas latitudes.

Fue así que los grandes flujos de capital invertidos en la extracción de los recursos del subsuelo, permitieron la contratación de una amplia gama de trabajadores externos que llegaron al país atraídos por la fiebre de los metales preciosos o industriales del Porfiriato y, claro está, al iniciar el siglo XX, por el llamado "oro negro". Dichos trabajadores, al igual que los que llegaron con los ferrocarriles, sobre todo los anglosajones o europeos de otra ascendencia étnica o cultural, generalmente recibieron un trato privilegiado en el territorio mexicano, incluso en términos salariales, aspecto que al paso del tiempo creó innumerables conflictos con los operarios mexicanos de distinta escala laboral. Algunos de los cuales, bajo la bandera del nacionalismo laboral, muchas veces influidos por el PLM, detonaron en una amplia gama de manifestaciones, paros y huelgas, por la equiparación de sueldos, que también buscaban erradicar los abusos y el maltrato de los administradores extranjeros, como la que se presentó en el mineral de Cananea en 1906, trágico antecedente de la Revolución de 1910.

En otras áreas de la economía, durante el periodo, antiguos y nuevos inmigrantes consolidaron y multiplicaron sus redes de intercambio mercantil con el exterior; que en muchos casos se combinaron con incursiones en la industria, la banca, la minería y las haciendas en el nivel nacional y regional. La desaparición de las alcabalas, en abril de 1896[57] —que a decir de muchos habían obstaculizado al comercio interno y externo; el desarrollo de nuevos medios de transporte, que agilizaron y abarataron el traslado de mercancías; el crecimiento de los mercados nacionales y extranjeros, producto del desarrollo de las industrias mineras y agrícolas de exportación; y el fortalecimiento de alianzas político económicas con miembros la elite gobernante del país—, promovieron que los comerciantes extranjeros vieran incrementadas sus ganancias. Ello condicionó que muchos respaldaran la llegada de parientes o paisanos como empleados de confianza en sus negocios en un periodo de franca expansión, que tampoco imponía límites a la contratación de trabajadores externos.

[57]Ya desde años antes se había señalado la posibilidad de eliminar las alcabalas. Véase "Decreto del Congreso. Reforma del art. 124 de la Constitución, a fin de abolir las alcabalas y aduanas interiores en la República a partir del 1 de diciembre de 1884", en AHDF, Bandos, vol. 52, expediente 20.

Vale mencionar que los Códigos de Comercio vigentes,[58] retomando la tradición francesa, ofrecieron amplias garantías a todos los extranjeros que incursionaron en el comercio en México:

> Art. 13. Los extranjeros serán libres para ejercer el comercio, según lo que hubiere convenido en los tratados con sus respectivas naciones, y por lo que dispusieron las leyes que arreglen los derechos y obligaciones de los extranjeros.
> Art. 14. Los extranjeros comerciantes, en todos los actos de comercio en que intervengan, se sujetarán a este Código y demás leyes del país.
> Art. 15. Las sociedades legalmente constituidas en el extranjero que se establezcan en la República, o tengan en ella alguna *agencia o* sucursal, podrán ejercer el comercio, sujetándose a las prescripciones especiales de este Código en todo cuanto concierne a la creación de sus establecimientos dentro del territorio nacional, a sus operaciones mercantiles y a la jurisdicción de los tribunales de la Nación.
> En lo que se refiera a su capacidad para contratar, se sujetarán a las disposiciones del artículo correspondiente del título de "Sociedades extranjeras".[59]

De igual forma, otros inmigrantes dedicados al comercio exploraron mercados, productos y sistemas de venta novedosos en regiones apartadas de los circuitos tradicionales, como lo hicieron libaneses, sirios, palestinos y chinos, que al paso del tiempo consolidaron sólidos sistemas de apoyo comunitario, como los que ya habían establecido otros grupos desde la primera mitad del siglo XIX, como españoles, franceses, alemanes y británicos. Por otra parte, la misma expansión del capitalismo mundial también trajo al México porfiriano a una amplia gama de promotores y representantes de firmas mercantiles extranjeros encargados de la dirección y operación de diversas casas comerciales o giros dedicados a la prestación de servicios y operaciones bancarias, que en ese entonces también se regían por el Código de Comercio.

Por último, así como se desarrollaron las actividades mineras, agrícolas y comerciales, otra área del espectro económico que estimuló la llegada de inmigrantes fue la industria, actividad que se vio favorecida durante el pe-

[58] Ministerio de Justicia e Instrucción Pública, "Código de Comercio , 15 de abril de 1884", en Dublán y Lozano, *op. cit.*, vol. 15, pp. 571-747. Luego vendría otro más liberal que empezó a regir a partir del 1 de enero de 1890. *Código de comercio de los Estados Unidos Mexicanos*, México, Librería de la vda. De Bouret, 1912.

[59] *Código de comercio de los Estados Unidos Mexicanos*, México, Juan Valdez y Cueva, 10 de enero de 1890, pp. 2-3.

riodo por un amplio número de estímulos fiscales que intentaban lograr la industrialización del país y, que en cierta medida, se inaugura en 1881 con la Ley de Nuevas Industrias,[60] a los que se sumaron diversos acuerdos de protección de marcas o patentes. Al igual que en otras actividades económicas, los extranjeros residentes alentaron la inmigración de sus compatriotas para encargarse de la administración y vigilancia de sus factorías, aunque otros llegaron bajo contrato a emplearse en actividades que requerían mayor calificación y experiencia, como en la edificación de plantas fabriles y la operación de maquinaria especializada.

Más allá de que una importante gama de trabajos de corte generalizador sobre el Porfiriato se ha aludido a la política de apertura económica sin límite alguno del régimen de Díaz hacia el capital extranjero. En este sentido, distintas investigaciones han mostrado el interés genuino —aunque para algunos podría ser errado— de la elite porfirista por atraer capitales externos para estimular el crecimiento económico y después distribuir la riqueza nacional; premisa que en buena medida caracterizará gran parte de los paradigmas económicos del siglo XX mexicano.

Esta política, si bien durante el régimen de Manuel González expresó mayor apertura al borrar innumerables barreras legales a la inversión externa. Durante la primera década del siglo XX las nuevas directrices, delineadas en buena medida por José Ives Limantour desde la cartera de Hacienda, manifestaron cierto nacionalismo en materia económica, al implantar tarifas proteccionistas en muy diversas ramas. De tal forma, se invirtieron grandes sumas en la nacionalización de empresas, como sucedió en la formación de Ferrocarriles Nacionales de México; se actuó legalmente en contra de los intereses de algunas empresas extranjeras, como fue el caso de las aguas del río Nazas, en la región lagunera; se dio marcha atrás en la legislación de terrenos baldíos para frenar la especulación y el acaparamiento; se promulgó una nueva Ley minera en 1909, que volvió a asignarle a la nación la propiedad del subsuelo y se discutió ampliamente el papel de la inversión extranjera en la explotación de los recursos mineros y petroleros.[61]

A pesar de sus límites, como resultado de las políticas de fomento, "los científicos" lograron multiplicar la inversión extranjera en un ritmo insospechado, puesto que durante el Porfiriato su monto prácticamente creció 30

[60]Existen muchos textos generales sobre la industria en el periodo. Sirve como ejemplo Stephen H. Haber, *Industria y subdesarrollo. La industrialización en México, 1890-1940*, México, Alianza Editorial, 1992.

[61]Esta polémica la recoge Jürgen Buchenau en "Inversión extranjera y nacionalismo: lo paradójico de la política internacional de Porfirio Díaz", *Dimensión Antropológica*, año 3, vol. VI, enero-abril de 1996, pp. 7-24.

veces. El flujo mayor de inversión vino de Estados Unidos, seguido por los caudales llegados del Reino Unido, Francia, Alemania y Holanda.[62] "Del total de la inversión extranjera directa, los ferrocarriles suponían un tercio; las minas una cuarta parte, y el resto los bancos, empresas de servicios públicos, los negocios de bienes raíces, las fábricas textiles y el petróleo".[63]

Claro está que en las cuentas generales de la inversión también se encontraban muchas aportaciones de extranjeros residentes que acumularon bienes en el país o llegaron en compañía de sus capitales metropolitanos, pero en otros casos ellos mismos los atrajeron. Tampoco estuvo ajeno el caso de capitales de extranjeros residentes que fluyeron a sus naciones de origen mediante remesas familiares, pero también en grandes aportaciones con las que fundaron bancos, empresas en el exterior e innumerables obras de beneficencia, como sucedió con algunos inmigrantes españoles y franceses, pero también con británicos.

## De la apertura a la restricción

Con anterioridad a la primera Ley de Inmigración decretada en 1908, y cuyo mandato entró en vigor hasta el año siguiente, en México durante el Porfiriato prácticamente no existió ordenamiento legal que impidiera el ingreso de extranjeros al país. Con excepción de algunas medidas sanitarias emergentes, que se impusieron en los años precedentes dirigidas a limitar el acceso al país de inmigrantes portadores de enfermedades infecciosas,[64] podía ingresar sin ninguna traba cualquier extranjero que contara con medios económicos para hacerlo, en tanto que el único obstáculo que podía enfrentar era la discrecionalidad de algún funcionario en puertos o aduanas terrestres del país.

Sin embargo, las medidas de control sanitario en cierta medida constituían un posible obstáculo para el ingreso de inmigrantes antes de 1909, aunque dichas acciones no se aplicaban con regularidad y transparencia, y por tanto no era dudoso que se presentaran ciertos abusos.[65] En atención a

[62]Nicolau, D'Olwer, "Las inversiones extranjeras", *El porfiriato. La vida económica, vol. VII*, en Daniel Cosío Villegas (coord), *Historia moderna de México*, México, Hermes, 1965, p. 161.

[63]Alan Knight, *La revolución mexicana. Del Porfiriato al nuevo régimen constitucional*, vol. I. *Porfiristas, liberales y campesinos*, México, Grijalbo, 1996, p. 41.

[64]Tal fue el caso de algunas medidas preventivas que se aplicaron para evitar brotes de viruela negra que podrían traer los inmigrantes en enero de 1882. AHDF, Bandos, caja 51, exp. 70.

[65]Las funciones y el reglamento pueden verse en Secretaría de Gobernación (Segob), "Reglamento del Consejo Superior de Salubridad, 14 de julio de 1879", en Dublán y Lozano, *op. cit.*, vol. 14, pp. 5-7.

los grandes problemas en la salud y la higiene que diezmaban a la población nacional y los embates recurrentes de las enfermedades endémicas y epidémicas, hacia 1888 se elaboró un primer proyecto de ley, presentado por Romero Rubio a la Cámara de Diputados, dirigido a expedir un Código Sanitario "cuya vigencia comprendiera el Distrito y Territorios federales, así como los puertos y fronteras".[66]

Aquel Código establecía la estricta vigilancia de los buques que llegaran a puerto; el registro con fines estadísticos de los pasajeros transportados; la revisión física de las mercancías, tripulación y pasajeros a fin de detectar enfermedades transmisibles y la desinfección cuando se encontrara algún pasajero infectado.[67] También señalaba, la necesidad de aislar a los enfermos en lazaretos y el establecimiento de periodos de inoculación. La Junta de Sanidad, encargada de dar noticia periódica sobre la incidencia de padecimientos infecciosos, enviaba algunas instrucciones a los funcionarios de puertos y fronteras cuando recibía informes sobre la existencia de alguna epidemia en otra nación, con el objetivo de implementar medidas preventivas, como el cierre de puertos o la prohibición de desembarco a los pasajeros provenientes de zonas infectadas.[68]

En 1894 se decretó una ley de impuestos sanitarios en los puertos y fronteras, que establecía el cobro de derechos por la patente de sanidad, el derecho de visita de entrada, el derecho de cuarentenario y desinfección.[69] Ese mismo año se estableció un nuevo Código Sanitario "para incluir algunos artículos del anterior reglamento que se adaptaran más rápidamente al progreso de la higiene, así como para establecer delegaciones en los puertos y fronteras",[70] con dependencia directa de los poderes de la unión.

Aunque el Código Sanitario estipulaba que las empresas navieras deberían de contar con un médico a bordo, esta disposición no siempre se cumplía, e incluso no es dudoso que en algún puerto no se contara con el perso-

[66]Moisés González Navarro, *El Porfiriato. La vida social*, México, Hermes, 1957, p. 102.

[67]El reglamento de la Dirección General de Estadística, fundada en 1882, estipulaba que las capitanías de puerto y los municipios debían dar noticia del número de inmigrantes o emigrantes. Las noticias que debían contener las boletas eran: nombre y apellido, edad, sexo; estado civil, culto, ocupación o ejercicio, origen o país de su nacionalidad, estado de fortuna, o recursos pecuniarios para trabajar y el número total por mes. SF, "Reglamento para la formación de la Estadística, 11 de junio de 1883", en Dublán y Lozano, *op. cit.*, vol. 16, p. 564.

[68]La Secretaría de Gobernación, a través de diversos medios de prensa, daba cuenta sobre la incidencia de alguna epidemia y las medidas recomendadas por la Junta de Sanidad, para su prevención o control en cada caso. Véase por ejemplo Segob, "Medidas para prevenir la invasión del cólera asiático, 16 de julio de 1885", en Dublán y Lozano, *op. cit.*, vol. 17, pp. 288-298.

[69]"Ley de impuestos sanitarios en los puertos y fronteras, 1 de junio de 1894", en Dublán y Lozano, *op. cit.*, vol. 24, pp. 107-108.

[70]Moisés González Navarro, *El Porfiriato...*, *op. cit.*, p. 103.

nal médico para la revisión de las embarcaciones y menos aún en las aduanas fronterizas. Sin embargo, aunque las medidas sanitarias seguramente limitaron los efectos de algunos males, los brotes epidémicos recurrentes también fueron un elemento de animadversión hacia los recién llegados. La asociación entre el inmigrante y la enfermedad condicionó buena parte de las restricciones migratorias que se dieron a lo largo y ancho del continente americano, pero también generó diversos estereotipos sobre algunos grupos, como los asiáticos, a quienes se les atribuía el traslado de todo tipo de enfermedades y taras.[71]

No obstante, en México, otros fuereños fueron asociados a la transmisión de enfermedades. Así, por ejemplo, en un informe de la Comisión de Epidemiología que circuló en el territorio nacional durante el año de 1886, se comunicó sobre una propuesta del doctor Manuel Aveleyra, quien juzgaba conveniente imponer la obligación de vacunarse a todos los miembros de las colonias extranjeras y, en especial a la española, no sólo cuando ingresaran al país, sino también de volver a pasar el trámite 10 años después.

Si bien, la junta de Sanidad expresó los distintos problemas que enfrentaría el Consejo para imponer tales acciones a miembros de las colonias extranjeras y las dificultades de obtener datos fidedignos sobre la vacunación de los mismos, sólo se propuso circular a través del *Diario Oficial de la Federación* una atenta invitación a los extranjeros para que procedieran a vacunarse o a revacunarse según fuere el caso, y a transmitir y colocar anuncios al respecto, impresos en distintos idiomas, en consulados de México en el exterior o en las delegaciones de puertos y fronteras al interior del territorio nacional.[72]

Las medidas sanitarias fueron más severas con los inmigrantes asiáticos, a los que se les atribuía el contagio de algunas epidemias, como la peste bubónica que afectó al puerto de Mazatlán en 1903. Por tal razón, la Secretaría de Gobernación nombró a una comisión encargada de "estudiar la inmigración china y japonesa desde el punto de vista de la salubridad y bajo los aspectos legal, económico y social, o sea en su relación con el progreso moral, intelectual y físico del país".[73] El informe de dicha comisión destacaba el irregular comportamiento de muchas compañías navieras que trans-

[71]Véase como ejemplo el texto de Ricardo García Granados, *La cuestión de razas e inmigración en México*, México, Talleres tipográficos de El Tiempo, Primera de Mesones núm. 18, 1909.

[72]Segob, "Excita a los extranjeros que vengan a la república para que se vacunen, 14 de abril de 1896", en Dublán y Lozano, *op. cit.*, vol. 26, pp. 88-90.

[73]Andrés Landa y Piña, *El servicio de migración en México*, México, Segob, 1930, p. 1. El aspecto también lo analiza Moisés González Navarro, *El Porfiriato...*, *op. cit.*, p. 111.

portaban y desembarcaban a trabajadores en lugares donde escapaban la revisión sanitaria, haciendo referencia también a los abusos de las empresas que contrabandeaban inmigrantes chinos, japoneses y coreanos desechados de Estados Unidos.

Más tarde, el gobierno mexicano envió a un delegado sanitario a China para inspeccionar personalmente el funcionamiento de las compañías de inmigración, a las que se les atribuía el envío de "verdadera escoria humana" a México, y recomendó considerar los inconvenientes que representaba la inmigración china. Con estos antecedentes, no es de extrañarse que algunas de las sugerencias de esta comisión se vieran reflejadas en la primera Ley de Inmigración de 1908.[74]

Dicha Ley, si bien fue promovida, entre otras razones, por el deseo de limitar la inmigración asiática, aunque dicho propósito se negó en la exposición de motivos, argumentando que "otra de las bases fundamentales del proyecto es la más completa igualdad de todos los países y de todas las razas, no estableciendo un solo precepto especial para ciudadanos de alguna nación, ni para los individuos de raza determinada",[75] también tomó en consideración las recomendaciones acordadas por el gobierno mexicano en la Convención Sanitaria Internacional, verificada en la ciudad de Washington en octubre de 1905, donde se normaron las medidas internacionales dirigidas a "resguardar la salud pública contra la invasión de la fiebre amarilla, de la peste bubónica y del cólera", en distintas naciones americanas.[76] Así, la Ley de 1908 consideraba obligatoria la revisión física de los inmigrantes que llegaran al país por los puertos y fronteras nacionales autorizados para tal fin por el Ejecutivo, y prohibía el ingreso a los extranjeros comprendidos en las siguientes clases:

> I. Los enfermos de peste bubónica, cólera, fiebre amarilla, meningitis cerebro-espinal, fiebre tifoidea, tifo exantemático, erisipela, sarampión, escarlatina, viruela, difteria, o de cualquier otra enfermedad aguda que deba considerarse transmisible, en virtud de declaración del Ejecutivo;
> II. Los enfermos de tuberculosis, lepra, beri-beri, tracoma, sarna egipcia o de cualquiera otra enfermedad crónica que deba considerarse transmisible, en virtud de declaración del Ejecutivo;
> III. Los epilépticos y los que padecen enajenación mental:

[74] Andrés Landa y Piña, *El Servicio de...*, *op. cit.*, pp. 3-7.

[75] Cámara de Diputados, "Diario de Debates, 23 de noviembre de 1908", tomado de *Compilación histórica de la legislación migratoria en México*, México, INM/Segob, 1998, p. 3.

[76] "Convención Sanitaria Internacional en Washington, 16 de julio de 1906", en Dublán y Lozano, *op. cit.*, vol. 38, segunda parte, p. 891.

IV. Los que por ancianos, raquíticos, deformes, cojos, mancos, jorobados, paralíticos, ciegos, o de otro modo lisiados, o por cualesquiera defectos físicos o mentales, sea inútiles para el trabajo y hayan de convertirse en una carga para la sociedad;
V. Los niños menores de diez y seis años que no vengan bajo la dependencia de otro pasajero, ni consignados a personas residentes en el país y que haya de tomarlos a su cargo;
VI. Los prófugos de la justicia y los que hubieren sido condenados por delito que, conforme a las leyes mexicanas, debiera castigarse con pena corporal de más de dos años con excepción, para unos y otros de los delitos políticos o meramente militares;
VII. Los que pertenezcan a sociedades anarquistas, o que propaguen, sostengan o profesen la doctrina de la destrucción violenta de los gobiernos o el asesinato de los funcionarios públicos;
VIII. Los mendigos y personas que de cualquier modo vivan de la caridad pública;
IX. Las prostitutas y los individuos que intenten introducirlas en el país para comerciar con ellas o vivir a sus expensas.[77]

El ordenamiento, si bien enumeraba las excepciones que pudiera conferir el Ejecutivo para autorizar el ingreso de extranjeros, también estableció las medidas que se debían tomar ante la entrada de los pasajeros en fronteras marítimas o terrestres, así como las condiciones con las que debían tratarse los inmigrantes-trabajadores y las empresas de inmigración. El interés sanitario se impuso en el registro; se establecieron los criterios para el desembarco de los pasajeros; el funcionamiento de las estaciones sanitarias; el establecimiento de oficinas en las aduanas; la revisión de mercancías y equipajes en las estaciones del ferrocarril, así como los horarios de atención para la recepción de inmigrantes.

Los delegados sanitarios, que también podrían fungir como inspectores de inmigración, debían tomar un riguroso recuento de las listas de pasajeros y entrevistar personalmente a cada inmigrante, con la presencia de un médico. También estipulaba en el artículo 5º que, "A medida que cada uno de los pasajeros sea reconocido, decidirá el inspector si es o no es admisible, pero él mismo podrá reformar sus decisiones en virtud de las observaciones que le hagan o de los nuevos datos que le muestren, mientras no se haya termi-

[77] "Ley de Inmigración, publicada en el *Diario Oficial de la Federación* el martes 22 de diciembre de 1908 y cuya entrada en vigor se dio a partir del 1 de marzo de 1909", en Dublán y Lozano, *op. cit.*, vol. 40, primera parte, pp. 474-482.

nado el reconocimiento de todos los pasajeros".[78] Tal vez la posibilidad de esta "reforma" en la decisión del inspector también permitía algunos actos de corrupción.

En cuanto al paso por las fronteras con Estados Unidos, Guatemala y Honduras Británicas, los inmigrantes también deberían de ser examinados por un médico y un inspector, aunque se establecían excepciones para los habitantes de las zonas fronterizas que no permanecieran por más de un día en el territorio mexicano, el personal del ferrocarril o de vehículos que transportaran pasajeros, cuyas unidades regresaran al extranjero y los individuos que sólo traspasaran la frontera por el simple tránsito entre una localidad y otra.[79] De igual forma se diseñaron las boletas de registro y llenado de datos, que, entre otros asuntos, recomendaban imprimir en varios idiomas. Sin embargo, a pesar del rigor de la ley y las especificaciones para su cumplimiento, no es dudoso que algunos inmigrantes evadieran la revisión, sobre todo en las fronteras del sur del país y que otros hubieran logrado cohechar a los funcionarios de inmigración, cuando no cumplían con los requisitos de ingreso.

No faltaron algunos problemas en las fronteras, incluso para la recolección de los datos estadísticos. Así, por ejemplo, en octubre de 1908 la Secretaría de Gobernación, en respuesta a una consulta que le había hecho el delegado sanitario de Ciudad Juárez, Chihuahua, envió un comunicado diciendo que:

> No existe ningún castigo o pena alguna a la resistencia a ministrar los datos que se piden a los pasajeros que lleguen a la República, por lo que sólo se pueden obtener por la persuasión. No se puede negar la entrada a las prostitutas por sólo el hecho de serlo. En caso de que el delegado o los agentes sean ofendidos por algún pasajero o tenga con él dificultad que importe la comisión de una falta o delito, exija la intervención de la autoridad, deberán solicitar auxilio de la policía local.[80]

Con la aplicación de la nueva normatividad, muy pronto vinieron prohibiciones al paso de extranjeros en regiones fronterizas, como la que se llevó a cabo en los límites con Guatemala, por una epidemia de viruela en febrero

[78]"Reglamento del Servicio de Inspección de Inmigrantes, 25 de febrero de 1909", en Dublán y Lozano, *op. cit.*, vol. 41, p. 171.

[79]*Ibidem*, p. 178.

[80]Segob, "Resuelve la consulta del delegado sanitario en la Ciudad Juárez, Chihuahua, acerca de algunos puntos de estadística de inmigrantes, 17 de octubre de 1908", en Dublán y Lozano, *op. cit.*, vol. 40, primera parte, 1908, pp. 440-441.

de 1909. La Ley de Inmigración de 1908* siguió operando en la República mexicana después de la renuncia del general Díaz, con algunos modestos ajustes hasta el año de 1926, cuando se decretó un nuevo estatuto que incluyera distintos arreglos en materia de inmigración, pero que en forma especial el problema de la emigración, que apenas si se mencionaba en el marco esquema jurídico anterior y, como tal, se denominó Ley de Migración.[81]

La primera Ley de Inmigración de 1909, si bien para algunos autores ha sido considerada en cierta medida como racista hacia los migrantes asiáticos, en gran medida limitó el ingreso de los inmigrantes de cualquier nacionalidad que padecieran algunos tipos de enfermedades o limitaciones físicas, inspirados en las doctrinas de la eugenesia, que postulaba la selección artificial de los seres humanos, a fin de impedir algún tipo de herencia anómala en las generaciones venideras. Es por ello que en los artículos tercero y cuarto se estableció la restricción al ingreso de inmigrantes que sufrieran alguna deficiencia mental o física.

En concordancia con no pocos tratados de extradición y control de prófugos de la justicia, establecidos entre México y distintas naciones que mencionamos líneas arriba, la ley se reservó el derecho de admitir a los individuos "que hubieren sido condenados por delito que, conforme a las leyes mexicanas, debiera castigarse con pena corporal de más de dos años con excepción, para unos y otros, de los delitos políticos o meramente militares". No obstante, vale la pena mencionar que al exceptuar los delitos de corte político o militar, en gran medida se perfilaba la posibilidad del gobierno federal para otorgar el asilo político en el territorio mexicano a algún extranjero que así lo solicitase.

La expulsión de extranjeros, convalidada en la Constitución de 1857, fue un instrumento legal que el gobierno porfirista empleó en ocasiones con algunos fuereños que supuso *non grata* para el país. En 1890, la prensa nacional, por ejemplo, llamó la atención acerca de álgidas discusiones que se presentaron en el Congreso debido a una iniciativa presentada por el diputado tlaxcalteca, Juan A. Mateos, para expulsar a los miembros del clero extranjero en México —españoles, franceses e italianos en su mayoría—, dirigida a que el culto católico sólo fuera impartido por religiosos nacidos en el territorio nacional.[82] En ocasiones los periodistas extranjeros también eran

*Nota del editor. La ley de Inmigración se firmó el 22 de diciembre de 1908 y fue promulgada el 11 de marzo de 1909.

[81] Andrés Landa y Piña, *El servicio de migración...*, *op. cit.*, p. 17.

[82] "La Cuestión Mateos", *El Correo Español*, 13 de noviembre de 1890, p. 2. "El clero extranjero y los ministros diplomáticos", *El Correo Español*, 19 de noviembre de 1890, p. 2. "La bandeja del Sr. Mateos", *El Correo Español*, 21 de noviembre de 1890, p. 1. "Proyecto de

vistos con recelo por el gobierno mexicano, como fue el caso de una sonada expulsión de Adolfo Llanos de Alcazar, quien más allá de sus artículos críticos en el periódico *La Colonia Española*, en 1878 también escribió el libro *No vengáis a América*, para alertar a sus paisanos sobre los riesgos de emigrar a México.[83] No obstante, en la prensa española muy frecuentemente se incluían artículos sobre las cualidades de los inmigrantes hispanos, como el siguiente:

> [...] el español es, por regla general, el *único* inmigrante que forma *familia mejicana*: la sangre española es la *única* que se asimila *al organismo nacional mejicano*: además, el español que aquí hace fortuna, la invierte toda, sin vacilación, en la creación o fomento de industrias nacionales —la agricultura, la minería o las manufacturas— y cuando muere, esa riqueza pasa *a sus hijos mejicanos*.[84]

Pero más allá de las filias, durante el Porfiriato incluso los medios de prensa críticos al gobierno, como *El Hijo del Ahuizote*, se inclinaban por solicitar al presidente la expulsión de los "gachupines" del territorio mexicano.[85] Hispanofobia, casi siempre discursiva, que en momentos coyunturales solía extenderse a diversos medios, como se mostraba cuando los mexicanos se inclinaban por la independencia cubana.[86] De igual forma, cuando el artículo 33 se aplicaba no faltaban voces críticas entre los mismos extranjeros. Tal fue el caso de la decisión de expulsar a un comerciante español que producía un semanario de caricaturas denominado *Diógenes*. Este periódico señalaba:

> [...] Mas diremos de acuerdo con el radicalismo que siempre hemos ostentado: el artículo 33 debiera ser suprimido por anacrónico. Fue bueno en épocas en que hordas de extranjeros que no cabían en su patria, venían a Méjico a prosperar sin pararse en malas artes, o a buscar, también para medro personal, discordias intestinas: hoy que Méjico es respetado, por excepción arriba a él un canalla y para ése, cuando comete un delito, Belem o la Peni-

---

expulsión de los sacerdotes católicos extranjeros", *El Correo Español*, 29 de noviembre de 1890, p. 1.

[83]Adolfo Llanos de Alcazar, *No vengáis a América. Libro de dedicado a los pueblos europeos*, México, Imprenta de la Colonia Española, 1876.

[84]Las cursivas son de la fuente, C. de Olaguibel y Arista, "El criterio de los hechos", *El Correo Español*, 5 de septiembre de 1896, p. 1.

[85]"Palos y carambolas", *El Correo Español*, 15 de noviembre de 1896, p. 1.

[86]"Los perniciosos de la prensa", *El Correo Español*, 23 de Marzo de 1897, p. 1.

tenciaría le abren sus puertas, porque su caso está previsto y penado por el Código Penal.[87]

Como bien señaló el periodista, efectivamente el Código de procedimientos de septiembre de 1880 señalaba en su artículo noveno que: "Los juicios criminales que se sigan en los lugares en que rija este Código se sujetarán a sus prescripciones, sean nacionales o extranjeros los inculpados; salvas las excepciones establecida en las leyes especiales, o por el derecho internacional".[88]

Pero más allá de las restricciones, las fobias o los prejuicios hacia algunos extranjeros, el Porfiriato también se ha caracterizado como un periodo de franca xenofilia, sobre todo en el caso de los migrantes que vinieran de las naciones más desarrolladas del concierto europeo, por lo que naturalmente se estimuló no sólo la venida de inmigrantes, sino su naturalización al país, así como la de sus hijos nacidos en México. Así, aunque la Constitución de 1857 ya había diferenciado los derechos y las obligaciones de nacionales y extranjeros residentes en México, fue hasta mayo de 1886 que se decretó una Ley de Extranjería y Naturalización,[89] cuya vigencia se mantuvo por largos años, hasta su modificación a mediados de la década de los años treinta del siglo XX.

## A manera de conclusión

La historia que conocemos sobre el siglo XIX mexicano difícilmente ha mostrado cuándo llegaron al país "hordas de extranjeros que no cabían en su patria", como llegó a señalar *El Correo Español* en 1902.[90] Por el contrario, lo que resulta más notorio fue que los extranjeros llegaron a cuentagotas, incluso al cierre del Porfiriato su monto apenas superaba los 150 mil individuos, según el censo de 1910. No obstante, a pesar de su menguo número, que poco se asemeja con el caudal de concesiones que se otorgaron bajo la panacea de atraer nuevos pobladores en forma artificial, no por ello el Porfiriato deja de ser un momento pilar de la historia de la inmigración en México.

Durante el lapso que lleva el nombre del héroe del 2 de abril, México vivió un momento excepcional en su historia, signado por la apertura y el

[87]"El asunto Diógenes", *El Correo Español*, 2 de agosto de 1902, p. 1.

[88]Secretaría de Justicia, "Código de procedimientos penales, 15 de septiembre de 1880", en Dublán y Lozano, *Legislación mexicana...*, vol. 15, pp. 3-76.

[89]"Ley de extranjería y naturalización, 28 de mayo de 1886", en Dublán y Lozano, *op. cit.*, vol. 17, 1886, pp. 474-481.

[90]"El asunto Diógenes", *El Correo Español*, 2 de agosto de 1902, p. 1.

estímulo a los parabienes que debieron llegar del exterior, que se distingue de cualquier otro periodo de la historia mexicana. En él, si bien fluyeron del exterior un número indeterminado de inmigrantes —difícilmente contabilizado por las estadísticas de la época— atraídos por el cúmulo de políticas públicas que hemos reseñado y que tuvieron su expresión en letra impresa, a través de innumerables leyes, decretos, reglamentos y todo tipo de convenios y contratos. Las condiciones de privilegio y falta de conciencia social con que vivieron algunos extranjeros, al igual que otros miembros de la elite local, indudablemente generaron el descontento que vendría a mostrarse en su forma violenta durante la Revolución mexicana.

Luego vinieron nuevas disposiciones legales en el transcurso del siglo XX y el inicio del XXI, a veces excesivamente restrictivas hacia los inmigrantes y sus posibilidades de desarrollo en el país. Dichas políticas migratorias, que signaron el México posrevolucionario y aún se observan en la actualidad, no serían cabalmente comprendidas sin conocer los desenfrenos, pero también las perseverancias del Porfiriato. Cierro recordando una buena lección sobre este singular periodo de la historia mexicana, que expresó Álvaro Matute en 1977, en el centenario de la primera elección del general Díaz:

> Repudiar el pasado es igual que tenerlo como paradigma: las dos actitudes chocan. La buena conciencia histórica aconseja la asimilación, aceptar sin endiosar. Amar lo no vivido o lo lejano debe tener implícito reconocerlo cómo fue, con todo y sus defectos, y de manera tal que éstos no borren las virtudes. Éstas y otras cosas del mismo tenor pueden ser dichas a propósito del primer cumplesiglos del arribo porfiriano al poder. Un aniversario como el de Tuxtepec no es propio para la Clío de bronce de acuerdo con la tradición revolucionaria, pero el historiador no debe rehuir la reflexión en torno al origen de un sistema político fundamental en la historia de México.[91]

## Bibliografía y hemerografía

Archivo Histórico del Distrito Federal (AHDF), Colección de bandos.

BERNINGER, Dieter George, *La inmigración en México, 1821-1857*, México, SEP (Sepsetentas, 144), 1974.

BUCHENAU, Jürgen, "Inversión extranjera y nacionalismo: lo paradójico de la política internacional de Porfirio Díaz", en *Dimensión Antropológica*, año 3, vol. VI, enero-abril de 1996, pp. 7-24.

[91] Álvaro Matute Aguirre, "A cien años. Porfirio Díaz", en *Estudios de historia moderna y contemporánea de México*, vol. 7, México, UNAM-IIJ, 1979, p. 189.

BUSTO, Emiliano, *Estadística de la República mexicana. Estado que guardan la agricultura, la industria, minería y comercio. Resumen y análisis de los informes rendidos por la Secretaría de Hacienda (1877)*, vol. II, México, Imprenta de Ignacio Cumplido, 1880.

COATSWORTH, John H., *El impacto económico de los ferrocarriles en el Porfiriato*, edición corregida y ampliada, México, Ediciones Era, 1984.

*Compilación histórica de la legislación migratoria en México*, México, INM/Segob, 1998.

DUBLÁN, Manuel, y José María Lozano, *Legislación mexicana o colección de las disposiciones legislativas expedidas desde la Independencia a la República*, 42 vols., México, Imprenta del Comercio, 1876-1910.

D'OLWER, Nicolau, "Las inversiones extranjeras", en *El Porfiriato. La vida económica, vol. VII*, Daniel Cosío Villegas (coord), *Historia moderna de México*, México, Hermes, 1965.

GARCÍA, Genaro, *Cónica oficial de las fiestas del centenario de la independencia de México*, México, Talleres del Museo Nacional, 1911.

GARCÍA GRANADOS, Ricardo, *La cuestión de razas e inmigración en México*, México, Talleres tipográficos de El Tiempo, Primera de Mesones núm. 18, 1909.

GONZÁLEZ NAVARRO, Moisés, *El Porfiriato. La vida social*, México, Hermes, 1957.

———, *La colonización en México*, México, Talleres de Estampillas y Valores, 1960.

———, *Los extranjeros en México y los mexicanos en el extranjero, 1821-1970*, vol. II, México, Centro de Estudios Históricos/Colmex, 1994.

HABER, Stephen H., *Industria y subdesarrollo. La industrialización en México, 1890-1940*, México, Alianza Editorial, 1992.

HART, John Mason, *Empire and revolution. The Americans in Mexico since the Civil War*, Berkeley/Los Ángeles, University of California Press, 2002.

ILLADES AGUILAR, Carlos, "Poblamiento y colonización: las políticas públicas, 1854-1910", en *El poblamiento de México. Una visión histórico demográfica, t. III, México en el Siglo XIX*, México, Segob/Conapo, 1993, p. 142.

KNIGHT, Alan, *La Revolución mexicana. Del Porfiriato al nuevo régimen constitucional, vol. I. Porfiristas, liberales y campesinos*, 2 vols., México, Grijalbo, 1996.

KUNIMOTO, Iyo, "La Negociación del Tratado de Amistad, Comercio y Navegación de 1888 y su significado histórico", *Revista Mexicana de Política Exterior*, núm. 86, junio de 2009, pp. 91-100.

LAJOUS, Roberta, *La política exterior del Porfiriato (1876-1920)*, Blanca Torres (coord.), *México y el mundo. Historia de las relaciones internacionales*, vol. IV, México, Senado de la República, 2000.

LANDA Y PIÑA, Andrés, *El servicio de migración en México*, México, Segob, 1930.

LLANOS DE ALCAZAR, Adolfo, *No vengáis a América. Libro de dedicado a los pueblos europeos*, México, Imprenta de la Colonia Española, 1876.

MARICHAL, Carlos (coord.), *México y las conferencias panamericanas 1889-1938*, México, SRE, 2002.

MATUTE AGUIRRE, Álvaro, "A cien años. Porfirio Díaz", en *Estudios de Historia Moderna y Contemporánea de México*, vol. 7, México, UNAM-IIJ, 1979, pp. 189-193.

MAZA, Francisco de la, *Código de colonización y terrenos baldíos de la República mexicana*, México, Oficina Tipográfica de la Secretaría de Fomento, San Andrés, 1893.

MEYER, Lorenzo, *Su majestad británica contra la Revolución mexicana, 1900-1950*, México, Centro de Estudios Internacionales/Colmex, 1991.

RIGUZZI, Paolo, *¿Reciprocidad imposible? La política del comercio entre México y Estados Unidos, 1857-1938*, México, El Colegio Mexiquense/Instituto de Investigaciones Dr. José María Luis Mora, 2003.

SALAZAR ANAYA, Delia, "Ferrocarriles e inmigración internacional en el norte de México, 1880-1914", en R.B. Brown (coord.), *El impacto del ferrocarril en Chihuahua*, Ciudad Juárez, Chihuahua, Universidad Autónoma de Ciudad Juárez, 2009, pp. 75-112.

________, *Las cuentas de los sueños. La presencia extranjera en México a través de las estadísticas nacionales, 1880-1914*, México, INM/Centro de Estudios Migratorios/INAH/DGE Ediciones, 2010.

SÁNCHEZ ANDRÉS, Agustín, "La normalización de las relaciones entre España y México durante el Porfiriato (1876-1910)", *Historia Mexicana*, vol. XLVIII, núm. 4, 1999, pp. 731-766.

VÁSQUEZ, Josefina Zoraida, y Lorenzo Meyer, *México frente a Estados Unidos (Un ensayo histórico, 1776-1993)*, México, FCE (Obras de Historia), 1994.

*El Combate*
*El Correo Español*
*El Monitor Republicano*
*El Siglo Diez y Nueve*
*El Hijo del Trabajo*

Sección II

# Guía de ordenamientos jurídicos en materia de inmigración y extranjería, 1810-1910

**1810**

24 de septiembre. Decreto de 24 de setiembre de 1810.- Declaración legitima [*sic*] constitución de las Cortes y de su soberanía: nuevo reconocimiento del Rey D. Fernando VII y anulación de su renuncia á la corona: división de Poderes, reservándose las Cortes el legislativo...
Dublán y Lozano, *Legislación mexicana...*, vol. 1, pp. 335-336.

15 de octubre. Decreto.- Igualdad de derechos entre los españoles europeos ultramarinos: "olvido de los ocurrido en las provincias de América que reconozcan la autoridad de las Cortes".
Dublán y Lozano, *Legislación mexicana...*, vol. 1, p. 336.

6 de diciembre. Bando aboliendo la esclavitud.
Dublán y Lozano, *Legislación mexicana...*, vol. 1, pp. 339-340.

**1811**

9 de febrero. Decreto.- En que se declaran algunos de los derechos de los americanos.
Dublán y Lozano, *Legislación mexicana...*, vol. 1, p. 340.

22 de abril. Decreto. Abolición de la tortura, y de los apremios, y prohibición de otras prácticas aflictivas.
Galván, *Colección Cortes...*, pp. 8-9.

### 1812

29 de enero. Decreto. Habilitación de los oriundos de África para ser admitidos en las universidades, seminario...
Galván, *Colección Cortes...*, p. 25.

18 de marzo. Constitución política de la monarquía española, Cádiz.
Dublán y Lozano, *Legislación mexicana...*, vol. 1, pp. 349-379.

### 1813

4 de enero. Decreto. Sobre reducir los baldíos y otros terrenos comunes a dominio particular: suertes concedidas a los defensores de la patria y a los ciudadanos no propietarios.
Galván, *Colección Cortes...*, pp. 56-59.

### 1814

22 de octubre. Decreto constitucional para la libertad de la América mexicana, sancionado en Apatzingán.
Dublán y Lozano, *Legislación mexicana...*, vol. 1, pp. 433-451.

### 1819

22 de febrero. Tratado Adams-Onis. Tratado de amistad, arreglo de diferencias y límites entre los S.M.C. y los Estados Unidos de América (Notas, instrucciones al Ministro de S.M.C. en los Estados Unidos.
*Derecho internacional mexicano. Tratados y convenios concluidos y ratificados por la República mexicana desde su independencia hasta el año actual,* acompañados de varios documentos que le son referentes, edición oficial. México, Imprenta Gonzalo A. Esteva, 1878, primera parte, p. 706, pp. 145-150.

### 1820

11 de septiembre. Decreto Haciendo varias aclaraciones para poder proceder a la prisión o detención de cualquier español.
Dublán y Lozano, *Legislación mexicana...*, vol. 1, p. 527.

11 de septiembre. Se prescribe la conducta de los jefes políticos y ayuntamientos con los que no tienen modo de vivir conocido, gitanos, etcétera.
Galván, *Colección Cortes...*, p. 130.

## 1821

6 de octubre. Acta de Independencia del Imperio Mexicano.
Dublán y Lozano, *Legislación mexicana...*, vol. 1, pp. 550-551.

## 1822

9 de enero. Decreto. Sobre suspensión de pasaportes.
Galván, *Colección de órdenes...*, vol. 1, pp. 88-89.

21 de enero. Orden. Para que se franquee pasaporte á D. Juan Hall, y que por lo respectivo á la estraccion [*sic*] de caudales que solicita, aguarde la resolución que se dicte.
Galván, *Colección de órdenes...*, vol. 1, p. 94.

6 de febrero. Orden. De los efectos prohibidos de comercio estrangero [*sic*].
Galván, *Colección de órdenes...*, vol. 1, p. 110.

20 de febrero. Derechos de los vinos y aguardientes.
Galván, *Colección de órdenes...*, vol. 1, p. 124.

22 de marzo. *Decreto.-* Libertad para la extracción de dinero y salida de personas: derechos por aquella: devolución del exceso a los que depositaron el quince por ciento.
Dublán y Lozano, *Legislación mexicana...*, vol. 1, pp. 602-603.

17 de septiembre. Orden de Prohibición para clasificar ciudadanos mexicanos por su origen.
Dublán y Lozano, *Legislación mexicana...*, vol. 1, pp. 628-629.

## 1823

4 de enero. Decreto para la distribución de terrenos entre los extranjeros que vengan a colonizar.
Maza, *Código...*, pp. 171-176.

11 de abril. Orden, Previniendo al gobierno que si no encuentra inconveniente acceda a la solicitud de Esteban Austin, sobre que se le confirme la concesión de establecer 300 familias en Texas, resuelva también sobre otras

solicitudes de igual naturaleza, y se suspenda hasta nueva resolución la ley de colonización dada por la Junta Instituyente.
Maza, *Código...*, p. 176.
*Gobierno, Colección 1822-1823...*, pp. 110-111.

16 de mayo. Formula [*sic*] de las cartas de naturaleza.
Dublán y Lozano, *Legislación mexicana...*, vol. 1, pp. 648-649.
Gobierno, *Colección 1822-1823...*, p. 139.
Galván, *Colección de órdenes...*, vol. 2, p. 119.

7 de octubre. Decreto. Se habilita a los extranjeros para tener parte en minas...
Dublán y Lozano, *Legislación mexicana...*, vol. 1, p. 681.
Galván, *Colección de órdenes...*, vol. 2, p. 192.

14 de octubre. Formación de la Provincia del Itsmo.
Dublán y Lozano, *Legislación mexicana...*, vol. 1, pp. 682-684.
Maza, *Código...*, pp. 183-187.

27 de octubre. Decreto. Sobre que se puedan retirar los diputados de las provincias de Guatemala.
Galván, *Colección de órdenes...*, vol. 2, p. 206.

22 de noviembre. Orden. Medidas relativas á la defensa y seguridad de los puertos.
Galván, *Colección de órdenes...*, vol. 3, pp. 4-5.

2 de diciembre. Tratado de amistad, con la República de Colombia.
Dublán y Lozano, *Legislación mexicana...*, vol. 1, pp. 687-690.
Galván, *Colección de órdenes...*, vol. 3, pp. 6-10.

**1824**

19 de febrero. Decreto. Aprobación de un tratado de comercio con Colombia.
Dublán y Lozano, *Legislación mexicana...*, vol. 1, pp. 701-703.
Galván, *Colección de órdenes...*, vol. 3, pp. 33-35.

20 de mayo. Decreto Prohibición de algunos géneros, frutos y efectos de procedencia extranjera. [Se incluye la lista de dichos artículos.]
Dublán y Lozano, *Legislación mexicana...*, vol. 1, pp. 706-708.

9 de junio. Decreto sobre corso.
Dublán y Lozano, *Legislación mexicana...*, vol. 1, p. 709.

13 de julio. Decreto.- Prohibición del comercio y tráfico de esclavos.
Dublán y Lozano, *Legislación mexicana...*, vol. 1, p. 710.
Maza, *Código...*, pp. 187-188.

18 de agosto. Decreto.- Sobre colonización.
Dublán y Lozano, *Legislación mexicana...*, vol. 1, pp. 712-713.
Maza, *Código...*, pp. 191-193.
Galván, *Colección de órdenes...*, vol. 3, pp. 64-66.

3 de octubre. Constitución Federal de los Estados Unidos Mexicanos.
Dublán y Lozano, *Legislación mexicana...*, vol. 1, pp. 719-737.

22 de octubre. Orden. Sobre derecho de internación.
Galván, *Colección de órdenes...*, vol. 3, p. 112.

22 de diciembre. Decreto. Derechos que los Estados pueden imponer á los efectos extranjeros.
Dublán y Lozano, *Legislación mexicana...*, vol. 1, pp. 748-749.

23 de diciembre. Decreto de Gobierno: Medidas para la seguridad de la República, Dublán y Lozano, *Legislación mexicana...*, vol. 1, p. 763.

### 1825

25 de enero. Decreto del Gobierno del Estado de Jalisco, para facilitar la colonización en sus terrenos baldíos.
Maza, *Código...*, pp. 194-199.

2 de septiembre. Tratados de unión, liga y confederación con la república de Colombia.
Galván, *Colección de órdenes...*, vol. 4, pp. 4-5.

### 1826

25 abril. Francisco Molinos del Campo, gobernador del Distrito Federal. Se prohíbe recibir en los puertos de la República a los españoles mientras dure la guerra con su país.
AHDF, Bandos, Caja 1, exp. 18. [Publicado en México a 28 de abril.]

11 de mayo. La República mexicana no oirá proposición alguna de España, si no está fundada en el reconocimiento de su independencia.
Dublán y Lozano, *Legislación mexicana...*, vol. 1, p. 781.
AHDF, Bandos, Caja 1, exp. 20. [18 de mayo.]

15 de diciembre. Decreto de la legislatura de Tamaulipas, para la colonización de extranjeros en aquel estado.
Maza, *Código...*, pp. 212-218.

## 1827

10 de mayo. Los españoles no podrán tener empleo de nombramiento de los supremos poderes.
Dublán y Lozano, *Legislación mexicana...*, vol. 2, p. 12.
Galván, *Colección de órdenes...*, vol. 4, p. 78.

19 de mayo. Ley el gobierno tiene facultad para remover a los ministros y agentes diplomáticos.
Dublán y Lozano, *Legislación mexicana...*, vol. 2, p. 13.

28 de agosto. Decreto de la Legislatura de Veracruz, autorizando al Ejecutivo para ceder los terrenos baldíos de aquel Estado.
Maza, *Código...*, pp. 219-221.

6 de septiembre. Ley. Presupuesto de gastos para la comisión de límites entre México y Estados Unidos.
Dublán y Lozano, *Legislación mexicana...*, vol. 2, pp. 16-17.

25 de octubre. Tratados de amistad, navegación y comercio entre los Estados Unidos Mexicanos y S.M. el Rey del Reino Unido de la Gran Bretaña e Irlanda.
Dublán y Lozano, *Legislación mexicana...*, vol. 2, pp. 19-25.
Galván, *Colección de órdenes...*, vol. 4, pp. 87-96.

20 de diciembre. Ley sobre prohibición a españoles de la entrada en los puertos de la república.
Arrillaga, *Recopilación de Leyes...*, 1830, p. 495.

20 de diciembre. Ley de Expulsión de Españoles.
Dublán y Lozano, *Legislación mexicana...*, vol. 2, pp. 47-48.

AHDF, Bandos, Caja 1, exp. 72.
Galván, *Colección de órdenes y decretos...*, vol. 4, pp. 131-134.

### 1828

8 de enero. José Ignacio Esteva, gobernador interino del Distrito Federal. Queda derogado el bando de 29 de diciembre sobre la expedición de pasaportes.
AHDF, Bandos, Caja 1, exp. 77.
Arrillaga, *Recopilación de Leyes...*, 1828, pp. 2-3.

17 de enero. Bando. Sobre presentación en el gobierno del distrito de españoles emigrados de otros estados.
Arrillaga, *Recopilación de Leyes...*, 1828, pp. 5-6.
AHDF, Bandos Caja 1, exp. 78

12 de febrero. José Ignacio Esteva, gobernador interino del Distrito Federal. Sobre el cumplimiento del artículo 16 de la ley de 20 de diciembre, para que los españoles puedan permanecer en el territorio de la república,
AHDF, Bandos, Caja 1, exp. 85.

12 de febrero. Bando. Presentación de los españoles exceptuados de la ley de expulsión para prestar el juramento que en ella se previene.
Arrillaga, *Recopilación de Leyes...*, 1828, pp. 35-36.

12 de febrero. Bando. Se concede término de ocho días a los españoles comprendidos en la ley de expulsión que quieran presentar sus ocursos al gobierno general por conducto del de distrito para su excepción.
Arrillaga, *Recopilación de Leyes...*, 1828, pp. 36-37.

21 de febrero. Ley.- Se reduce el derecho de internación de los efectos extranjeros.
Dublán y Lozano, *Legislación mexicana...*, vol. 2, p. 61.

25 de febrero. Por acuerdo del gobierno, de este dia, espresado [*sic*] y ratificado en bando de setiembre 24 de 829...
Arrillaga, *Recopilación de Leyes...*, 1828, p. 38.

26 de febrero. José María Tornel y Mendivil, diputado del Congreso de la Unión por el Distrito Federal y gobernador interino. Se prohíbe la salida de

los españoles por las garitas de la Ciudad sin el previo conocimiento del alcalde del Ayuntamiento de México.
AHDF, Bandos, Caja 1, exp. 91.
Arrillaga, *Recopilación de Leyes...*, 1828, pp. 38-40.

12 de marzo. Ley Sobre pasaportes y modo de adquirir propiedades de los extranjeros.
Dublán y Lozano, *Legislación mexicana...*, vol. 2, pp. 64-65.
Maza, *Código...*, pp. 221-223.
Galván, *Colección de órdenes y decretos...*, vol. 4, pp. 155-157.
Arrillaga, *Recopilación de Leyes...*, 1828, p. 46.
AHDF, Bandos, Caja 1, exp. 98.

24 de marzo. José María Tornel y Mendivil, diputado del Congreso de la Unión por el Distrito Federal y gobernador interino. Se reglamenta la entrada y salida de extranjeros y la emisión y revisión de pasaportes.
AHDF, Bandos, Caja 2, exp. 1.

11 de abril. José María Tornel y Mendivil, diputado del Congreso de la Unión por el Distrito Federal y gobernador interino. No se comprenden en la ley de 10 de mayo a los españoles que hubieren merecido la confianza de la Nación para representarla en el Congreso General, después de haber jurado la Constitución Federal.
AHDF, Bandos, Caja 2, exp. 9.

14 de abril. Ley. Reglas para dar cartas de naturaleza.
Dublán y Lozano, *Legislación mexicana...*, vol. 2, pp. 66-68.

22 de abril. José María Tornel y Mendivil, diputado del Congreso de la Unión por el Distrito Federal y gobernador interino. Formato para conceder carta de naturaleza a los extranjeros.
AHDF, Bandos, Caja 2, exp. 14.
Maza, *Código...*, pp. 224-226.
Galván, *Colección de órdenes y decretos...*, vol. 4, pp. 160-163.

30 de abril. Circular de la Secretaría de Relaciones. Que los españoles residentes en la costa del Seno mexicano, se retiren 20 leguas al interior.
Arrillaga, *Recopilación de Leyes...*, 1828, pp. 97-98.

30 de abril. José María Tornel y Mendivil, diputado del Congreso de la Unión por el Distrito Federal y gobernador interino. Prohibición para embarcar españoles en los puertos mexicanos, sin expresa orden del Gobierno General.
AHDF, Bandos, Caja 2, exp. 22.
Arrillaga, *Recopilación de Leyes...*, 1828, pp. 98-99.

1 de mayo. Reglamento sobre pasaportes.
Dublán y Lozano, *Legislación mexicana...*, vol. 2, pp. 69- 72.
Arrillaga, *Recopilación de Leyes...*, 1828, p. 108.

14 de mayo. Circular de la Secretaría de Hacienda. Providencia para el mas [*sic*] escrupuloso registro en las aduanas, de todas las mercancías, para evitar el contrabando, con cuyo fin se construyan calas ó punzas de fierro.
Arrillaga, *Recopilación de Leyes...*, 1828, p. 185.

17 de mayo. Aclaración de la ley de cesación de empleados españoles.
Galván, *Colección de órdenes...*, vol. 4, p. 170.

29 de mayo. José María Tornel y Mendivil, diputado del Congreso de la Unión por el Distrito Federal y gobernador interino. Suspensión de las leyes emitidas el 9 de febrero, 21 de septiembre y 16 de noviembre de 1824 y 10 de mayo de 1827, que cesaban de sueldos y jubilaciones a los españoles.
AHDF, Bandos, Caja 2, exp. 31.

30 de mayo. José María Tornel y Mendivil, diputado del Congreso de la Unión por el Distrito Federal y gobernador interino. Los españoles que pudiesen permanecer en la República, deben jurar lo prevenido en la ley del 20 de diciembre de 1827.
AHDF, Bandos, Caja 2, exp. 40.
Arrillaga, *Recopilación de Leyes...*, 1828, pp. 197-198.

31 de mayo. José María Tornel y Mendivil, diputado del Congreso de la Unión por el Distrito Federal y gobernador interino. Españoles expulsados podrán elegir los puertos para salir del país.
AHDF, Bandos, Caja 2, exp. 42.

25 de junio. Circular de la Secretaría de Relaciones. Aclaraciones a la ley de 20 de diciembre último sobre expulsión de españoles, con respecto a las atribuciones del gobierno que están vigentes y cuáles han cesado.
Arrillaga, *Recopilación de Leyes...*, 1828, pp. 204-206.

28 de junio. Circular de la Secretaría de Relaciones. Se hace extensiva a los españoles militares la orden en que se permitió a los españoles paisanos que pudieran embarcarse por cualquiera de los puertos del seno mexicano, bajo la caución que expresa.
Arrillaga, *Recopilación de Leyes...*, 1828, pp. 208-209.

2 de julio. José María Tornel y Mendivil, diputado del Congreso de la Unión por el Distrito Federal y gobernador interino. Aclaraciones sobre varios artículos de la ley del 20 de diciembre de 1827 sobre expulsión de españoles.
AHDF, Bandos, Caja 2, exp. 48.

4 de julio. José María Tornel y Mendivil, diputado del Congreso de la Unión por el Distrito Federal y gobernador interino. Se permite a los prisioneros españoles y militares embarcarse en los puertos mexicanos, con la condición de no viajar a las Antillas, dependientes del dominio español.
AHDF, Bandos, Caja 2, exp. 50.

28 de julio. Decreto de la Legislatura del Estado de Michoacán, autorizando la cesión de terrenos baldíos en aquel Estado a los empresarios o individuos que los pretendan para colonizarlos.
Maza, *Código...*, pp. 229-237.

28 de agosto. Circular de la Secretaría de Relaciones. Reglas que han de observarse respecto de los españoles que arriben a los puertos en clase de sobre-cargos, capitanes o pilotos de buques de naciones amigas o neutrales.
Arrillaga, *Recopilación de Leyes...*, 1828, p. 238.

25 de octubre. Ley. Se prohíbe toda reunión clandestina que haga profesión de secreto.
Dublán y Lozano, *Legislación mexicana...*, vol. 2, p. 86.
Galván, *Colección de órdenes...*, vol. 4, pp. 185-186.

21 de noviembre. Reglamento para la colonización de los Territorios.
Maza, *Código...*, pp. 237-240.

1 de diciembre. Circular. Secretaría de Relaciones se comunica a los gobernadores de los estados el pronunciamiento de la milicia local de esta capital por la expulsión de españoles...
Arrillaga, *Recopilación de Leyes...*, 1828, p. 276.

## 1829

5 de enero. José María Tornel y Mendivil, diputado del Congreso de la Unión por el Distrito Federal y gobernador interino. Los españoles no podrán salir de la ciudad por las Garitas de San Lázaro y Peralvillo sin pasaporte.
AHDF, Bandos, Caja 2, exp. 79.

12 de enero. Providencia de la Secretaría de Relaciones comunicada al Exmo. Sr. gobernador de Tabasco.
Arrillaga, *Recopilación de Leyes...*, 1829, pp. 6-7.

28 de enero. Ley. Que los lienzos de algodón que se expresan, paguen los derechos con arreglo á las leyes que regían ántes [*sic*] del nuevo arancel.
Arrillaga, *Recopilación de Leyes...*, 1829, pp. 14-15.

17 de marzo. José María Tornel y Mendivil, diputado del Congreso de la Unión por el Distrito Federal y gobernador interino. Formación de un padrón de españoles por cuarteles que residan en la capital.
AHDF, Bandos, Caja 2, exp. 98.

17 de marzo. Bando. Se previene que todos los españoles que salgan del distrito federal, lo hagan precisamente con pasaporte...
Arrillaga, *Recopilación de Leyes...*, 1829, p. 44.

20 marzo. Ley: Sobre expulsión de españoles.
Dublán y Lozano, *Legislación mexicana...*, vol. 2, p. 98.
Galván, *Colección de las leyes...*, pp. 9-10.

20 de marzo. Reglamento de la ley anterior [sobre expulsión de españoles.]
Dublán y Lozano, *Legislación mexicana...*, vol. 2, pp. 98-100.
Arrillaga, *Recopilación de Leyes...*, 1829, pp. 47-49.

8 de abril. José María Tornel y Mendivil, diputado del Congreso de la Unión por el Distrito Federal y gobernador interino. Se prohíbe la permanencia de todo ciudadano español, que no esté acreditado, según la ley de expulsión de españoles.
AHDF, Bandos, Caja 3, exp. 1.

21 de abril. Suspensión del término de la ley de expulsión de españoles a los exceptuados por cualquiera de las cámaras hasta el día 21 de abril.

Dublán y Lozano, *Legislación mexicana...*, vol. 2, p. 102.
Galván, *Colección de las leyes...*, pp. 15-16.

25 de abril. Decreto del supremo gobierno.- Prevenciones sobre los españoles exceptuados de la ley de 20 de Marzo último por impedimento físico.
Dublán y Lozano, *Legislación mexicana...*, vol. 2, pp. 102-103.

2 de mayo. Providencia de la secretaria [*sic*] de Relaciones, relativa á los españoles exceptuados por alguna de las cámaras de la Unión, de la ley de 20 de Marzo último.
Dublán y Lozano, *Legislación mexicana...*, vol. 2, p. 105.

2 de mayo.- Providencia de secretaria [*sic*] de Relaciones.- Declaración á favor de los españoles que pertenecen al navío Asia.
Dublán y Lozano, *Legislación mexicana...*, vol. 2, p. 105.

11 de mayo. José María Tornel y Mendivil, diputado del Congreso de la Unión por el Distrito Federal y gobernador interino. Los ciudadanos españoles no deben de permanecer en el Distrito Federal.
AHDF, Bandos, Caja 3, exp. 3.

16 de junio. Decreto del supremo gobierno. Tratados de amistad, navegación y comercio entre los Estados Unidos Mexicanos y SM el rey de los Países Bajos, aprobados por el congreso general.
Dublán y Lozano, *Legislación mexicana...*, vol. 2, pp. 136-139.
AHDF, Bandos, Caja 3, exp. 23.
Galván, *Colección de la leyes...*, pp. 35-46.
Arrillaga, *Recopilación de Leyes...*, 1829, pp. 137-156.

18 de junio. Providencia de la Secretaría de Guerra. Aclaración de la ley de 20 de marzo sobre expulsión de españoles por lo relativo a militares por su revista y pago de haberes a sus apoderados.
Dublán y Lozano, *Legislación mexicana...*, vol. 2, p. 140.
Arrillaga, *Recopilación de Leyes...*, 1829, pp. 157-158.

22 de junio. Circular de la Secretaría de Hacienda. Aclaración de la de 3 del corriente sobre que no se cobre derecho de toneladas á los buques de S.M.B.
Arrillaga, *Recopilación de Leyes...*, 1829, p. 160.

12 de agosto. José María Tornel y Mendivil, diputado del Congreso de la Unión por el Distrito Federal y gobernador interino. Reglamento para los extranjeros que deberán acreditarse ante el gobierno.
AHDF, Bandos, Caja 3, exp. 28.

30 de agosto. Providencia de la Secretaría de Relaciones. Que semanariamente forme y remita el gobierno del Distrito el padrón de españoles que se le previene y reglas para ello.
Dublán y Lozano, *Legislación mexicana...*, vol. 2, p. 154.

30 de agosto. Circular de la Secretaría de Relaciones.- Aviso del triunfo de las armas mexicanas sobre invasores españoles, y sobre auxilios al supremo gobierno para los gastos consiguientes.
Dublán y Lozano, *Legislación mexicana...*, vol. 2, p. 154.

4 de septiembre. José María Tornel y Mendivil, diputado del Congreso de la Unión por el Distrito Federal y gobernador interino. Expropiación de las propiedades particulares ocupadas por los españoles.
AHDF, Bandos, Caja 3, exp. 39.

5 de septiembre. Decreto del gobierno.- Que se recojan de los españoles, con calidad de reintegro, las armas que tengan.
Dublán y Lozano, *Legislación mexicana...*, vol. 2, p. 158.

6 de septiembre. José María Tornel y Mendivil, diputado del Congreso de la Unión por el Distrito Federal y gobernador interino. Censo de los españoles residentes en la ciudad de México.
AHDF, Bandos, Caja 3, exp. 42.

6 de septiembre. José María Tornel y Mendivil, diputado del Congreso de la Unión por el Distrito Federal y gobernador interino. Decomiso de armas de perteneciente a los españoles.
AHDF, Bandos, Caja 3, exp. 45.

15 de septiembre. Abolición de la esclavitud.
Galván, *Colección de la leyes...*, pp. 149-150.
Arrillaga, *Recopilación de Leyes...*, 1829, p. 213.

15 de septiembre. Que se recojan de los españoles residentes en el distrito, con calidad de reintegro, toda clase de armas que tengan propias para la guerra.
Arrillaga, *Recopilación de Leyes...*, 1829, pp. 214-217.

10 de octubre. Providencia de la Secretaría de Guerra comunicada á la de hacienda. Que por ahora se permita la introducción por Tampico de harinas y víveres extranjeros.
Arrillaga, *Recopilación de Leyes...*, 1829, p. 259.

23 de octubre. Bando. Prevenciones para el cumplimiento del decreto de 2 de septiembre último. Sobre ocupación de las rentas de los españoles residentes en país enemigo, fincas de temporalidades y del duque de Monteleone.
Arrillaga, *Recopilación de Leyes...*, 1829, p. 271.

29 de octubre. Decreto. Aprobación de los tratados de amistad, navegación y comercio con SM el rey de Hannover.
Dublán y Lozano, *Legislación mexicana...*, vol. 2, pp. 184-190.
Arrillaga, *Recopilación de Leyes...*, 1829, pp. 273-303.

29 de octubre. Aprobación de los tratados de amistad, navegación y comercio con SM el rey de Dinamarca.
Dublán y Lozano, *Legislación mexicana...*, vol. 2, pp. 190-194.
Galván, *Colección de la leyes...*, pp. 74-85.
Arrillaga, *Recopilación de Leyes...*, 1829, pp. 303- 322.

31 de octubre. Arreglo de legaciones.
Galván, *Colección de la leyes...*, pp. 173-178.
Arrillaga, *Recopilación de Leyes...*, 1829, pp. 323-331.

**1830**

27 de enero. Providencia de la Secretaría de Hacienda. Que a los empleados españoles suspensos que no estuviesen jubilados [*sic*], se les considere como efectivos para el abono de sus sueldos.
Arrillaga, *Recopilación de Leyes...*, 1830, p. 67.

3 de marzo. Circular de Guerra.- Que no se permita la introducción en la República de españoles expulsos.

Dublán y Lozano, *Legislación mexicana...*, vol. 2, p. 230.
Arrillaga, *Recopilación de Leyes...*, 1830, pp. 108-109.

6 de abril. Se permite la introducción de ciertos géneros de algodón; destinos de los derechos que produzcan y providencias relativas a la colonización y al comercio.
Dublán y Lozano, *Legislación mexicana...*, vol. 2, pp. 238-240.
Maza, *Código...*, pp. 241-244.

16 de agosto. Circular de la Secretaría de Guerra. Prevenciones para el arreglo y legitimidad del comercio marítimo nacional.
Dublán y Lozano, *Legislación mexicana...*, vol. 2, pp. 279-283.

21 de agosto. Circular de la Secretaría de Relaciones. Españoles exceptuados a quienes se ha de permitir desembarcar.
Arrillaga, *Recopilación de Leyes...*, 1830, pp. 423-424.

28 de agosto. Facultad al gobierno para transigir con la casa Barclay, Herring, Richardson y compañía.
Galván, *Colección de la leyes...*, p. 123.

4 de septiembre. Circular de la Secretaría de Relaciones. Los agentes consulares extranjeros no tengan en sus casas asta de bandera y puedan poner a su puerta el escudo de armas de su nación.
Dublán y Lozano, *Legislación mexicana...*, vol. 2, p. 285.

11 de septiembre. Setiembre 11 de 1839.- Circular de la Secretaría de Relaciones.- Prevenciones para el más exacto cumplimiento de la ley de expulsiones de españoles.
Dublán y Lozano, *Legislación mexicana...*, vol. 2, pp. 287-288.
Arrillaga, *Recopilación de Leyes...*, 1830, pp. 434-436.

12 de octubre. Ley.- Derechos de pasaporte para entrar ó salir de la República de cartas se seguridad y de certificaciones de firmas.
Dublán y Lozano, *Legislación mexicana...*, vol. 2, p. 291.
Galván, *Colección de la leyes...*, p. 126.
Arrillaga, *Recopilación de Leyes...*, 1830, p. 474.
AHDF Bandos, Caja 4, exp. 28.

**1831**

18 de enero. Ley. Facultad al gobierno general para gastar lo necesario en el regreso de las familias mexicanas desvalidas existentes en Nueva Orleans.
Dublán y Lozano, *Legislación mexicana...*, vol. 2, p. 307.
Maza, *Código*, p. 244.
Ojeda, *Leyes y decretos...*, 1831-1832, p. 14.
Arrillaga, *Recopilación de Leyes...*, 1831, p. 14. [Con fecha de 11 de enero.]

8 de febrero. Miguel Cervantes, general de brigada y gobernador del Distrito Federal. Eulogio Villa Urrutia está incluido en la ley de 10 mayo de 1827, sobre las restricciones de empleo a los españoles.
AHDF Bandos, Caja 4, exp. 38.

23 de marzo. Circular de la Secretaría de Justicia. Que los jueces apliquen todas las penas impuestas por las leyes para castigar el contrabando.
Arrillaga, *Recopilación de Leyes...*, 1831, pp. 222-223

24 de marzo. Circular de la Secretaría de Relaciones.- Que se cumpla la ley de 20 de Marzo de 1829 sobre expulsión de españoles.
Dublán y Lozano, *Legislación mexicana...*, vol. 2, p. 317.
Arrillaga, *Recopilación de Leyes...*, 1831, pp. 223-224.

23 de abril. Circular de la Secretaría de Relaciones.- Prevenciones relativas al cumplimiento de la ley sobre expulsión de españoles.
Dublán y Lozano, *Legislación mexicana...*, vol. 2, pp. 322-323.
Arrillaga, *Recopilación de Leyes...*, 1831, pp. 244-245.

30 de abril. *Ley*.- Se faculta al gobierno para nombrar provisionalmente personas que desempeñen los empleos que obtenían los españoles suspensos por la Ley de Mayo 1827.
Dublán y Lozano, *Legislación mexicana...*, vol. 2, p. 324.
Ojeda, *Leyes y decretos...*, 1831-1832, pp. 32-33.

13 de agosto. Circular de la Secretaría de Guerra.- Que se impida el desembarco é internación de españoles no exceptuados.
Dublán y Lozano, *Legislación mexicana...*, vol. 2, pp. 390-391.
Arrillaga, *Recopilación de Leyes...*, 1831, pp. 439-440.

28 de septiembre. Circular de Relaciones.- Sobre cartas de seguridad a los extranjeros.

Dublán y Lozano, *Legislación mexicana...*, vol. 2, p. 396.
Arrillaga, *Recopilación de Leyes...*, 1831, pp. 455-456.
AHDF, Bandos, Caja 4, exp. 81. [Publicado en México el 3 de octubre].

21 de noviembre. Cesación del tribunal del protomedicato y creación de una junta nombrada "Facultad Médica del Distrito Federal".
Dublán y Lozano, *Legislación mexicana...*, vol. 2, pp. 403-404.

## 1832

22 de febrero. *Ley*.- Facultades del gobierno por lo relativo á expulsión de extranjeros no naturalizados.
Dublán y Lozano, *Legislación mexicana...*, vol. 2, p. 411.
Ojeda, *Leyes y decretos...*, 1831-1832, p. 78.
AHDF, Bandos, Caja 4, exp. 95. [Publicado en México el 27 de febrero].

14 de abril. Resolución sobre pagos por la traslación a la República de las viudas y huérfanos mexicanos residentes en países extranjeros.
Maza, *Código...*, pp. 245-246.

19 de mayo. Ley. Prórroga del permiso para la introducción de casas de madera y otros artículos extranjeros, en beneficio de las colonias de Tejas.
Dublán y Lozano, *Legislación mexicana...*, vol. 2, p. 433.
Maza, *Código...*, p. 246.
Ojeda, *Leyes y decretos...*, 1831-1832, p. 96.
Arrillaga, *Recopilación de Leyes...*, 1832-marzo 33, p. 105.

29 de mayo. Miguel Cervantes, general de brigada y gobernador del Distrito Federal. Dispensa al extranjero Enrique Bristow, de varios artículos de la ley del 14 de abril de 1828.
AHDF, Bandos, Caja 5, exp. 17.

1 de diciembre. Circular de la Secretaría de Relaciones. Tratado de amistad, comercio y navegación entre los Estados Unidos Mexicanos y los Estados Unidos de América.
Dublán y Lozano, *Legislación mexicana...*, vol. 2, pp. 456-466.
Ojeda, *Leyes y decretos...*, 1833, pp. 120-147.
Arrillaga, *Recopilación de Leyes...*, 1832-marzo 33, pp. 169-216.

1 de diciembre. Circular de la Secretaría de Relaciones. Tratado para la demarcación de límites, celebrado entre los Estados Unidos Mexicanos y los Estados Unidos de América.
Dublán y Lozano, *Legislación mexicana...*, vol. 2, pp. 466-469.
Ojeda, *Leyes y decretos...*, 1831-1832, pp. 147-154.
Arrillaga, *Recopilación de Leyes...*, 1832-marzo 33, pp. 216-227.

**1833**

16 de enero. Decreto del supremo gobierno.- Sobre cumplimiento de la ley de 20 de marzo de 1829, relativa á expulsión de españoles.
Dublán y Lozano, *Legislación mexicana...*, vol. 2, pp. 476-477.
Arrillaga, *Recopilación de Leyes...*, 1832-marzo 33, pp. 276-278.
AHDF, Bandos, Caja 5, exp. 50. [Publicado en México el 26 de enero].

23 de enero. Circular de la Secretaría de Relaciones.- Sobre expulsión de españoles,
Dublán y Lozano, *Legislación mexicana...*, vol. 2, pp. 477-479.
Arrillaga, *Recopilación de Leyes...*, 1832-marzo 33, pp. 281-316.

20 de febrero. Providencia de Relaciones. Declamaciones a favor de los españoles que pertenecieron al navío Asia. Expulsión de españoles.
Dublán y Lozano, *Legislación mexicana...*, vol. 2, p. 489.

23 de febrero. Providencia del gobierno del Distrito.- Acerca de expulsión de españoles.
Dublán y Lozano, *Legislación mexicana...*, vol. 2, p. 489.
Arrillaga, *Recopilación de Leyes...*, 1832-marzo 33, pp. 444-445.

5 de marzo. Circular de la Secretaría de Guerra.- Gracia a los españoles militares que tomaron parte activa por independencia nacional.
Dublán y Lozano, *Legislación mexicana...*, vol. 2, pp. 490-491.
AHDF, Bandos, Caja 5, exp. 51. [Publicado en México el 15 de marzo].
Arrillaga, *Recopilación de Leyes...*, 1832-marzo 33, pp. 454-455.

10 de marzo. Circular de la Secretaría de Relaciones. Tratado de amistad y comercio entre los Estados Unidos Mexicanos y S.M. el Rey de Sajonia, y S.A.R el príncipe coregente [*sic*].
Dublán y Lozano, *Legislación mexicana...*, vol. 2, pp. 491-494.

AHDF, Bandos, Caja 5, exp. 61. [Publicado en México el 20 de abril].
Arrillaga, *Recopilación de Leyes...*, 1832-marzo 33, pp. 459-472.

7 de mayo. Circular de 1ª Secretaría de Estado.- Prevenciones á los administradores de las aduanas marítimas por lo tocante á los españoles que arriben á los puertos de la República.
Dublán y Lozano, *Legislación mexicana...*, vol. 2, p. 512. [7 de marzo.]
Arrillaga, *Recopilación de Leyes...*, 1833-1 abril-mayo, pp. 85-86.

2 de junio. Se prohíbe la circulación de impresos cuyo rubro sea fraudulento: el voceo de papeles: andar a caballo desde cierta hora; y hasta nueva orden, salir de México sin pasaporte.
Arrillaga, *Recopilación de Leyes...*, vol. 1833-2 junio-julio, pp. 72-73.

24 de junio. Orden de Plaza. Contiene la providencia de la comandancia general que inserta la de la primera Secretaría de Estado de 22. Se exceptúan del registro de armas equipajes a los señores ministros extranjeros individuos de las legaciones y sus dependientes.
Dublán y Lozano, *Legislación mexicana...*, vol. 2, p. 535.

18 de julio. *Bando*.- Contiene la circular de la 1ª Secretaría de Estado del día anterior.- Que todos los españoles residentes en el Distrito entreguen las armas que tengan, bajo la multa de mil pesos ó seis meses de prisión.
Dublán y Lozano, *Legislación mexicana...*, vol. 2, p. 540.

30 de julio. *Bando*.- Contiene circular de la Secretaría de Hacienda de 29 que inserta el decreto de esa fecha.- Sobre jubilación ó retiro de los españoles que tengan cargo, ó empleo de provisión de los poderes Federales, exceptuándose á los que han hecho los servicios que se indican.
Dublán y Lozano, *Legislación mexicana...*, vol. 2, pp. 545-546.
Arrillaga, *Recopilación de Leyes...*, 1833-2 junio-julio, pp. 244-246.

1 de agosto. Circular de la Secretaría de Guerra. Requisitos que han de exigirse para declarar sus respectivas pensiones a los españoles retirados.
Arrillaga, *Recopilación de Leyes...*, 1833-3 agosto-diciembre, p. 1.

8 de agosto. Circular de la Secretaría de Hacienda. Requisitos que han de exigirse para la declaración de las pensiones que deban gozar los empleados españoles mandados jubilar.

Dublán y Lozano, *Legislación mexicana...*, vol. 2, p. 547.
Arrillaga, *Recopilación de Leyes...*, 1833-3 agosto-diciembre, pp. 10-11.

7 de septiembre. Circular de la primera Secretaría de Estado.
Arrillaga, *Recopilación de Leyes*, 1833-3 agosto-diciembre, p. 31.

19 de septiembre. Circular de la Dirección General de rentas. Incluye la providencia de la Secretaría de Hacienda del día 17. Que los administradores de aduanas marítimas envíen cada correo, noticias de entrada y salida de buques.
Dublán y Lozano, *Legislación mexicana...*, vol. 2, pp. 555-556.

20 de septiembre. Circular de la Dirección general de rentas. Contiene la providencia de la Secretaría de Hacienda de 18, sobre pago de haberes a los españoles separados de sus empleos por la ley que se expresa.
Arrillaga, *Recopilación de Leyes...*, 1833-3 agosto-diciembre, pp. 53-60.

1 de octubre.- Circular de la primera Secretaría de Estado.- Tratados de amistad, comercio y navegación entre los Estados-Unidos Mexicanos y la República de Chile.
Dublán y Lozano, *Legislación mexicana...*, vol. 2, pp. 556-560.
Arrillaga, *Recopilación de Leyes...*, 1833-3 agosto-diciembre, pp. 63-73.

26 de octubre. *Bando*. Circular de la Secretaría de Guerra. Retiros de españoles empleados en el cuerpo de sanidad militar.
Dublán y Lozano, *Legislación mexicana...*, vol. 2, p. 557.
AHDF, Bandos, Caja 6, exp. 1.

17 de noviembre. Decreto del Gobierno de Tamaulipas, promoviendo la colonización de aquel Estado.
Maza, *Código...*, pp. 253-261

20 de noviembre. Tratado de amistad, comercio y navegación con la República del Perú.
Dublán y Lozano, *Legislación mexicana...*, vol. 2, pp. 631-635.
Arrillaga, *Recopilación de Leyes...*, 1833-3 agosto-diciembre, pp. 271-279.

21 de noviembre. Decreto derogando el artículo 11 de la ley de 6 de abril de 1830, y facultando la inversión de las cantidades necesarias para la colonización.
Maza, *Código...*, pp. 261-262.

26 de noviembre. José María Tornel, gobernador del Distrito Federal. Se faculta al Gobierno para que tome todas las providencias que aseguren la colonización y haga efectiva la secularización de las misiones de la Alta y Baja California.
AHDF, Bandos, Caja 6, exp. 23.
Maza, *Código...*, pp. 262-263.

**1834**

3 de febrero. Que los extranjeros de las naciones amigas que no pertenezcan al cuerpo diplomático, se presenten al gobierno del Distrito.
Dublán y Lozano, *Legislación mexicana...*, vol. 2, pp. 672-673.
Arrillaga, *Recopilación de Leyes...*, 1834, pp. 44-46.

3 febrero. José María Tornel, gobernador del Distrito Federal. Los extranjeros residentes en el Distrito Federal deben acudir a oficinas de este gobierno para dar noticia de sus datos personales.
AHDF Bandos, Caja 6, exp. 47.

4 de febrero. Decreto sobre colonización de Coahuila y Texas.
Maza, *Código...*, pp. 263-266.

12 de febrero. Bando. Adición al que cita sobre presentación de extranjeros.
Dublán y Lozano, *Legislación mexicana...*, vol. 2, p. 675.
AHDF, Bandos, Caja 6, exp. 50.
Arrillaga, *Recopilación de Leyes...*, 1834, p. 57.

19 de febrero. Ley. Colocación de los trofeos militares tomados a los españoles en Tampico.
Dublán y Lozano, *Legislación mexicana...*, vol. 2, p. 676.

14 de marzo. Circular de la Secretaría de Guerra.- Que no se permite desembarcar en puertos de la República á los individuos expulsos de ella.
Dublán y Lozano, *Legislación mexicana...*, vol. 2, p. 681.

28 de abril. Ley. Se deroga en parte la ley de expulsión...
Arrillaga, *Recopilación de Leyes...*, 1834, p. 197. [Se deroga la ley de 23 de junio de 1833.]

7 de mayo. Ley. Se deroga en parte la ley de 23 de junio de 1833 sobre expulsión. Se deroga la segunda parte del artículo 1 de la ley de 23 de junio de 1833. (Recopilación de ese mes p. 140.) [La expresada de 7 de 7 de mayo de 1834 se circuló por la Secretaría de Relaciones en la misma fecha, y se publicó en bando de 12.]
Arrillaga, *Recopilación de Leyes...*, 1834, p. 204.

30 de julio. Circular de la Secretaría de Relaciones. Los individuos que en virtud de la ley de 23 de junio de 1833 salieron expulsos de la república podrán volver a ella. Basilio Arrillaga, *Recopilación de Leyes...*, Tomo 1834, pp. 279-281

9 de agosto. Providencia de la Secretaría de Relaciones. Declaraciones acerca de los individuos expulsos de la República.
Dublán y Lozano, *Legislación mexicana...*, vol. 2, pp. 721-722.
Arrillaga, *Recopilación de Leyes...*, 1834, pp. 326-327.

24 de septiembre. Circular de la Secretaría de Guerra. Auxilios que deben darse para coger ó evitar el contrabando.
Arrillaga, *Recopilación de Leyes...*, 1834, pp. 509-511.

29 de octubre. Circular de la Secretaría de Guerra. Declaración acerca del abono de mejora de retiro a los españoles militares que indica.
Dublán y Lozano, *Legislación mexicana...*, vol. 2, pp. 752-753.

**1835**

18 de febrero. Circular de la Secretaría de Relaciones. Que los expulsos o emigrados por causas políticas puedan volver a la república.
Arrillaga, *Recopilación de Leyes...*, 1835, pp. 68-70.

21 de marzo. Ley se declara nulo el decreto de 29 de julio de 1833, sobre jubilación o retiro de los españoles empleados.
Arrillaga, *Recopilación de Leyes...*, 1835, pp. 107-109.
AHDF, Bandos, Caja 7, exp. 48. [Publicado en México el 26 de marzo].

25 de abril. Ley sobre un decreto de la legislatura de Coahuila y Tejas, y acerca de terrenos valdíos [*sic*] de los estados.
Arrillaga, *Recopilación de Leyes...*, 1835, pp. 145-146.

25 de abril. Decreto declarando ser contrario a la ley de 18 de agosto de 1824, el de Coahuila y Texas de 14 de Marzo de 1885 sobre terrenos baldíos y prohibidos a los Estados limítrofes y litorales enajenar sus baldíos.
Maza, *Código...*, p. 280.

23 de mayo. Ramón Rayón, general de brigada, gobernador del Distrito Federal. Liquidación de sueldos a los empleados españoles civiles.
AHDF, Bandos, Caja 7, exp. 70.

31 de agosto. Circular de la Secretaría de Relaciones. Excitación a los gobernadores y jefes políticos para conservar el orden en sus demarcaciones, con respecto al alzamiento de los colonos en Tejas.
Dublán y Lozano, *Legislación mexicana...*, vol. 3, pp. 64-65.
Maza, *Código...*, pp. 281-282.

1 de septiembre. Sobre moneda de Francia, y la instrucción para practicarse.
Arrillaga, *Recopilación de Leyes...*, 1835, pp. 417-422.

1 de diciembre. Providencia de la Secretaría de Guerra. Se decomisen todos los efectos, excepto los víveres procedentes de los puertos que ocupan los colonos sublevados.
Dublán y Lozano, *Legislación mexicana...*, vol. 3, pp. 106-107

15 de diciembre. Ley constitucional. Estantes y habitantes en el territorio mexicano, sus derechos y obligaciones.
Dublán y Lozano, *Legislación mexicana...*, vol. 3, pp. 109-111.

30 de diciembre. Circular de la Secretaría de Guerra.- Se trate y castigue como a pirata, a los extranjeros que penetren armados con aspecto hostil, o introduzcan armas o municiones por algún puerto de la república.
Dublán y Lozano, *Legislación mexicana...*, vol. 3, pp. 114-115.
Arrillaga, *Recopilación de Leyes...*, 1835, pp. 677-679.

**1836**

29 de enero. Ley. Españoles que han debido considerarse como propietarios en los empleos que obtenían para los efectos que indica.
Arrillaga, *Recopilación de Leyes...*, 1836-enero-junio, pp. 234-235.

2 de febrero. Circular de la dirección general de rentas, número 204. Sobre sueldos de españoles suspensos.
Arrillaga, *Recopilación de Leyes...*, 1836-enero-junio, p. 238.

6 de febrero. José Gómez de la Cortina, coronel del Batallón del comercio y gobernador del Distrito Federal. Abono de los sueldos de los españoles que estuvieron empleados en el gobierno.
AHDF, Bandos, Caja 8, exp. 32.

9 de abril. Ley. Que con los bienes de los promovedores o sostenedores de la guerra de Tejas, sea indemnizada la nación de los perjuicios que hayan ocasionado.
Dublán y Lozano, *Legislación mexicana...*, vol. 3, p. 141.

14 de abril. Ley. Indulto a los prisioneros hechos en la guerra de Tejas.
Dublán y Lozano, *Legislación mexicana...*, vol. 3, pp. 142-143.
Maza, *Código...*, pp. 282-283.
Arrillaga, *Recopilación de Leyes...*, 1836-enero-junio, pp. 331-333.

16 de abril. Circular de la Secretaría de Relaciones. Tratado de amistad, navegación y comercio entre los Estados Unidos Mexicanos y SM el rey de Prusia.
Dublán y Lozano, *Legislación mexicana...*, vol. 3, pp. 143-148.
Arrillaga, *Recopilación de Leyes...*, 1836-enero-junio, pp. 334-362.

20 de mayo. Ley. Autorización al gobierno y otras prevenciones relativas a la continuación de la guerra sobre Tejas, y libertad del general presidente.
Dublán y Lozano, *Legislación mexicana...*, vol. 3, p. 162.

18 de junio. Decreto del gobierno, circulado por la Secretaría de Relaciones- Prevenciones para el cumplimiento del art. 3º del tratado para la demarcación de límites entre los Estados Unidos mexicanos y los Estados Unidos de América.
Dublán y Lozano, *Legislación mexicana...*, vol. 3, pp. 168-169.

15 de julio. Circular de la Secretaría de Guerra. Distribución por mitad del haber de los militares prisioneros en Tejas, entre ellos y sus familias en el lugar donde residan.
Dublán y Lozano, *Legislación mexicana...*, vol. 3, p. 186.

16 de julio. Ley. Permiso para la introducción de víveres extranjeros, y medios de proveer de los necesarios al ejército expedicionario sobre Tejas.
Arrillaga, *Recopilación de Leyes...*, 1836-julio-diciembre, p, 39.

3 de diciembre. Circular de la Secretaría de Relaciones.- Sobre cartas de seguridad y otras prevenciones, acerca de extranjeros y españoles residentes en el Distrito Federal.
Dublán y Lozano, *Legislación mexicana...*, vol. 3, pp. 222-223.

6 de diciembre. Circular de la Secretaría de Relaciones. Sobre entero en las comisarías, de cantidades procedentes de pasaportes, y cartas de seguridad y destino de esos productos.
Dublán y Lozano, *Legislación mexicana...*, vol. 3, p. 224.

14 de diciembre. Francisco García Conde, coronel del batallón de Seguridad pública y gobernador del Distrito Federal. Los extranjeros habilitados deberán solicitar una carta de seguridad al Gobierno, para transitar por este año en la República.
AHDF, Bandos, Caja 9, exp. 5.
Arrillaga, *Recopilación de Leyes...*, 1836 julio-diciembre, pp. 289-292. [3 de diciembre.]

15 de diciembre. Circular de la Secretaría de Guerra.- Que a los buques españoles que arriben a nuestros puertos, se presten toda clase de auxilios; pero que no se les permita enarbolar su pabellón.
Dublán y Lozano, *Legislación mexicana...*, vol. 3, pp. 225-226.

30 de diciembre. Leyes constitucionales (siete leyes).
Dublán y Lozano, *Legislación mexicana...*, vol. 3, pp. 230-259.

**1837**

17 de marzo. Circular de la dirección general de rentas. Contiene una providencia del ministerio de hacienda de 6 del presente [...] [sobre la introducción por el puerto de Veracruz de unos botones, similares a la moneda española y a la mexicana (...)]
Arrillaga, *Recopilación de Leyes...*, 1837, pp. 198-201.

17 de marzo. *Ley*.- Declaran aptos a los mexicanos, españoles y extranjeros por origen, que expresa, para obtener empleos civiles, militares y eclesiásticos de la República.
Dublán y Lozano, *Legislación mexicana...*, vol. 3, p. 323.

4 de abril. Ley.- Que se procede a hacer efectiva la colonización de los terrenos que sean y deban ser propiedades de la República.- Se derogan todas las disposiciones dadas hasta aquí, sobre colonización, en lo que contraríen a la presente.
Dublán y Lozano, *Legislación mexicana...*, vol. 3, p. 352.
Maza, *Código...*, pp. 284-285.

5 de abril. Decreto declarando abolida la esclavitud y señalando la indemnización correspondiente, con excepción de esta respecto de los colonos de Texas que tomaron parte en la revolución.
Maza, *Código...*, pp. 285-286.
Arrillaga, *Recopilación de Leyes*, 1837, pp. 270-271.

24 de abril. Circular de Ministerio de Guerra.- Que a todo individuo de la clase militar que marche sin pasaporte, se le aprehenda y forme la correspondiente sumaria, y explicaciones de han de hacerse en esa clase de documentos.
Dublán y Lozano, *Legislación mexicana...*, vol. 3, p. 385.

2 de mayo. Circular del Ministerio del Interior a los Sres. gobernadores de los departamentos.
Arrillaga, *Recopilación de Leyes...*, 1837, pp. 368-375.
Dublán y Lozano, *Legislación mexicana...*, vol. 3, pp. 389-391.

6 de mayo. Providencia del Ministerio de Relaciones Exteriores. Sobre auxilios para que puedan regresar a la república las familias mexicanas que por las leyes de expulsión y otras causas se hallan sin recursos en países extranjeros.
Arrillaga, *Recopilación de Leyes...*, 1837, pp. 379-380.

20 de mayo. Ley. Autorización al gobierno para transigir en las reclamaciones de los Estados Unidos del Norte, y para que en caso de negarse por aquella República la satisfacción que por la de México debe pedirse por las razones que se expresan, dicta todas las medidas conducentes.
Dublán y Lozano, *Legislación mexicana...*, vol. 3, p. 392.

22 de noviembre. Circular del Ministerio de Guerra.- Sobre que cuando se cometan crímenes por nacionales del fuero militar, en unión de individuos extranjeros, unos y otros sean juzgados de la misma manera.
Dublán y Lozano, *Legislación mexicana...*, vol. 3, pp. 441-442.
Arrillaga, *Recopilación de Leyes...*, 1837, pp. 592-593.

## 1838

7 de febrero. Circular del Ministerio de lo Interior. Recuerda lo prevenido en la de 3 de diciembre de [1]836, sobre residencia de extranjeros en la república.
Arrillaga, *Recopilación de Leyes...*, 1838, pp. 56-57.

28 de febrero. Tratado de amistad y comercio con SM la reina de España.
Dublán y Lozano, *Legislación mexicana...*, vol. 3, pp. 462-465.

18 de abril. Circular del Ministerio de Hacienda. Se fija el día en que deben comenzar a tener efecto los artículos 5 y 6 de los tratados celebrados con los Estados Unidos del Norte y demás naciones que expresa.
Dublán y Lozano, *Legislación mexicana...*, vol. 3, p. 482.

20 de abril. Que sólo en caso de naufragio pueden ser admitidos en las costas de la República los buques franceses, durante el bloqueo.
Dublán y Lozano, *Legislación mexicana...*, vol. 3, p. 482.
Arrillaga, *Recopilación de Leyes...*, 1838, p. 138.

12 de mayo. Ley. Premio á los que en el tiempo que expresa importen azogue que no sea de propiedad francesa en buques neutros ó nacionales.
Arrillaga, *Recopilación de Leyes...*, 1838, p. 199.

10 de junio. Providencia del Ministerio de lo Interior. Que no se pierde la cualidad de mexicano por aceptar el encargo de cónsul o vicecónsul de una nación extranjera.
Dublán y Lozano, *Legislación mexicana...*, vol. 3, p. 533.
Arrillaga, *Recopilación de Leyes...*, 1838, pp. 272-273.

25 de agosto. Instrucciones para solicitar terrenos baldíos en la Baja California.
Maza, *Código...*, pp. 286-290.

30 de noviembre. Ley sobre que si las fuerzas francesas cometen cualquiera agresión, el gobierno declare a la república en estado de guerra con el gobierno francés.

Dublán y Lozano, *Legislación mexicana...*, vol. 3, pp. 564-565.
AHDF, Bandos, Caja 10, exp. 4.

1 de diciembre. Ley. Término en que los franceses deben salir de la república.
Dublán y Lozano, *Legislación mexicana...*, vol. 3, pp. 566-567.

**1839**

11 de enero. Circular del Ministerio de Relaciones. Sobre pasaportes y cartas de seguridad.
Dublán y Lozano, *Legislación mexicana...*, vol. 3, pp. 579-580.
AHDF, Bandos, Caja 10, exp. 17.
Arrillaga, *Recopilación de Leyes...*, 1839, pp. 3-4.

19 de enero. Luis Gonzaga Vieyra, coronel retirado y gobernador del departamento de México. Los extranjeros deben presentar una carta de seguridad o se les impondrá una multa, según el reglamento del 1o de mayo de 1828.
AHDF, Bandos, Caja 10, exp. 18.

10 de abril. Ministerio de Relaciones. Circular. Que los cónsules franceses y agentes consulares vuelvan al ejercicio de sus funciones.
Arrillaga, *Recopilación de Leyes...*, 1839, pp. 94-95.

12 de abril. Circular del Ministerio de Relaciones. Tratado celebrado con el contra-almirante francés.
Dublán y Lozano, *Legislación mexicana...*, vol. 3, pp. 617-619.
Arrillaga, *Recopilación de Leyes...*, 1839, pp. 95-98.

1 de junio. Ley. Aprobando el convenio celebrado en Londres el 17 de septiembre de 1837, con los tenedores de bonos mexicanos. [Algunas consideraciones sobre las colonias de los empleados londinenses en México.]
Dublán y Lozano, *Legislación mexicana...*, vol. 3, pp. 624-631.
Maza, *Código...*, pp. 291-304.

10 de octubre. Circular.- Los gefes [*sic*] de los cuerpos no celebren contratos con súbditos de otros gobiernos.
Arrillaga, *Recopilación de Leyes...*, 1839, p. 238.
Dublán y Lozano, *Legislación mexicana...*, vol. 3, p. 658.

4 de noviembre. Circular. Se recuerdan los decretos de 12 de marzo y 14 de abril de 1828 sobre extranjeros, y reglamento del ramo de pasaportes de 1 de mayo del mismo año.
Arrillaga, *Recopilación de Leyes...*, 1839, p. 266.

15 de noviembre. Circular. Extranjeros. Sean tratados y castigados como piratas en los casos que expresa.
Dublán y Lozano, *Legislación mexicana...*, vol. 3, p. 665.
Arrillaga, *Recopilación de Leyes...*, 1839, p. 271.

26 de noviembre. Ministerio de Hacienda. Ley.- Se establece el cobro de un 15 por 100 de consumo sobre efectos extranjeros, en las administraciones y receptorías terrestres para los objetos que expresa.
Arrillaga, *Recopilación de Leyes...*, 1839, pp. 276-279.
Dublán y Lozano, *Legislación mexicana...*, vol. 3, pp. 667-668.
*Colección de Leyes y Decretos publicados en el año de 1839*, vols. 1839-1840, pp. 240-243.

2 de diciembre. Ministerio de Hacienda. Circular.- Que solamente se cobre el 5 por 100 de consumo á los efectos extranjeros que espresa [*sic*], y no el 15 de que habla el decreto de 26 del próximo pasado Noviembre.
Arrillaga, *Recopilación de Leyes...*, 1839, pp. 288-290.
Dublán y Lozano, *Legislación mexicana...*, vol. 3, pp. 673-674.

**1840**

27 de febrero. Ley. Tratado de paz con Francia.
Dublán y Lozano, *Legislación mexicana...*, vol. 3, pp. 693-695.
AHDF, Bandos, Caja 10, exp. 68.

2 de junio. Convención celebrada entre la República y los Estados Unidos de América para arreglar las reclamaciones contra México.
Dublán y Lozano, *Legislación mexicana...*, vol. 3, pp. 712-716.

**1841**

5 de enero. Luis Gonzaga Vieyra, coronel retirado y gobernador del departamento de México. Renovación de las cartas de seguridad.
AHDF, Bandos, Caja 11, exp. 1.

12 de julio. Esteban Villalva, prefecto del Distrito del centro del Departamento de México. Los extranjeros deben presentar la carta de seguridad para residir o transitar en la República.
AHDF, Bandos, Caja 11, exp. 20.

16 de agosto. Decreto del Gobierno de Tabasco, estableciendo reglas para la venta de terrenos baldíos.
Maza, *Código...*, pp. 310-314.

18 de octubre. Circular del Ministerio de Relaciones Exteriores y Gobernación. Comunica que a los negocios de lo exterior, quedan agregados desde esta fecha los de gobernación, cuya lista se acompaña.
Dublán y Lozano, *Legislación mexicana...*, vol. 4, pp. 38-39.

25 de octubre. Ministerio de Relaciones Exteriores y Gobernación. Circular mandando llevar en cada departamento un exacto registro de españoles naturalizados y españoles extranjeros.
AHDF, Bandos, Caja 11, exp. 51.
Lara, J.M., *Colección de los decretos y órdenes...*, vol. 1, p. 67.

6 de noviembre. Circular comunicando el nombramiento de comisionados en todos los departamentos para vigilar y perseguir el contrabando de efectos extranjeros.
Lara, J.M., *Colección de los decretos y órdenes...*, vol. 1, pp. 97-98.

15 de diciembre. Ministerio de Relaciones Exteriores y Gobernación. Circular, renovando las disposiciones que imponen a los extranjeros residentes en la República la obligación de refrendar cada año su carta de seguridad.
Lara, J.M., *Colección de los decretos y órdenes...*, vol. 1, p. 253.

24 de diciembre. Ministerio de Hacienda. Comunicación mandando se trate a los pasajeros de las diligencias con toda consideración.
Lara, J.M., *Colección de los decretos y órdenes...*, vol. 1, p. 272.

## 1842

5 de enero. Ministerio de Justicia e Instrucción Pública. Circular prohibiendo la introducción en la república de religiosos exclaustrados de España.
Lara, J.M., *Colección de los decretos y órdenes...*, vol. 1, pp. 279-280.

11 de marzo. Decreto del gobierno. Permite a los extranjeros adquirir bienes raíces en la República.
Dublán y Lozano, *Legislación mexicana...*, vol. 4, pp. 130-132.
Lara, J.M., *Colección de los decretos y órdenes...*, vol. 1, p. 374-377.

31 de marzo. Ministerio de Relaciones Exteriores y Gobernación. Circular mandando exigir a los extranjeros su carta de seguridad que deben renovar cada año.
Lara, J.M., *Colección de los decretos y órdenes...*, vol. 1, p. 281.

21 de abril. Ministerio de Guerra y Marina. Orden mandando poner en libertad a los prisioneros ciudadanos de los Estados Unidos que en ella se expresan.
Lara, J.M., *Colección de los decretos y órdenes...*, vol. 1, p. 432.

21 de abril. Ministerio de Guerra y Marina. Orden con el objeto que la anterior, respecto de otros tres prisioneros norteamericanos.
Lara, J.M., *Colección de los decretos y órdenes...*, vol. 1, p. 432.

22 de abril. Circular promoviendo la colonización de las islas correspondientes a California.
Maza, *Código...*, p. 319.

31 de mayo. Decreto del gobierno.- Se concede á Tamaulipas por diez años el derecho municipal de un real por cada tercio ó barril de procedencia extranjera.
Dublán y Lozano, *Legislación mexicana...*, vol. 4, p. 217.
Lara, J. M., *Colección de los decretos y órdenes...*, vol. 1, pp. 563-564.

12 de junio. Comunicación en que se previene que al tomar juramento a los prisioneros tejanos se les dé a escoger, si quisieren, permanecer en la república con las garantías otorgadas a todo extranjero.
Lara, J. M., *Colección de los decretos y órdenes...*, vol. 1, p. 580.

27 de junio. Tratado de amistad, navegación y comercio, entre la República mexicana y las ciudades libres y Hanseáticas de Lubeck, Bremen y Hamburgo.
Dublán y Lozano, *Legislación mexicana...*, vol. 4, pp. 227-233.
Lara, J. M., *Colección de los decretos y órdenes...*, vol. 1, pp. 590-613.
AHDF, Bandos, Caja 14, exp. 10.

1 de julio. Comunicación en que se declara poder continuar ejerciendo la profesión de corredores los extranjeros no naturalizados que la ejercían cuando se publicó el reglamento de 11 de marzo del presente año.
Lara, J. M., *Colección de los decretos y órdenes...*, vol. 2, pp. 7-8.

12 de julio. Decreto del Gobierno. Se habilita a los naturales y extranjeros como descubridores de minas, si comprueban que han restaurado minerales decaídos o abandonados.
Dublán y Lozano, *Legislación mexicana...*, vol. 4, pp. 240-241.
Lara, J. M., *Colección de los decretos y órdenes...*, vol. 2, pp. 17-18.

10 de agosto. Decreto de Gobierno: Libertad de españoles por los Tratados de Córdova y Plan de Iguala.
Dublán y Lozano, *Legislación mexicana...*, vol. 4, p. 250.
Lara, J. M., *Colección de los decretos y órdenes...*, vol. 2, p. 40.

12 de agosto. Decreto de Gobierno: Para que concedan Derechos y Obligaciones de Mexicanos, a los extranjeros empleados en el servicio de la nación.
Dublán y Lozano, *Legislación mexicana...*, vol. 4, pp. 250-251.
Lara, J. M., *Colección de los decretos y órdenes...*, vol. 2, pp. 40-41.
Colección de las disposiciones que se conocen con este nombre, publicadas desde el año de 1855 al de 1868. Vol. III, apéndice sobre admon. [*sic*] jurisprudencia, Blas José Gutiérrez, Imprenta de "El Constitucional", 1868, pp. 67-68.

18 de agosto. Circular del Ministerio de Relaciones. Ordena que se abra un registro en que consten los nombres de españoles que pidan carta de seguridad.
Dublán y Lozano, *Legislación mexicana...*, vol. 4, p. 254.
Lara, J. M., *Colección de los decretos y órdenes...*, vol. 2, p. 47.

31 de agosto. Ministerio de Relaciones Exteriores y Gobernación. Decreto declarando que el decreto de 11 de marzo de este año que habilitó a los extranjeros para adquirir bienes raíces, no derogó el de 7 de octubre de [1]823.
Lara, J. M., *Colección de los decretos y órdenes...*, vol. 2, p. 60.

3 de octubre. Circular del Ministerio de Relaciones. Que los extranjeros, socios de compañías descubridoras o restauradoras de minerales, conser-

ven su propiedad, aun cuando se ausenten, siempre que subsistan las compañías de que fueren socios.
Dublán y Lozano, *Legislación mexicana...*, vol. 4, p. 276.
Lara, J. M, *Colección de los decretos y órdenes...*, vol. 2, pp. 96-97.

14 de octubre. Decreto del gobierno. Se concede al general D. Francisco Garay, privilegio exclusivo por veinticinco años para navegar y remolcar buques de vapor en el río Bravo.
Dublán y Lozano, *Legislación mexicana...*, vol. 4, pp. 285-287.
Maza, *Código...*, pp. 319-324.

23 de noviembre. Circular del Ministerio de Relaciones. Se previene a las autoridades que vigilen sobre el cumplimiento de las leyes respecto de cartas de seguridad de extranjeros.
Dublán y Lozano, *Legislación mexicana...*, vol. 4, p. 332, 1842. [con fecha noviembre 26.].
AHDF, Bandos, Caja 12, exp. 74.
Lara, J. M., *Colección de los decretos y órdenes...*, vol. 2, pp. 216-217.

**1843**

4 de febrero. Ministerio de Relaciones Exteriores y Gobernación. Circular mandando hacer efectivas las disposiciones sobre cartas de seguridad.
Lara, J. M., *Colección de los decretos y órdenes...*, vol. 2, p. 291.

2 de marzo. Decreto declarando vigente la ley del 7 de octubre de 1823 en lo que no se oponga a los decretos del 11 de marzo y 12 de julio de 1842.
Maza, *Código...*, pp. 327-328.

3 de abril. Comunicación previniendo no se permita llevar palo de tinte a los buques de procedencia extranjera, cuando no acrediten haber desembarcado en puerto habilitado y satisfecho sus derechos de tonelada.
Lara, J. M., *Colección de los decretos y órdenes...*, vol. 2, pp. 386-387.

7 de abril. Ministerio de Hacienda. Decreto aumentando a un 20 por 100 los derechos de importación del arancel mientras subsita la guerra de Tejas y Yucatán.
Lara, J. M., *Colección de los decretos y órdenes...*, vol. 2, pp. 392-393.

28 de abril. Valentín Canalizo, general de división, gobernador y comandante general del departamento de México. Los individuos naturales de otras naciones que fueren admitidas por el servicio militar, sea en el ejército o en la marina de guerra de la República, serán considerados por este hecho como mexicanos, y en consecuencia tendrán los mismos derechos y obligaciones de éstos.
AHDF, Bandos, Caja 13, exp. 39.

28 de abril. Valentín Canalizo, general de división, gobernador y comandante general del departamento de México. La ley de 11 de marzo de 1843 que habilitó a los extranjeros para adquirir bienes raíces, no derogó la del 7 de octubre de 1823.
AHDF, Bandos, Caja 13, exp. 42.

6 de mayo. Valentín Canalizo, general de división, gobernador y comandante general del departamento de México. Se consideran como descubridores y consecuentemente habilitados por el artículo 2º del decreto de 11 de marzo de 1843 para adquirir propiedad en mina, los nacionales o extranjeros que comprueben plenamente haber sido restaurados de antiguos minerales decaídos o abandonados.
AHDF, Bandos, Caja 13, exp. 46.

13 de junio. Bases para la organización política de la República Mexicana [bases orgánicas].
Dublán y Lozano, *Legislación mexicana...*, vol. 4, pp. 428-449.
Maza, *Código...*, pp. 331-332.
Lara, J. M., *Colección de los decretos y órdenes...*, vol. 2, pp. 427-481.

13 de junio. Tratado convenido entre la República mexicana y el gobierno británico para la abolición del tráfico de esclavos.
Dublán y Lozano, *Legislación mexicana...*, vol. 4, pp. 449-460.
Lara, J. M., *Colección de los decretos y órdenes...*, vol. 2, pp. 482-515.

17 de junio. Decreto del gobierno. Penas a los extranjeros que, con las armas en la mano, invadan el Territorio de la República.
Dublán y Lozano, *Legislación mexicana...*, vol. 4, pp. 460-461.
Lara, J. M., *Colección de los decretos y órdenes...*, vol. 2, p. 518.

21 de junio. Circular del Ministerio de Relaciones. Declara que desde esta fecha se aplicarán irremisiblemente las penas impuestas a los extranjeros que residan en el país, sin carta de seguridad.

Dublán y Lozano, *Legislación mexicana...*, vol. 4, p.465.
AHDF, Bandos, Caja 13, exp. 59. [Publicado con fecha 23 de junio].
Lara, J. M., *Colección de los decretos y órdenes...*, vol. 2, pp. 527-528.

8 de agosto. Decreto del gobierno.- Sobre cuales gracias, privilegios y exenciones comprenden a solo los súbditos mexicanos de los extranjeros.
Dublán y Lozano, *Legislación mexicana...*, vol. 4, p. 507.
Lara, J. M., *Colección de los decretos y órdenes...*, vol. 3, p. 79.

15 de septiembre. Decreto del gobierno.- Se permite la entrada a la República, a los religiosos expulsados de España.
Dublán y Lozano, *Legislación mexicana...*, vol. 4, p. 567.
Lara, J. M., *Colección de los decretos y órdenes...*, vol. 3, pp. 170-171.

18 de septiembre. Ministerio de Hacienda. Circular: aclaración de las disposiciones relativas á los derechos de circulación y exportación del oro y plata pastas.
Lara, J. M., *Colección de los decretos y órdenes...*, vol. 3, pp. 171-172.

19 de septiembre. Circular sobre introducción de géneros de algodón y lino.
Lara, J. M., *Colección de los decretos y órdenes...*, vol. 3, p. 176.

20 de septiembre. Circular de la dirección general de alcabalas. Prevenciones sobre vigilancia y persecución del contrabando.
Lara, J. M., *Colección de los decretos y órdenes...*, vol. 3, pp. 176-177.

23 de septiembre. Decreto del gobierno. Prohibición a los extranjeros, del comercio al menudeo. Prohibición de trabajo a extranjeros.
Dublán y Lozano, *Legislación mexicana...*, vol. 4, pp. 571-572.

23 de septiembre. Valentín Canalizo, general de división, gobernador y comandante general del departamento de México. Se prohíbe a los extranjeros en el territorio mexicano todo comercio al menudeo, y no podrán ejercerlo públicamente ni privadamente.
AHDF, Bandos, Caja 13, exp. 79.
Lara, J. M., *Colección de los decretos y órdenes...*, vol. 3, pp. 178-180.

26 de septiembre. Ministerio de Hacienda. Decreto. Arancel de aduanas marítimas fronterizas.
Lara, J. M., *Colección de los decretos y órdenes...*, vol. 3, p. 186-254.

3 de octubre. Decreto del gobierno. Sobre colonización en Tamaulipas [Alejandro Grot, súbdito Belga].
Dublán y Lozano, *Legislación mexicana...*, vol. 4, pp. 620-621.
Lara, J. M., *Colección de los decretos y órdenes...*, vol. 3, pp. 288-291.
AHDF, Bandos, Caja 13, exp. 94. [13 de noviembre.]
Maza, *Código...*, pp. 332-334.

27 de noviembre. Circular del Ministerio de Relaciones. Sobre extranjeros que no acrediten tener carta de seguridad.
Dublán y Lozano, *Legislación mexicana...*, vol. 4, p. 634.
Lara, J. M., *Colección de los decretos y órdenes...*, vol. 3, pp. 335- 336.

13 de diciembre. Tratado de amistad, navegación y comercio entre la República Mexicana y SM el emperador de Austria.
Dublán y Lozano, *Legislación mexicana...*, vol. 4, pp. 669-675.

13 de diciembre. Ministerio de Relaciones. Decreto. Prevenciones a fin de evitar que se introduzcan en la república extranjeros vagos y aun criminales.
Lara, J. M., *Colección de los decretos y órdenes...*, vol. 3, pp. 412-414.

15 de diciembre. Decreto del gobierno. Se aprueban los convenios celebrados para la reincorporación del Departamento de Yucatán a la República Mexicana.
Dublán y Lozano, *Legislación mexicana...*, vol. 4, pp. 675-678.

30 de diciembre. Ignacio Inclán, general de brigada, gobernador y comandante general interino del departamento de México. Las autoridades, bajo su responsabilidad harán efectiva la más exacta observación de la ley de 12 de marzo de 1828, y del reglamento para el ramo de pasaportes de 1o de mayo del mismo año, relativos a los requisitos con los que legalmente pueden introducirse los extranjeros en la República Mexicana.
AHDF, Bandos, Caja 13, exp. 106.

**1844**

12 de marzo. José María Icaza, prefecto del Centro. Se exige el registro y la protección de los extranjeros exceptuados en la ley del 23 de septiembre de 1844.
AHDF, Bandos, Caja 14, exp. 9.

29 de abril. Comunicación para que el Gobierno de Tamaulipas suministre datos para establecer la colonización belga de que es empresario D. Alejandro de Graz.
Maza, *Código...*, pp. 339-342.

7 de agosto. Reglamento expedido por el Jefe Político de la Baja California, para arreglos de las enajenaciones de terrenos baldíos.
Maza, *Código...*, pp. 342-344.

3 de noviembre. Circular expedida por el Jefe Político de la Baja California para la colonización de los terrenos adyacentes a los enajenados.
Maza, *Código...*, p. 345.

**1845**

17 de enero. Francisco Ortíz de Zárate, prefecto de Distrito de México. Se recuerda a los extranjeros residentes en el departamento la obligación de renovar sus cartas de seguridad, conforme al reglamento del 1o de mayo de 1828.
AHDF, Bandos, Caja 14, exp. 64.

18 de enero. Ley. Se declara cuáles son los Departamentos fronterizos de que habla la parte 17ª del art 134 de las bases orgánicas.
Dublán y Lozano, *Legislación mexicana...*, vol. 5, p. 4.

17 de mayo. Ley se autoriza al gobierno para que pueda oir [*sic*] las proposiciones que ha hecho Tejas.
Dublán y Lozano, *Legislación mexicana...*, vol. 5, p. 17.

4 de junio. Ley. Se convoca a la nación a la defensa de la independencia nacional, amenazada por la usurpación de Tejas.
Dublán y Lozano, *Legislación mexicana...*, vol. 5, pp. 19-20.

**1846**

10 de julio. [Decreto autorizando a buques extranjeros el desembarco en puertos distintos a los habilitados.]
*Colección de Leyes y Decretos publicados en el año de 1844-1846*, vols. 1844-1846, pp. 387-388.

10 de septiembre. Decreto del gobierno. Sobre naturalización de extranjeros.
Dublán y Lozano, *Legislación mexicana...*, vol. 5, p. 161.
Colección de las disposiciones que se conocen con este nombre, publicadas desde el año de 1855 al de 1868. Vol. III, apéndice sobre admon. [*sic*] jurisprudencia, Blas José Gutiérrez, Imprenta de "El Constitucional", 1868, pp. 69-70.

27 de noviembre. Decreto del gobierno.- Se establece la Dirección de Colonización.
Dublán y Lozano, *Legislación mexicana...*, vol. 5, pp. 217-218.
Maza, *Código*, pp. 345-347.

4 de diciembre. Reglamento de la dirección de colonización.
Dublán y Lozano, *Legislación mexicana...*, vol. 5, pp. 229-235.
Maza, *Código...*, pp. 347-359.

4 de diciembre. Circular recomendando la exacta observancia de las medidas que contiene el decreto expedido para el establecimiento de la Dirección de Colonización.
Maza, *Código...*, pp. 360-364.

29 de diciembre. Circular de la Dirección de Colonización e Industria a los Ministros y Cónsules de la República en el extranjero, para que promuevan la inmigración a México.
Maza, *Código...*, pp. 364-366.

**1847**

28 de mayo. Ignacio Trigueros, gobernador del Distrito Federal. Nadie podrá salir para Puebla u otro punto ocupado por los invasores, sin el pasaporte correspondiente expedido por el general en jefe del ejército de Oriente.
AHDF, Bandos, Caja 16, exp. 61.

12 de junio. Decreto del gobierno. Se prohíbe toda comunicación con los puertos que ocupan los norteamericanos.
Dublán y Lozano, *Legislación mexicana...*, vol. 5, p. 284.

15 de julio. Manuel María Lombardini, general de brigada del ejército mexicano y en jefe de Oriente. Formación de dos compañías de Infantería de

milicias activa, con los individuos de la denominada Legión Extranjera y su nombre será 1a y 2a compañía de infantería activa de San Patricio.
AHDF, Bandos, Caja 16, exp. 79.

1 de septiembre. José Joaquín de Herrera, general de división, comandante general de México y en jefe del ejército que guarnece esta capital. Se prohíbe que los extranjeros particulares enarbolen sus casas con el pabellón de la nación a la que pertenecen, pues no tienen derecho para hacerlo.
AHDF, Bandos, Caja 16, exp. 94.

6 de septiembre. José Joaquín de Herrera, general de división, comandante general de México y en jefe del ejército que guarnece esta capital. Dispone que las mujeres y los niños extranjeros pueden salir sin pasaporte por las garitas que no están interrumpidas por las tropas de los Estados Unidos.
AHDF, Bandos, Caja 17, exp. 1.

**1848**

30 de mayo. Tratado de paz, amistad y límites entre la República mexicana y los Estados Unidos del Norte. [Tratado Guadalupe-Hidalgo].
Dublán y Lozano, *Legislación mexicana...*, vol. 5, pp. 367-380.

5 de julio. Proyecto sobre colonización, presentado por la Junta Directiva del ramo al Ministerio de Relaciones y primer Decreto o resolución, del gobierno sobre colonización.
Maza, *Código...*, pp. 368-399.

19 de agosto. Decreto.- Sobre facilitar recursos para la traslación de las familias mexicana[s] que se hallen en el territorio cedido a los Estados Unidos del Norte.
Dublán y Lozano, *Legislación mexicana...*, vol. 5, pp. 438-441.
Maza, *Código...*, pp. 407-412.

20 de noviembre. Decreto. Sobre arreglo de las aduanas fronterizas de la República.
Dublán y Lozano, *Legislación mexicana...*, vol. 5, pp. 496-498.

23 de noviembre. Circular. [Anulación de las patentes a los buques ingleses Kinhgfisher y Terret.]

*Colección de Leyes y Decretos publicados en el año de 1847-1848*, vols. 1847-1848, pp. 492-493.

**1849**

12 de enero. Circular.- No se de [*sic*] pasaporte a jefes y oficiales militares, para venir a México.
Dublán y Lozano, *Legislación mexicana...*, vol. 5, p. 523.

3 de febrero. José Ramón Malo, gobernador del Distrito Federal. Se exceptúan de la obligación de tener cartas de seguridad a los extranjeros que sirvan en la Guardia Nacional, mientras presten ese servicio que permite el artículo 69 de la ley de 15 de julio de 1848.
AHDF, Bandos, Caja 18, exp. 42.

9 de junio. Circular. Ministerio de Guerra y Marina. Se impida establecer colonias a los que lo intenten sin permiso del gobierno.
Dublán y Lozano, *Legislación mexicana...*, vol. 5, pp. 572-573.
Maza, *Código...*, p. 432.
Arrillaga, *Recopilación de Leyes...*, mayo de 1849 a abril de 1850, p. 73.

1 de agosto. Circular.- No se admitirán a los desertores del ejército de los Estados Unidos, al servicio de la República.
Dublán y Lozano, *Legislación mexicana...*, vol. 5, pp. 596-597.

15 de septiembre. Ministerio de Relaciones Interiores y Exteriores. Circular. Sobre que las capitanías de puerto remitan noticia de todas las personas que salgan fuera de la república.
Arrillaga, *Recopilación de Leyes...*, mayo de 1849 a abril de 1850, p. 136.

15 de septiembre. Circular.- Se observe a la introducción de los extranjeros las reglas establecidas.
Dublán y Lozano, *Legislación mexicana...*, vol. 5, pp. 609-610.

4 de diciembre. Circular. Se reencarga el cumplimiento de las disposiciones que rigen sobre cartas de seguridad.
Dublán y Lozano, *Legislación mexicana...*, vol. 5, p. 650.
Arrillaga, *Recopilación de Leyes...*, mayo de 1849 a abril de 1850, pp. 191-194.

7 de diciembre. Pedro María Anaya, general de brigada, coronel del regimiento Independencia, gobernador del Distrito Federal. Disposiciones para el cumplimiento del reglamento de pasaportes.
AHDF, Bandos, Caja 18, exp. 102.

**1850**

19 de enero. Decreto del gobierno del Estado de Coahuila, disponiendo se enajenen los terrenos baldíos para atender a los gastos de la Administración pública.
Maza, *Código...*, p. 450.

23 de marzo. Decreto del Gobierno de Coahuila, imponiendo entre otras contribuciones, la de un 20 por ciento sobre el valor de los terrenos baldíos.
Maza, *Código...*, pp. 451-461.

25 de abril. Decreto facultando a la Diputación de la Baja California para expedir Estatutos para el arreglo de su Hacienda territorial.
Maza, *Código...*, pp. 462-465.

2 de junio. Circular.- Los buques extranjeros que conduzcan pasajeros no pueden tocar más que un solo puerto.
Dublán y Lozano, *Legislación mexicana...*, vol. 5, p. 718.
Navarro, *Legislación Mejicana...*, 1850, pp. 142-143.

20 de julio. Convención entre la República mexicana y los Estados Unidos de América, para la extradición de los reos fugitivos.
Dublán y Lozano, *Legislación mexicana...*, vol. 5, pp. 727-728.

31 de agosto. Circular nombrando una Comisión que levante planos de los terrenos de Sonora, en que pueda establecerse la colonización.
Maza, *Código...*, pp. 466-468.

18 de octubre. Circula admitiendo en calidad de colonos a los indios de las tribus Seminoles, Quilapus y Moscogos.
Maza, *Código...*, pp. 474-478.

18 de noviembre. Orden. Providencias relativas a cartas de seguridad.
Dublán y Lozano, *Legislación mexicana...*, vol. 5, pp. 751-752.

AHDF, Bandos, Caja 19, exp. 49.
Navarro, *Legislación Mejicana...*, 1850, pp. 216-217.

30 de noviembre. Convenio entre la República mexicana y la de Guatemala, para la extradición de los reos fugitivos.
Dublán y Lozano, *Legislación mexicana...*, vol. 5, pp. 755-757.

**1851**

14 de mayo. Decreto declarando anticonstitucional el decreto de 6 de mayo de 1850 expedido por la Legislatura de Sonora, sobre colonización de los terrenos baldíos de aquel estado.
Maza, *Código...*, pp. 490-492.

25 de julio de 1851. Decreto y reglamento para el establecimiento de las colonias militares del Istmo de Tehuantepec.
Maza, *Código...*, pp. 495-510.

17 de octubre. Ministerio de relaciones exteriores. Cartas de seguridad. Los cónsules y vice-cónsules no están obligados a proveerse de ellas.
Navarro, *Legislación Mejicana...*, 1851, pp. 312-313.

17 de diciembre. Miguel María Azcárate, coronel retirado y gobernador de este Distrito. Renovación de la carta de seguridad a todo extranjero residente en la república conforme al reglamento de pasaportes del 10 de mayo de 1828.
AHDF, Bandos, Caja 20, exp. 12.

**1852**

26 de febrero. Circular de ministerio de relaciones- Reglamento para traslación de familias belgas.
Navarro, *Legislación Mejicana...*, 1852, pp. 33-34. [11 de febrero.]
Fernández de Lara, *Colección de las Leyes...*, 1852, vol. II, p. 17. [11 de febrero.]
Dublán y Lozano, *Legislación mexicana...*, vol. 6, pp. 158-163.
Maza, *Código...*, pp. 513-520.

26 de febrero. Circular para promover la inmigración extranjera especifica al estado de Oaxaca.
Maza, *Código...*, p. 521.

26 de febrero. Ministerio de relaciones interiores y exteriores. Convención española. Término para el reconocimiento de sus créditos.
Navarro, *Legislación Mejicana...*, 1852, pp. 44-45.

15 de octubre. Orden del Ministerio de Relaciones. Que las legaciones y agentes consulares de la República presente auxilio a los buques españoles.
Dublán y Lozano, *Legislación mexicana...*, vol. 6, p. 277.

26 de octubre. Orden del ministerio de Relaciones.- Sobre que no se permita que se introduzcan a la República extranjeros armados.
Dublán y Lozano, *Legislación mexicana...*, vol. 6, p. 279.
Navarro, *Legislación Mejicana...*, 1852, pp. 351-352.
Fernández de Lara, *Colección de las Leyes...*, 1852, vol. II, p. 202.

14 de diciembre. Comunicación del ministerio de Relaciones.- Sobre que se obligue a los extranjeros a proveerse de cartas de seguridad.
Dublán y Lozano, *Legislación mexicana...*, vol. 6, p. 288.
Maza, *Código...*, pp. 524-525.
Navarro, *Legislación Mejicana...*, 1852, pp. 382-383.
Fernández de Lara, *Colección de las Leyes...*, 1852, vol. II, pp. 219-220.

15 de diciembre. Orden del ministerio de Relaciones.- Sobre que se exprese en los pasaportes la nacionalidad de las personas que los soliciten.
Dublán y Lozano, *Legislación mexicana...*, vol. 6, p. 288.
Navarro, *Legislación Mejicana...*, 1852, p. 383.
Fernández de Lara, *Colección de las Leyes...*, 1852, vol. II, p. 220.

15 de diciembre. Orden del ministerio de Relaciones.- Sobre que se forme padrón de los extranjeros, anotándose los que tengan cartas de seguridad.
Dublán y Lozano, *Legislación mexicana...*, vol. 6, p. 288-289.
AHDF, Bandos, Caja 20, exp. 56.
Navarro, *Legislación Mejicana...*, 1852, pp. 384-385.
Fernández de Lara, *Colección de las Leyes...*, 1852, vol. II, p. 220-221.

**1853**

5 de febrero. Decreto del gobierno. Se aprueba el contrato celebrado para la apertura del istmo de Tehuantepec.
Dublán y Lozano, *Legislación mexicana...*, vol. 6, pp. 309-313.

2 de junio. Ministerio de Hacienda. Arancel general de aduanas marítimas y fronterizas.
Navarro, *Legislación Mejicana...*, 1853, abril-julio, pp. 241-332.

27 de junio de 1853. Decreto concediendo los terrenos baldíos de Chihuahua a Mr. Hipólito du Paquier de Dommartin para que sean colonizados con las familias europeas que se compromete a traer.
Maza, *Código...*, pp. 535-551.

16 de julio. Comunicación del ministerio de Hacienda.- Sobre créditos españoles.
Dublán y Lozano, *Legislación mexicana...*, vol. 6, pp. 601-602.

30 de julio. Circular del Ministerio de Gobernación. Sobre que no se exijan bagajes a los extranjeros.
Dublán y Lozano, *Legislación mexicana...*, vol. 6, p. 620.

22 de septiembre. Comunicación del Ministerio de Relaciones.- Sobre cartas de seguridad.
Dublán y Lozano, *Legislación mexicana...*, vol. 6, pp. 680-681.
Navarro, *Legislación Mejicana...*, 1853, agosto-diciembre, pp. 483-484.

24 de septiembre. Decreto del Gobierno.- Sobre pasaportes.
Dublán y Lozano, *Legislación mexicana...*, vol. 6, pp. 682-685.
AHDF, Bandos, Caja 22, exp. 79.
Navarro, *Legislación Mejicana...*, 1853, agosto-diciembre, pp. 156-167.

7 de octubre. Antonio Diez de Bonilla, general de brigada y gobernador del Distrito de México. Conforme al reglamento de pasaportes del 1o de mayo de 1828, todos los extranjeros deben renovar su carta de seguridad para residir en la República.
AHDF, Bandos, Caja 22, exp. 76.

19 de octubre. Comunicación del Ministerio de la Guerra. Sobre cartas de seguridad.
Dublán y Lozano, *Legislación mexicana...*, vol. 6, p. 716.
Navarro, *Legislación Mejicana...*, 1853, agosto-diciembre, pp. 248-249.

29 de diciembre. Antonio Diez de Bonilla, general de brigada y gobernador del Distrito de México. Se suspende la emisión de pasaportes hasta el 1o de abril de 1854.
AHDF, Bandos, Caja 23, exp. 58.

**1854**

20 de enero. Decreto del Gobierno.- Sobre exhortos extranjeros.
Dublán y Lozano, *Legislación mexicana...*, vol. 7, pp. 15-16.
Navarro, *Legislación Mejicana...*, 1854, enero-mayo, pp. 43-44.
Fernández de Lara, *Colección de las Leyes...*, 1854-enero-mayo, pp. 34-36.

25 de enero. Ministerio de Justicia. Causas de almirantazgo. Tribunales que deben conocer de ellas.
Fernández de Lara, *Colección de las Leyes...*, 1854-enero-mayo, pp. 41-46.

30 de enero. Decreto de Gobierno sobre extranjería y nacionalidad de los habitantes de la República.
Dublán y Lozano, *Legislación mexicana...*, vol. 7, pp. 25-29.
AHDF, Bandos, Caja 24, exp. 39.
Maza, *Código...*, pp. 556-562.
Navarro, *Legislación Mejicana...*, 1855-1856, enero-mayo, 1854, pp. 67-74.
Fernández de Lara, *Colección de las Leyes...*, 1854-enero-mayo, pp. 55-62.
Colección de las disposiciones que se conocen con este nombre, publicadas desde el año de 1855 al de 1868, vol. III, apéndice sobre admon. [*sic*] jurisprudencia, Blas José Gutiérrez, Imprenta de "El Constitucional", 1868, pp. 70-75.

30 de enero. Decreto del gobierno. Acta de navegación para el comercio de la República Mexicana.
Dublán y Lozano, *Legislación mexicana...*, vol. 7, pp. 29-31.

3 de febrero. Antonio Diez de Bonilla, general de brigada y gobernador del Distrito de México. Prórroga a todos los extranjeros desprovistos de carta de seguridad o pasaporte.
AHDF, Bandos, Caja 24, exp. 14.

16 de febrero. Decreto del Gobierno.- Sobre nacionalidad de las sociedades comerciales.
Dublán y Lozano, *Legislación mexicana...*, vol. 7, p. 49.
Maza, *Código...*, pp. 566-567.
Colección de las disposiciones que se conocen con este nombre, publicadas desde el año de 1855 al de 1868, vol. III, apéndice sobre admon. [*sic*] jurisprudencia, Blas José Gutiérrez, Imprenta de "El Constitucional", 1868, pp. 79.

16 de febrero. Decreto del Gobierno.- Sobre colonización europea.
Dublán y Lozano, *Legislación mexicana...*, vol. 7, pp. 51-53.
Maza, *Código,* pp. 563-566.
Navarro, *Legislación Mejicana...*, 1854, enero-mayo, pp. 128-132.
Fernández de Lara, *Colección de las Leyes...*, 1854-enero-mayo, pp. 109-112.

24 de febrero. Antonio Diez de Bonilla, general de brigada y gobernador del Distrito de México. Acta de navegación para el comercio de la República Mexicana.
AHDF, Bandos, Caja 24, exp. 26.

15 de marzo. Decreto del Gobierno.- Sobre pasaportes.
Dublán y Lozano, *Legislación mexicana...*, vol. 7, pp. 67-68.
AHDF, Bandos, Caja 24, exp. 49.
Navarro, *Legislación Mejicana...*, 1854, enero-mayo, pp. 172-174.
Fernández de Lara, *Colección de las Leyes...*, 1854-enero-mayo, pp. 145-147.

16 de mayo. Decreto del gobierno. Código de comercio de México.
Dublán y Lozano, *Legislación mexicana...*, vol. 7, pp. 94-200.
Navarro, *Legislación Mejicana...*, 1854, enero-mayo, pp. 252-486.
Fernández de Lara, *Colección de las Leyes...*, 1854-enero-mayo, Apéndice segundo, Código de comercio, p. 1.

26 de junio. Decreto del gobierno. Se prorroga el plazo para la instalación de la compañía que ha de construir un ferrocarril de Veracruz a uno de los puertos del Pacífico.
Dublán y Lozano, *Legislación mexicana...*, vol. 7, pp. 220-221.

7 de julio. Decreto sometiendo a revisión los títulos de enajenación de terrenos baldíos hechos en septiembre de 1891.
Maza, *Código...*, pp. 572-575.
Navarro, *Legislación Mejicana...*, 1854, junio-diciembre, pp. 42-46.

15 de julio. Decreto del gobierno. Se designan los límites del Territorio de la Isla del Carmen.
Dublán y Lozano, *Legislación mexicana...*, vol. 7, p. 253.

20 de julio. Decreto del gobierno. Aprobación del tratado de la Mesilla.
Dublán y Lozano, *Legislación mexicana...*, vol. 7, pp. 261-264.

AHDF, Bandos, Caja 25, exp. 3.
Fernández de Lara, *Colección de las Leyes...*, 1854-enero-mayo, pp. 87-93.

7 de agosto. Decreto del gobierno. Se declara acción de guerra contra enemigo extranjero la que tuvo lugar en Guaymas el 13 de julio de este año.
Dublán y Lozano, *Legislación mexicana...*, vol. 7, pp. 286-287.

11 de agosto, Circular excitando a los Gobiernos de los Estados a que procedan a que se haga el deslinde de los terrenos baldíos a fin de promover su colonización.
Maza, *Código...*, pp. 579-580.

30 de agosto. Ministerio de Gobernación, Extranjeros. Libro que deben llevar los gobernadores, en que se asienten los nombres de los que arriben a la República.
Fernández de Lara, *Colección de las Leyes...*, 1854-enero-mayo, p. 149.

1 de septiembre. Circular. Ministerio de la Guerra. Sobre establecimiento de fortificaciones en los Departamentos fronterizos.
Dublán y Lozano, *Legislación mexicana...*, vol. 7, p. 295.

2 de septiembre. Decreto del gobierno. Se prohíbe el paso al otro lado del Río-Bravo sin el correspondiente pasaporte.
Dublán y Lozano, *Legislación mexicana...*, vol. 7, p. 311.
Navarro, *Legislación Mejicana...*, 1854, junio-diciembre, pp. 238-239.
Fernández de Lara, *Colección de las Leyes...*, 1854-mayo-diciembre, pp. 174-175.

23 de noviembre. Decreto del gobierno. Se concede un privilegio para la construcción de un ferrocarril desde la frontera norte hasta algún punto del Océano Pacífico.
Dublán y Lozano, *Legislación mexicana...*, vol. 7. pp. 336-341.

6 de diciembre. Gobierno del Distrito de México. Renovación de cartas de seguridad para los extranjeros residentes.
AHDF, Bandos, Caja 25, exp. 43.

29 de noviembre. Ministerio de Guerra y Marina. Prisioneros. Los franceses sean puestos a disposición de la legación de Francia.

Fernández de Lara, *Colección de las Leyes...*, 1854-mayo-diciembre, pp. 229-230.

**1855**

17 de enero. Orden del Ministerio de Hacienda. Se concede privilegio para el establecimiento de una línea de vapores entre el Havre y Veracruz y Tampico.
Dublán y Lozano, *Legislación mexicana...*, vol. 7, pp. 391-392.

1 de marzo. Martín Carrera, gobernador y comandante general. Permiso para establecer una línea de vapores a los Sres. Zangronis.
AHDF, Bandos, Caja 25, exp. 61.

22 de marzo. Martín Carrera, gobernador y comandante general. Nacionalización del vapor Emilia.
AHDF, Bandos, Caja 25, exp. 63.

14 de abril. Martín Carrera, gobernador y comandante general. Exclusividad a Alfredo Bablot d. Olbreuse para establecer el alumbrado público.
AHDF, Bandos, Caja 25, exp. 71.

14 de abril. Martín Carrera, gobernador y comandante general. Derogación del decreto que concede permiso a los buques españoles para pescar en la costa de Yucatán.
AHDF, Bandos, Caja 25, exp. 72.

27 de abril. Decreto del gobierno. Se concede privilegio para la construcción de un camino de fierro de México al puerto de Santa-Anna de Tamaulipas y cediendo los terrenos baldíos que hubiera en el trayecto para el establecimiento de la vía y oficinas y edificios anexos.
Dublán y Lozano, *Legislación mexicana...*, vol. 7, pp. 469-471.
Maza, *Código...*, pp. 586-592.

12 de junio. Ministerio de gobernación. Extranjeros. No se permita la entrada a la República a los que hayan sido espelidos [*sic*] de otras naciones.
Fernández de Lara, *Colección de las Leyes...*, 1854-mayo-diciembre, pp. 241-242.

16 de junio. Circular del Ministerio de Gobernación.- Sobre que los extranjeros están obligados a prestar el servicio de policía.

Dublán y Lozano, *Legislación mexicana...*, vol. 7, pp. 519-520.
Navarro, *Legislación Mejicana...*, 1855, pp. 313-316.

30 de junio. Decreto concediendo a D. Félix Galindo los terrenos baldíos que necesite para establecer las fábricas, almacenes y demás obras indispensables para la explotación de la[s] azufreras que se designan [en Baja California].
Maza, *Código...*, pp. 592-594.

12 de julio. Decreto del gobierno. Sobre agentes de negocios.
Dublán y Lozano, *Legislación mexicana...*, vol. 7, pp. 528-530.
2 de agosto. Decreto del gobierno. Se declara nulo el privilegio concedido por los decretos de 31 de octubre y 28 de noviembre de 1853 para la construcción de un camino de fierro de Veracruz a un punto del pacífico.
Dublán y Lozano, *Legislación mexicana...*, vol. 7, p. 551.
Navarro, *Legislación Mejicana...*, 1855, pp. 391-397.

2 de agosto. Decreto del gobierno. Se declara nulo el privilegio concedido por los decretos de 31 de octubre y 28 de noviembre de 1853 para la construcción de un camino de fierro a Veracruz a un punto del pacífico.
Dublán y Lozano, *Legislación mexicana...*, vol. 7, pp. 551-552.

25 de agosto. Decreto del gobierno. Se suspenden los efectos de la ley de 6 de marzo de 1854, sobre cartas de seguridad.
Dublán y Lozano, *Legislación mexicana...*, vol. 7, pp. 560-561.
Navarro, *Legislación Mejicana...*, 1855, pp. 434-435.
*El Archivo Mexicano. Colección de leyes, decretos, circulares y otros documentos*, vol. I, México, Imprenta de Vicente G. Torres, 1856, pp. 48-49.
AHDF, Bandos, Caja 26, exp. 43.

24 de noviembre. Ministerio de Relaciones Interiores y Exteriores. Cartas de seguridad. Se ordena que renueven las suyas los extranjeros.
Navarro, *Legislación Mejicana...*, 1855, pp. 577-578.

30 de diciembre. Secretaría de Estado y del despacho de gobernación. Circular. Deroga la disposición de fecha 12 de junio del mismo año que prohíbe a los emigrados políticos extranjeros la entrada a territorio nacional.
*El Archivo Mexicano. Colección de leyes, decretos, circulares y otros documentos*, vol. I, México, Imprenta de Vicente G. Torres, 1856, pp.233-234.

**1856**

16 de enero. Decreto del gobierno. Se aprueba y ratifica el tratado celebrado con el rey de Prusia y diferentes Estados soberanos alemanes, de amistad, navegación y comercio.
Dublán y Lozano, *Legislación mexicana...*, vol. 8, pp. 21-29.
AHDF, Bandos, Caja 27, exp. 77. [1856, 21 de mayo.]
*El Archivo Mexicano. Colección de leyes, decretos, circulares y otros documentos*, vol. I, México, Imprenta de Vicente G. Torres, 1856, pp. 444-468.

28 de enero. Decreto del gobierno. Se autoriza a D.R. Masson y socios, para formar una sociedad que explore y explote las minas de la República.
Dublán y Lozano, *Legislación mexicana...*, vol. 8, pp. 37-38.

31 de enero. Decreto del gobierno. Ordenanza general de aduanas marítimas y fronterizas de la República Mexicana.
Dublán y Lozano, *Legislación mexicana...*, vol. 8, pp. 42-94.
Navarro, *Legislación Mejicana...*, 1856, pp. 330-229.
*El Archivo Mexicano. Colección de leyes, decretos, circulares y otros documentos*, vol. I, México, Imprenta de Vicente G. Torres, 1856, pp. 521-668.

1 de febrero. Decreto del Gobierno.- Se declara que los extranjeros residentes en la República pueden adquirir bienes raíces.
Dublán y Lozano, *Legislación mexicana...*, vol. 8, p. 95.
AHDF, Bandos, Caja 27, exp. 25.
Maza, *Código...*, pp. 605-607.
Navarro, *Legislación Mejicana...*, 1856, pp. 330-331.
*El Archivo Mexicano. Colección de leyes, decretos, circulares y otros documentos*, vol. I, México, Imprenta de Vicente G. Torres, 1856, pp. 669-671.

13 de febrero. Promoviendo la emigración de las razas hispano-americanas existentes en la Alta California, para aprovecharlas en la colonización del Estado de Sonora.
Maza, *Código...*, pp. 607-612.

16 de febrero. Circular aclarando que el artículo 13 de la Ordenanza general de Aduanas marítimas de 21 de Enero de 1856, se contrae a los pasajeros que lleguen del exterior a la República Mexicana.
Maza, *Código*, pp. 612-613.

20 de febrero. Decreto del gobierno. Se aprueba el tratado de amistad, navegación y comercio entre la República mexicana y el rey de Cerdeña.
Dublán y Lozano, *Legislación mexicana...*, vol. 8, pp. 116-121.
Navarro, *Legislación Mejicana...*, vol. 1856, enero-junio, pp. 591-612.
*El Archivo Mexicano. Colección de leyes, decretos, circulares y otros documentos*, vol. I, México, Imprenta de Vicente G. Torres, 1856, pp. 731-756.
AHDF, Bandos, Caja 28, exp. 3.

23 de febrero. Decreto del gobierno. Se fijan las condiciones para establecimiento de una colonia mixta en terrenos de la jurisdicción de la cilla de Lampazos, que donó D. Gregorio Mier y Terán.
Dublán y Lozano, *Legislación mexicana...*, vol. 8, pp. 130-131.
*El Archivo Mexicano. Colección de leyes, decretos, circulares y otros documentos*, vol. I, México, Imprenta de Vicente G. Torres, 1856, pp. 783-787.

28 de marzo. Juan José Baz, gobernador del Distrito. Se autoriza al gobierno del estado de Nuevo León para que ceda 29 leguas para establecer una colonia mixta.
AHDF, Bandos, Caja 27, exp. 48.
Maza, *Código...*, pp. 613-616.

26 de abril. Disposición previniendo se importen los auxilios que necesiten los Sres. Jecker, Torre y Compañía, para levar a efecto el contrato de deslinde y mensura de terrenos baldíos en Tehuantepec.
Maza, *Código...*, pp. 622-624.

10 de mayo. Decreto del gobierno. Se mandan establecer cuatro colonias a los lados del camino entre Jalapa y Veracruz, vol. 8, pp. 166-168.
Maza, *Código...*, pp. 626-628.
Navarro, *Legislación Mejicana...*, 1856, enero-junio, pp. 532-534.

15 de mayo. Decreto del gobierno. Estatuto orgánico provisional de la República mexicana.
Dublán y Lozano, *Legislación mexicana...*, vol. 8, pp. 169-181.
Navarro, *Legislación Mejicana...*, vol. 1856, enero-junio, pp. 478-507. [Con fecha de 20 de mayo.]

16 de junio. Ministerio de Fomento. Emigración. Se nombra agente para ella en los Estados Unidos al Sr. Gabor Napheghy.
Navarro, *Legislación Mejicana...*, 1856, enero-junio, pp. 551-556.

31 de julio. Decreto mandando establecer una colonia modelo en el Estado de Veracruz.
Maza, *Código...*, pp. 638-640.
Navarro, *Legislación Mejicana...*, 1856, julio-diciembre, pp. 55-58.

2 de agosto. Ministerio de fomento. Exenciones que se les concede a los que vengan a la República.
Navarro, *Legislación Mejicana...*, vol. 1856, julio-diciembre, pp. 60-61.

2 de agosto. Ministerio de Fomento. Decreto. Ferrocarril. Se concede privilegio para uno de Anton Lizardo a Acapulco.
Navarro, *Legislación Mejicana...*, vol. 1856, julio-diciembre, pp. 61-70.

8 de agosto. Ministerio de Fomento, Colonización, Industria y Comercio de la República Mexicana. Remisión de colonos a la República y que no se cobre derechos de toneladas a quien los cargue.
*El Archivo Mexicano. Colección de leyes, decretos, circulares y otros documentos*, vol. II, México, Imprenta de Vicente G. Torres, 1856, pp. 273-274.

14 de agosto. Contrato bajo el cual se celebrará un arreglo con los Sres. Jecker, Torre y Compañía, para el deslinde y mesura de los terrenos baldíos en el Estado de Sonora.
Maza, *Código...*, pp. 641-643.

9 de septiembre. Ministerio de Fomento. Decreto. Representación. La dirigen varios extranjeros solicitando se les admita como colonos.
Navarro, *Legislación Mejicana...*, 1856, julio-diciembre, pp. 112-118.

**1857**

5 de febrero. Disposiciones consignadas en la Constitución federal, relativas a los extranjeros que adquieran bienes raíces en la República, y a la facultad del Congreso para dictar leyes sobre naturalización, colonización y ocupación de terrenos baldíos.
Maza, *Código...*, p. 657.
*El Archivo Mexicano. Colección de leyes, decretos, circulares y otros documentos*, vol. III, México, Imprenta de Vicente G. Torres, 1857, pp. 25-66.
Dublán y Lozano, *Legislación mexicana...*, vol. 8, pp. 384-399.

21 de febrero. Circular del Ministerio de Relaciones.- Sobre renovación de cartas de seguridad.
Dublán y Lozano, *Legislación mexicana...*, vol. 8, p. 420.
AHDF, Bandos, Caja 28, exp. 88.[Con fecha 26 de febrero]

*El Archivo Mexicano. Colección de leyes, decretos, circulares y otros documentos*, vol. III, México, Imprenta de Vicente G. Torres, 1857, p. 244.
11 de abril. Ministerio de Justicia, Negocios eclesiásticos e Instrucción pública. Ley sobre derechos y obvenciones parroquiales.
*El Archivo Mexicano. Colección de leyes, decretos, circulares y otros documentos*, vol. III, México, Imprenta de Vicente G. Torres, 1857, pp. 283-297.

15 de abril. Ministerio de Fomento, Colonización, Industria y Comercio de la República mexicana. Establecimiento de una colonia modelo en Veracruz.
*El Archivo Mexicano. Colección de leyes, decretos, circulares y otros documentos*, vol. III, México, Imprenta de Vicente G. Torres, 1857, pp. 495-504.

28 de mayo. Ministerio de Guerra y Marina. Admisión de oficiales extranjeros.
*El Archivo Mexicano. Colección de leyes, decretos, circulares y otros documentos*, vol. III, México, Imprenta de Vicente G. Torres, 1857, pp. 643-647.
Leyes de Reforma. *Colección de las disposiciones que se conocen con este nombre, publicadas desde el año de 1855 al de 1868*, vol. III, apéndice sobre admon. [*sic*] jurisprudencia, Blas José Gutiérrez, Imprenta de "El Constitucional", 1868, pp. 68-69.

2 de julio. Decreto autorizando la formación de una colonia con el nombre de Eureka en el Distrito de Tampico, estado de Veracruz.
Maza, *Código...*, pp. 664-666.
*El Archivo Mexicano. Colección de leyes, decretos, circulares y otros documentos*, vol. III, México, Imprenta de Vicente G. Torres, 1857, pp. 689-691.

8 de julio. Circular del Ministerio de Gobernación.- Se comunica el estado de las relaciones con España.
Dublán y Lozano, *Legislación mexicana...*, vol. 8, pp. 498-499.

8 de julio. Ministerio de Gobernación. Sobre trato a los españoles y el rompimiento de relaciones diplomáticas con la corona española.

*El Archivo Mexicano. Colección de leyes, decretos, circulares y otros documentos*, vol. III, México, Imprenta de Vicente G. Torres, 1857, pp. 693-696.

**1858**

30 de noviembre. Miguel María Azcarate, coronel retirado y gobernador del Distrito de México. Los cónsules extranjeros podrán intervenir en los asuntos relacionados con los bienes de los extranjeros que teniendo su residencia en este país fallecen sin dejar testamento.
AHDF, Bandos, Caja 30, exp. 68.

**1859**

7 de julio Discurso del gobierno constitucional a la Nación.
*El Archivo Mexicano. Colección de leyes, decretos, circulares y otros documentos*, vol. IV, México, Imprenta de Vicente G. Torres, 1861, pp. 54-81.

26 de noviembre. Secretaría de Estado y del Despacho de Relaciones Exteriores-Justificación con la que se envía la ley sancionada para fijar el derecho patrio en los puntos relativos a los agentes comerciales residentes en el territorio de la nación.
*El Archivo Mexicano. Colección de leyes, decretos, circulares y otros documentos*, vol. IV, México, Imprenta de Vicente G. Torres, 1861, pp. 204-210.

26 de noviembre. Ley para fijar el derecho mexicano con relación a los cónsules extranjeros.
Dublán y Lozano, *Legislación mexicana...*, vol. 8, pp. 719-727.
Leyes de Reforma. *Colección de las disposiciones que se conocen con este nombre, publicadas desde el año de 1855 al de 1868*, vol. III, apéndice sobre admon. [*sic*] jurisprudencia, Blas José Gutiérrez, Imprenta de "El Constitucional", 1869, pp. 41-59.

26 de noviembre. Circular del Ministerio de Relaciones con que se acompaña la ley anterior.
Dublán y Lozano, *Legislación mexicana...*, vol. 8, pp. 727-730.

**1860**

30 de enero. Protesta del gobierno constitucional contra el tratado Mon-Almonte. Dublán y Lozano, *Legislación mexicana...*, vol. 8, p. 734.

30 de enero. Decreto del gobierno. Reglas para el pago de los derechos de pilotaje, anclaje, etcétera.
Dublán y Lozano, *Legislación mexicana...*, vol. 8, pp. 737-738.

30 de abril. Francisco Pérez, general de Brigada y gobernador del Valle de México. Tratado entre el presidente de la República Mexicana y la reina de la España para poner término a las diferencias entre ambos países. [Suscrito por el presidente sustituto Miguel Miramón.]
AHDF, Bandos, Caja 31, exp. 60.

9 de mayo. Secretaría de Hacienda. Orden. Se recuerda la ley de 16 de febrero de 1854, que impuso a las compañías extranjeras establecidas en el territorio de la República, la obligación de dar aviso al Ministerio de Relaciones, de su formación y de la nacionalidad de sus socios.
Zaldivar, *Recopilación de leyes...*, vol. 1860, p. 184.

25 de octubre. Decreto del gobierno.- Prorroga el plazo para la apertura del Istmo de Tehuantepec.
Dublán y Lozano, *Legislación mexicana...*, vol. 8, p. 756.

4 de diciembre. Ley sobre libertad de cultos.
Dublán y Lozano, *Legislación mexicana...*, vol. 8, pp. 762-766.

5 de diciembre. Decreto del gobierno. Dispone que se paguen al contado los derechos establecido por la ordenanza de aduanas marítimas.
Dublán y Lozano, *Legislación mexicana...*, vol. 8, pp. 777-778.

15 de diciembre. Ministerio de Relaciones Exteriores. Convención Aldham sobre pago de la deuda inglesa.
Dublán y Lozano, *Legislación mexicana...*, vol. 8, p. 778.

**1861**

25 de enero. Circular de la Secretaría de Relaciones.- Sobre los motivos que impulsaron al gobierno para disponer la salida de la República de varios ministros extranjeros.
Dublán y Lozano, *Legislación mexicana...*, vol. 9, pp. 20-21.

6 de febrero. Decreto del gobierno. Se faculta a los propietarios de fincas para dividirlas en fracciones y se fijan las reglas que han de observarse en lo relativo a hipotecas. Se extingue el derecho de traslación de dominio.
Dublán y Lozano, *Legislación mexicana...*, vol. 9, p. 63.

8 de febrero. Circular de la Secretaría de Relaciones. Aclaración del artículo 11 de la Constitución.
Dublán y Lozano, *Legislación mexicana...*, vol. 9, p. 64.

8 de febrero. Circular de la Secretaría de Gobernación. Sobre cumplimiento de los artículos 26 y 33 de la Constitución.
Dublán y Lozano, *Legislación mexicana...*, vol. 9, p. 64.

10 de febrero. Circular de la Secretaría de Relaciones.- Que las autoridades de los Estados no traten cuestiones internacionales con oficiales de fuerzas navales extranjeras.
Dublán y Lozano, *Legislación mexicana...*, vol. 9, p. 69.

20 de febrero. Circular de la Secretaría de Justicia. Se declara insubsistente el art. 16 de la Ley de 30 de enero de 1854.
Dublán y Lozano, *Legislación mexicana...*, vol. 9, p. 87.
Maza, *Código...*, p. 690.

25 de febrero. Providencia de la Secretaría de Justicia. Se manda dar a los alemanes protestantes el hospital del Salvador.
Dublán y Lozano, *Legislación mexicana...*, vol. 9, pp. 91-92.

25 de febrero. Providencia de la Secretaría de Hacienda. Se aprueba el Reglamento de las operaciones que deben practicarse en las garitas.
Dublán y Lozano, *Legislación mexicana...*, vol. 9, pp. 92-95.

13 de marzo. Decreto del gobierno.- Franquicias otorgadas a los extranjeros y compañías de ellos, que compren terrenos para trabajos agrícolas o para establecer colonias.
Dublán y Lozano, *Legislación mexicana...*, vol. 9, pp. 113-114.
Maza, *Código...*, pp. 691-692.
*Código de la Reforma o colección de Leyes, decretos y supremas órdenes expedidas desde 1856 hasta 1861*, México, Imprenta Literaria, 1861, pp. 211-212.

14 de marzo. Decreto del gobierno. Plazo para presentar a la Secretaría de Fomento copia autorizada de los títulos de propiedad que tengan los pueblos y particulares agraciados con terrenos baldíos de Tehuantepec.
Dublán y Lozano, *Legislación mexicana...*, vol. 9, p. 115.
Maza, *Código...*, pp. 693-694.

14 de marzo. Decreto del gobierno. Se declaran nulas varias enajenaciones de terrenos baldíos de la Baja California.
Dublán y Lozano, *Legislación mexicana...*, vol. 9, pp. 115-117.
Maza, *Código...*, pp. 694-697.

16 de marzo. Decreto del gobierno.- Que los extranjeros que quieran conservar los derechos de tales, se inscriban en el registro que se abrirá en la Secretaría de Relaciones.
Dublán y Lozano, *Legislación mexicana...*, vol. 9, pp. 123-124.
Maza, *Código...*, pp. 697-699.

16 de marzo. Decreto. Ley sobre matrícula de extranjeros, comprobación de su nacionalidad, etcétera.
Leyes de Reforma. *Colección de las disposiciones que se conocen con este nombre, publicadas desde el año de 1855 al de 1868*, vol. III, apéndice sobre admon. [*sic*] jurisprudencia, Blas José Gutiérrez, Imprenta de "El Constitucional", 1868, pp. 62-63.
*Código de la Reforma o colección de Leyes, decretos y supremas órdenes expedidas desde 1856 hasta 1861*, México, Imprenta Literaria, 1861, pp. 219-220.
Arrillaga, *Recopilación de Leyes...*, 1861-1 enero-marzo, pp. 72-74.

18 de marzo. Circular por la Secretaría de Relaciones. Objetos con que se ha dictado el decreto de 16 del presente, sobre que los extranjeros que quieran conservar tales derechos, se inscriban en el registro de dicha Secretaría.
Arrillaga, *Recopilación de Leyes...*, 1861-1 enero-marzo, pp. 77-78. [marzo].

3 de abril. Miguel Blanco, gobernador del Distrito de México. Franquicias otorgadas a los extranjeros y compañías extranjeras para que compren terrenos para trabajos agrícolas o para establecer colonias.
AHDF, Bandos, Caja 32, exp. 45.

5 de abril. Decreto del gobierno. Privilegio concedido a D. Antonio Escandón para la construcción de un camino de fierro de Veracruz al Pacífico.
Dublán y Lozano, *Legislación mexicana...*, vol. 9, pp. 131-137.

5 de abril. Reglamento expedido por la Secretaría de Fomento para la ejecución de lo prevenido en el artículo 20 del decreto anterior.
Dublán y Lozano, *Legislación mexicana...*, vol. 9, pp. 138-139.

18 de abril. Reglamento expedido por el Ministerio de Fomento a que deben sujetarse los cortadores de árboles en terrenos nacionales.
Dublán y Lozano, *Legislación mexicana...*, vol. 9, pp. 160-163.
Maza, *Código...*, pp. 699-705.

26 de abril. Decreto del gobierno. Se concede permiso a los Sres. Arbeu y socios para la construcción de un camino de fierro de esta capital a Chalco.
Dublán y Lozano, *Legislación mexicana...*, vol. 9, pp. 173-175.

2 de mayo. Miguel Blanco, gobernador del Distrito de México. Ley para fijar el derecho mexicano en orden a los agentes comerciales residentes en el territorio de la Nación.
AHDF, Bandos, Caja 32, exp. 69.

6 de mayo. Circular de la Secretaría de Justicia y Fomento. Sobre formación de un catastro de la propiedad territorial.
Dublán y Lozano, *Legislación mexicana...*, vol. 9, pp. 205-206.

11 de mayo. Decreto del gobierno. Se abre el puerto de la Paz al comercio extranjero y otros al de cabotaje.
Dublán y Lozano, *Legislación mexicana...*, vol. 9, p. 217.

3 de agosto. Decreto del Congreso. Convenciones otorgadas a la empresa del ferrocarril de Yucatán.
Dublán y Lozano, *Legislación mexicana...*, vol. 9, pp. 265-266.

4 de octubre. Decreto del congreso. Faculta al gobierno para poner en vía de pago lo que se adeuda a la casa Goicuria y C[ía].
Dublán y Lozano, *Legislación mexicana...*, vol. 9, p. 313.

5 de octubre, Circular para que los gobernadores de los estados exciten a los propietarios de fincas rústicas, para el establecimiento de colonias en sus terrenos sobrantes.
Maza, *Código...*, pp. 713-717.

10 de octubre. Decreto del gobierno. Se habilita para el comercio de cabotaje al puerto "Dos Bocas" en el Estado de Tabasco.
Dublán y Lozano, *Legislación mexicana...*, vol. 9, p. 316.

10 de octubre. Decreto del gobierno. Se habilita para el comercio de altura escala y cabotaje el puerto de Tuxpan.
Dublán y Lozano, *Legislación mexicana...*, vol. 9, p. 317.

17 de octubre. Decreto del gobierno. Plantas de las aduanas marítimas y fronterizas que se expresan.
Dublán y Lozano, *Legislación mexicana...*, vol. 9, pp. 318-320.

1 de noviembre. Circular de la Secretaría de Gobernación. Se anuncia que España organiza una expedición para invadir la República. Se ordena a los gobernadores que remitan noticia de la fuerza con que contribuyen a la defensa nacional.
Dublán y Lozano, *Legislación mexicana...*, vol. 9, pp. 322-323.

18 de noviembre. Providencia del gobierno del Distrito.- Se prohíbe todo acto de agresión a extranjeros, las diversiones llamadas "gallos" y los gritos de "muera".
Dublán y Lozano, *Legislación mexicana...*, vol. 9, p. 325.
Arrillaga, *Recopilación de Leyes...*, 1861-3 julio-diciembre, p. 10. [noviembre].

19 de noviembre. Decreto del Congreso. Se faculta al gobierno para que forme un nuevo arancel de aduanas marítimas y fronterizas.
Dublán y Lozano, *Legislación mexicana...*, vol. 9, pp. 325-326.

5 de diciembre. Circular de la Secretaría de Relaciones.- Sobre que se hagan efectivas las garantías concedidas a los extranjeros.
Dublán y Lozano, *Legislación mexicana...*, vol. 9, pp. 332-333.

*El Archivo Mexicano. Colección de leyes, decretos, circulares y otros documentos*, vol. VI, México, Imprenta de Vicente G. Torres, 1856, pp. 650-652.
Arrillaga, *Recopilación de Leyes...*, 1861-3 julio-diciembre, pp. 9-10. [diciembre].

17 de diciembre. Decreto del congreso.- Se cierra el puerto de Veracruz y se dictan otras providencias con motivo de la invasión extranjera.
Dublán y Lozano, *Legislación mexicana...*, vol. 9, p. 342.
AHDF, Bandos, Caja 33, exp. 51.

18 de diciembre. Manifiesto del C. Presidente de la República a la Nación.
Dublán y Lozano, *Legislación mexicana...*, vol. 9, pp. 344-346.

25 de diciembre. Ministerio de Guerra y Marina. Sobre la Guardia Nacional. *El Archivo Mexicano. Colección de leyes, decretos, circulares y otros documentos*, vol. VI, México, Imprenta de Vicente G. Torres, 1861, pp. 712-714.

**1862**

22 de enero. Providencia de la Secretaría de Hacienda. Prevenciones a los cónsules mexicanos sobre las certificaciones que expidan.
Dublán y Lozano, *Legislación mexicana...*, vol. 9, p. 365.

23 de febrero. Circular de la Secretaría de Relaciones. Estipulaciones entre los comisarios de las potencias aliadas y el gobierno mexicano.
Dublán y Lozano, *Legislación mexicana...*, vol. 9, pp. 386-388.

25 de marzo. Decreto del gobierno. Se declara nulo el expedido por la legislatura de Sinaloa sobre terrenos baldíos.
Dublán y Lozano, *Legislación mexicana...*, vol. 9, pp. 396-397.

12 de abril. Decreto del gobierno. Declaraciones que deberán comenzar a tener efecto el día en que las tropas francesas rompan las hostilidades.
Dublán y Lozano, *Legislación mexicana...*, vol. 9, p. 423.

12 de abril. Circular de la Secretaría de Relaciones y Gobernación. Se acompaña a los gobernadores de los Estados el decreto de esta fecha.
Dublán y Lozano, *Legislación mexicana...*, vol. 9, pp. 423-425.

12 de abril. Manifiesto del C. Presidente de la República.
Dublán y Lozano, *Legislación mexicana...*, vol. 9, pp. 425-430.

14 de abril. Decreto del gobierno. Se declaran nulos los expedidos por la legislatura de Chihuahua sobre terrenos baldíos.
Dublán y Lozano, *Legislación mexicana...*, vol. 9, p. 433.

30 de abril. Comunicación de la Secretaría de Relaciones. Se autoriza al gobierno del Distrito para expedir pasaportes.
Dublán y Lozano, *Legislación mexicana...*, vol. 9, pp. 437-438.

1 de mayo. Anastasio Parrodi, general de división y gobernador del Distrito de México. Se autoriza al gobierno del Distrito Federal para que expida pasaportes a los ciudadanos que salgan fuera de la capital.
AHDF, Bandos, Caja 33, exp. 94.

12 de mayo. Tratado de amistad, navegación y comercio entre la República Mexicana y S.M. el rey de los belgas.
Dublán y Lozano, *Legislación mexicana...*, vol. 9, pp. 445- 451.
AHDF, Bandos, Caja 34, exp. 22.

23 de mayo. Tratado de extradición entre los EU Mexicanos y los EU de América.
Dublán y Lozano, *Legislación mexicana...*, vol. 9, pp. 459-462, 1862, junio 20.
AHDF, Bandos, Caja 34, exp. 30.

28 de mayo. Decreto del gobierno. Declara inconstitucional el expedido en 12 del corriente por el gobernador de Nuevo León y Coahuila, sobre reducción de la zona libre.
Dublán y Lozano, *Legislación mexicana...*, vol. 9, pp. 471-472.

25 de agosto. Decreto de gobierno. Sobre colonización de las penínsulas de Yucatán y la Baja California.
Dublán y Lozano, *Legislación mexicana...*, vol. 9, pp. 516-517.

10 de diciembre. Decreto del gobierno.- Sobre el modo de tratar a los prisioneros de guerra del ejército francés.
Dublán y Lozano, *Legislación mexicana...*, vol. 9, p. 565.

**1863**

17 de febrero. Decreto del gobierno. Penas a los que residan en puntos ocupados por el invasor.
Dublán y Lozano, *Legislación mexicana...*, vol. 9, pp. 588-589.

13 de marzo. Decreto del gobierno.- Prevenciones respecto de extranjeros, por lo relativo a su inscripción.- Prohibición a los mexicanos de renunciar su nacionalidad.
Dublán y Lozano, *Legislación mexicana...*, vol. 9, pp. 597-598.
Maza, *Código...*, pp. 727-728.
Leyes de Reforma. *Colección de las disposiciones que se conocen con este nombre, publicadas desde el año de 1855 al de 1868*, vol. III, apéndice sobre admon. [*sic*] jurisprudencia, Blas José Gutiérrez, Imprenta de "El Constitucional", 1868, p. 63-64.

17 de marzo. Ponciano Arriaga, gobernador del Distrito Federal. Conforme al artículo 11 de la ley de 16 de marzo de 1861 que ordena la inscripción de todo extranjero.
AHDF, Bandos, Caja 35, exp. 37.

8 de mayo. Decreto del Gobierno.- Se suspenden las franquicias concedidas a extranjeros para comprar terrenos agrícolas o formar colonias por el decreto de 13 de marzo de 1861.
Dublán y Lozano, *Legislación mexicana...*, vol. 9, pp. 613-614.
Maza, *Código...*, pp. 728-729.
AHDF, Bandos del DF, Caja 35, exp. 48.

18 de mayo. Providencia de la Secretaría de Gobernación.- Ordena que salgan de la capital los franceses residentes en ella.
Dublán y Lozano, *Legislación mexicana...*, vol. 9, p. 617.
AHDF, Bandos, Caja 35, exp. 51.

28 de mayo. Decreto del general en jefe del ejército del centro. Personas que deben salir de la capital con motivo de la guerra.
Dublán y Lozano, *Legislación mexicana...*, vol. 9, pp. 622-623.

10 de julio. Derechos del gran sello, legalización de firmas y pasaportes. Continuación de su cobro en el Ministerio de Relaciones.
*Boletín de las Leyes del Imperio Mexicano o Código de la Restauración*, vol. 1, pp. 122-123.

20 de julio. Manuel G. Aguirre, Prefecto Político de México. El Supremo Poder Ejecutivo Provisional de la Nación dispone que la Secretaría de Estado y del Despacho de Relaciones continúe cobrando los derechos del gran sello, localización de firmas y pasaportes.
AHDF, Bandos, Caja 35, exp. 82.

3 de agosto. Matricula de extranjeros. Plazo para verificarla. Requisitos. Certificado. Penas. Prevenciones a los capitanes de los puertos, prefectos de ciudades fronterizas, tribunales, oficinas y escribanos.
*Boletín de las Leyes del Imperio Mexicano o Código de la Restauración*, vol. 1, pp. 200-202.
Arrillaga, *Recopilación de Leyes...*, 1863-mayo-diciembre, pp. 153-154. [agosto].

10 de agosto. Efectos destinados al ejército francés. Pagarán todos los derechos establecidos. Excepciones.
*Boletín de las Leyes del Imperio Mexicano o Código de la Restauración*, Apéndice, vol. 1, pp. 484-487.

15 de agosto. Circular del Ministerio de Relaciones. Ordena que se retire a los cónsules franceses el *exequátur* que tenían del gobierno federal.
Dublán y Lozano, *Legislación mexicana...*, vol. 9, pp. 650-652.

16 de agosto. Decreto del gobierno. Se declara quiénes serán considerados como reos de traición, y las penas con que deberán ser castigados.
Dublán y Lozano, *Legislación mexicana...*, vol. 9, pp. 652-654.

16 de agosto. Decreto del gobierno. Tratamiento que debe darse a los prisioneros de guerra franceses.
Dublán y Lozano, *Legislación mexicana...*, vol. 9, p. 654.

3 de octubre. Disposición y circulares relativas, para recabar datos concernientes a procurar la colonización.
Maza, *Código...*, pp. 740-742.

9 de noviembre. Pasaportes. Ninguno puede viajar sin ese documento. Excepciones.
*Boletín de las Leyes del Imperio Mexicano o Código de la Restauración*, vol. 1, p. 423.

23 de diciembre. Bloqueo de la marina francesa. Se modifica permitiendo la salida de todos los productos de la costa. Secretaría de Estado y del Despacho de Hacienda y Crédito Público.
*Boletín de las Leyes del Imperio Mexicano o Código de la Restauración*, vol. 1, p. 475.

**1864**

29 de enero. José del Villar y Bocanegra, Prefecto Político del departamento del Valle de México. Se concede a los señores Hottinguer, Finlay Hodgson, Pillet Will y Mallet hermanos, el privilegio de establecer en México, un banco de descuento, circulación y depósitos, que se le denominará Banco de México.
AHDF, Bandos, vol. 89, f. 2.

1 de febrero. José del Villar y Bocanegra, Prefecto Político del departamento del Valle de México. Se concede el privilegio exclusivo por 25 años a Juan Potts, para iluminar con gas la capital de México.
AHDF, Bandos, vol. 89, f. 9, Decreto de la Regencia del Imperio.

18 de febrero. Son súbditos mexicanos los individuos de origen español que se mencionan.
*Boletín de las Leyes del Imperio Mexicano o Código de la Restauración*, vol. 2, p. 257.

28 de febrero. Maneque, general comandante en jefe. Organización de la Legión Extranjera en México.
AHDF, Bandos, Caja 36, exp. 57.

9 de marzo. General Pérez Gómez. Se le concede el uso de una condecoración extranjera.
*Boletín de las Leyes del Imperio Mexicano o Código de la Restauración*, vol. 2, p. 258.

14 de marzo. Prórroga del término fijado para que se visen los salvoconductos. *Boletín de las Leyes del Imperio Mexicano o Código de la Restauración*, vol. 2, pp. 258-259.

1 de abril. Pasajeros que llegan del extranjero. Solo pueden introducir sin pagar derechos dos libras de tabaco labrado, una botella de rapé y dos de vino o licor.
*Boletín de las Leyes del Imperio Mexicano o Código de la Restauración*, vol. 2, pp. 134-135.

11 de abril. Convenio. Se aprueba el celebrado el 20 de marzo entre el conde de Zichy, representante de su Magestad [*sic*] Imperial, y los Srs. Glyn, Mills y Comp., banqueros en Londres, encargados del empréstito de 200 mil francos.
*Boletín de las Leyes del Imperio Mexicano o Código de la Restauración*, vol. 3, pp. 24-25.

16 de abril. Carta de naturalización a favor del D. Francisco Arrangoiz.
*Boletín de las Leyes del Imperio Mexicano o Código de la Restauración*, vol. 2, p. 260.

11 de agosto. Decreto del gobierno.- Premios que se conceden a extranjeros que se presenten a servicio en el ejército mexicano.

Dublán y Lozano, *Legislación mexicana...*, vol. 9, pp. 691-692.
Maza, *Código...*, pp. 744-747.
*Colección de Leyes, decretos y circulares expedidas por el Supremo gobierno de la República*, vol. II, Monterrey, Imprenta del gobierno, 1868, pp. 99-102.

16 de septiembre. Equipajes. Cesa en las garitas el registro de los carruajes perteneciente a la Empresa de Diligencias. Prevenciones sobre la materia.
*Boletín de las Leyes del Imperio Mexicano o Código de la Restauración*, vol. 3, pp. 118-119.

19 de septiembre. Demarcación territorial. Se hace la correspondiente de la Península de Yucatán.
*Boletín de las Leyes del Imperio Mexicano o Código de la Restauración*, Apéndice, vol. 3, pp. 316-319.

28 de noviembre. Paquetes. Se convoca a los que quieran hacerse cargo de la empresa para la línea del Golfo Mexicano.
*Boletín de las Leyes del Imperio Mexicano o Código de la Restauración*, vol. 3, pp. 236-237.

**1865**

1 de enero. Colonias alemanas. Se concede a Rittere Von Borvens, establecer en el Imperio colonias alemanas.
*Boletín de las Leyes del Imperio Mexicano o Código de la Restauración*, vol. 4, pp. 11-13.

7 de enero. Circular del Ministerio de la Guerra. Sobre tratamiento que debe darse a los prisioneros franceses.
Dublán y Lozano, *Legislación mexicana...*, vol. 9, pp. 699-702.

31 de enero. Concesión. Se da de siete años a la casa de Benjamín Holladay para una línea de vapores en los puntos que se indican.
*Boletín de las Leyes del Imperio Mexicano o Código de la Restauración*, Apéndice, vol. 4, pp. 643-644.

3 de febrero. Títulos nulos. Se manifiesta que los son los presentados por D. Antonio Milatovich.

*Boletín de las Leyes del Imperio Mexicano o Código de la Restauración*, vol. 4, pp. 149-150.

4 de febrero. Terrenos. Se admiten los que ofrece el Sr. Olivier para colonos extranjeros con las excepciones que se expresan.
*Boletín de las Leyes del Imperio Mexicano o Código de la Restauración*, vol. 4, pp. 152-155.

11 de febrero. Inmigrantes. Se dan las órdenes para que se les auxilie. Ministerio de Fomento.
*Boletín de las Leyes del Imperio Mexicano o Código de la Restauración*, vol. 4, pp. 166- 168.

16 de febrero. Inmigración. Varios individuos de los Estados Unidos que quieren emigrar, hacen algunas preguntas con respecto a lo que se les podrá conceder al venir al país y se les contesta.
*Boletín de las Leyes del Imperio Mexicano o Código de la Restauración*, vol. 4, p. 178.

22 de febrero. Cónsul. Se dice que se han librado las órdenes correspondientes para que sea conocido el Sr. Mandillo cómo Cónsul de Su Majestad Católica.
*Boletín de las Leyes del Imperio Mexicano o Código de la Restauración*, vol. 4, p. 189.

22 de febrero. Aprobación. Se aprueba el nombramiento del Sr. Hornedo para el despacho del vice-consulado de Su Majestad Católica en Aguascalientes.
*Boletín de las Leyes del Imperio Mexicano o Código de la Restauración*, vol. 4, pp. 189-190.

28 de marzo. Inmigrantes. Se establece una junta llamada de 'colonización' que estudiará y propondrá los proyectos de ley y de reglamentos en lo relativo a colonización, conociendo en cada Departamento las propiedades de dominio público y los terrenos nacionales, etcétera.
*Boletín de las Leyes del Imperio Mexicano o Código de la Restauración*, vol. 4, pp. 305-307.

30 de marzo. Autorización. Se concede al Sr. Cónsul de Bélgica D.D Grace para que ejerza interinamente las funciones de Cónsul de Dinamarca en México.

*Boletín de las Leyes del Imperio Mexicano o Código de la Restauración*, vol. 4, p. 310.

6 de abril. Pasaportes, cartas de naturaleza, certificados de matrícula y otros documentos para la expedición de ellos se ordena que los interesados presenten sus documentos en el Ministerio que se expresa.
*Boletín de las Leyes del Imperio Mexicano o Código de la Restauración*, vol. 4, p. 323.

10 de abril. Colonización. Se da una noticia de las obras públicas o negocios particulares a que pueden dedicarse los capitalistas americanos que deseen venir a establecerse en México.
*Boletín de las Leyes del Imperio Mexicano o Código de la Restauración*, vol. 4, pp. 422-424.

10 de abril. Maximiliano, Emperador de México. Estatuto provisional del Imperio Mexicano y leyes de libertad de imprenta y acuñación de moneda.
AHDF, Bandos, Caja 36, exp. 85.

17 de abril. Aprobación. Se aprueba el encargo que el Sr. Chütte hace del consulado de Bremen en México.
*Boletín de las Leyes del Imperio Mexicano o Código de la Restauración*, vol. 4, p. 461.

18 de abril. Junta de colonización. Reglamento para la ejecución de establecerla. Reglamento para la ejecución del decreto del 28 del corriente [marzo] que establece una junta de colonización.
*Boletín de las Leyes del Imperio Mexicano o Código de la Restauración*, vol. 4, pp. 470-471.

25 de abril. Emigrantes extranjeros. Se ordena se disponga un edificio en donde además de alojamiento, les proporcione a los que vengan a colonizar el alimento necesario a precio cómodo, y gratis lo último en caso de que carezcan de recursos.
*Boletín de las Leyes del Imperio Mexicano o Código de la Restauración*, vol. 4, pp. 496-501.

27 de abril. Concesiones. Se expresa las que se hacen a la Compañía Americana de emigración en México para que pueda proporcionarse, con destino a la colonización, fincas rústicas y urbanas.

*Boletín de las Leyes del Imperio Mexicano o Código de la Restauración*, vol. 4, pp. 508-510.

15 de mayo. Transportes. Se concede permiso al Sr. Courcillon para que establezca una compañía de transportes de pasajeros, mercancías, correspondencias, etcétera.
*Boletín de las Leyes del Imperio Mexicano o Código de la Restauración*, vol. 4, pp. 552-554.

18 de mayo. Nacionalidad. La calidad de mexicano atribuida a los extranjeros que adquieran propiedad territorial, no incluye la privación de su nacionalidad.
*Boletín de las Leyes del Imperio Mexicano o Código de la Restauración*, vol. 4, pp. 608-609.

5 de septiembre. Decreto del llamado Imperio, para fomentar la inmigración.
Maza, *Código...*, pp. 749-752.

24 de diciembre. Bases para la enajenación de terrenos en Tacuba.
Maza, *Código...*, pp. 753-755.

**1866**

13 de enero. Resolución. Que los enseres y útiles que traigan los inmigrantes, son libres de derechos aun cuando no los traigan consigo.
Maza, *Código...*, pp. 768-769.

18 de enero. Autorizando la colonización de terrenos de Mitaltoyuca.
Maza, *Código...*, pp. 769-772.

5 de febrero. Circular mandando proteger y dirigir a los colonos que lleguen al llamado Imperio.
Maza, *Código...*, pp. 772-774.

6 de junio. Comunicación de la Secretaría de Hacienda. Se declaran caducas las concesiones otorgadas por el decreto de 15 de abril de 1865 para la construcción de un camino de fierro.
Dublán y Lozano, *Legislación mexicana...*, vol. 9, pp. 726-728.

29 de junio. Manuel A. Campero, Prefecto político suplente del Valle de México. Se reglamenta la expedición de cartas de naturalización del Imperio.
AHDF, Bandos, Caja 37, exp. 5.

28 de septiembre. Decreto del gobierno. Deroga el de 11 de agosto de 1864.
Dublán y Lozano, *Legislación mexicana...*, vol. 9, p. 734.
Se deroga el decreto de 11 de agosto de 1864, en que se conceden varios premios a los extranjeros que defendieron a la independencia nacional.
José Brito, *Legislación Mexicana...*, tomo II, p. 175.

15 de octubre. Decreto del gobierno. Declara caduco el privilegio concedido a la compañía de la Luisiana de Tehuantepec y autoriza a la compañía del tránsito de Tehuantepec para la apertura de la comunicación interoceánica por el Istmo de este nombre.
Dublán y Lozano, *Legislación mexicana...*, vol. 9, pp. 734-741.

24 de octubre. Decreto del gobierno. Declara nulos los expedidos por el gobierno del Estado de Sonora, en 27 de julio y 13 de septiembre de este año.
Dublán y Lozano, *Legislación mexicana...*, vol. 9, pp. 741-742.

1 de noviembre. Comunicación del Ministerio de Gobernación. Declara que en los delitos contra la independencia de la república no es admisible el recurso de indulto.
Dublán y Lozano, *Legislación mexicana...*, vol. 9, p. 743.

6 de diciembre. Decreto del gobierno.- Sobre inscripción de los extranjeros en el registro de matrícula.
Dublán y Lozano, *Legislación mexicana...*, vol. 9, pp. 748-749.
Maza, *Código...*, pp. 775-776.

6 de diciembre. Se previenen algunas órdenes a los extranjeros que quieran residir en la República.
José Brito, *Legislación Mexicana...*, tomo II, p. 175.

**1867**

6 de junio. Resolución del Ministerio de la Guerra. Penas impuestas a los prisioneros hechos en Querétaro.
Dublán y Lozano, *Legislación mexicana...*, vol. 10, pp. 18-22.

9 de agosto. Ministerio de Hacienda. Circular. Que no se exija a los buques que vienen de Europa la certificación consular.
Dublán y Lozano, *Legislación mexicana...*, vol. 10, pp. 40-41.

9 de agosto. Ministerio de Hacienda. Circular. El pago de los derechos de contraregistro [*sic*] e internación se haga en las aduanas marítimas.
Dublán y Lozano, *Legislación mexicana...*, vol. 10, p. 41.

17 de agosto. Ministerio de Relaciones.- Circular. Que no se exija a los extranjeros sus inscripciones en la guardia nacional.
Dublán y Lozano, *Legislación mexicana...*, vol. 10, pp. 57-58.

26 de agosto. Ministerio de Fomento. Decreto. Declara caduca la concesión hecha a la Compañía de Tehuantepec para la apertura del Istmo.
Dublán y Lozano, *Legislación mexicana...*, vol. 10, p. 70.

18 de septiembre. Ministerio de Relaciones.- Sobre certificados de matrícula a los extranjeros.
Dublán y Lozano, *Legislación mexicana...*, vol. 10, p. 80.
Manuel Azpíroz, *Recopilación de leyes, decretos y providencias de los poderes legislativo y ejecutivo de la unión*, México, Imprenta del Gobierno en Palacio, 1870, pp. 180-181.
Maza, *Código...*, pp. 780-781.

25 de septiembre. Ministerio de Fomento. Permite el establecimiento de colonias en el litoral Yaqui y Mayo del Estado de Sonora.
Dublán y Lozano, *Legislación mexicana...*, vol. 10, p. 84.

6 de octubre. Ministerio de Fomento, Colonización, Industria y Comercio. Concesión para la apertura del Istmo de Tehuantepec [para la construcción de ferrocarril].
Dublán y Lozano, *Legislación mexicana...*, vol. 10, pp. 88-94.

15 de octubre. Ministerio de Fomento. Decreto. Concesión para un ferrocarril entre México y Tuxpam.
Dublán y Lozano, *Legislación mexicana...*, vol. 10, pp. 97-101.

22 de octubre. Ministerio de Hacienda. Circular. Manda que en almoneda pública se amorticen los títulos de las convenciones españolas e inglesa.
Dublán y Lozano, *Legislación mexicana...*, vol. 10, pp. 107-108.

1 de diciembre. Ministerio de Hacienda. Decreto. Suspende el derecho adicional de amortización de la deuda pública, mandando que se pague en bonos del ferrocarril.
Dublán y Lozano, *Legislación mexicana...*, vol. 10, pp. 176-177.

11 de diciembre. Ministerio de Relaciones. Envía los pasaportes que pidieron los individuos de la Legación inglesa.
Dublán y Lozano, *Legislación mexicana...*, vol. 10, p. 217.

21 de diciembre. Ministerio de Hacienda. Resolución por la que se mandan celebrar almonedas para el pago de los bonos de la convención española.
Dublán y Lozano, *Legislación mexicana...*, vol. 10, p. 220.

21 de diciembre. Ministerio de Hacienda. Resolución por la que se mandan celebrar almonedas para el pago de los bonos de la convención inglesa.
Dublán y Lozano, *Legislación mexicana...*, vol. 10, p. 221.

30 de diciembre. Ministerio de Hacienda. Resolución por la que se aprueba un contrato para el establecimiento de dos líneas de vapores en el pacífico.
Dublán y Lozano, *Legislación mexicana...*, vol. 10, p. 223.

**1868**

20 de enero. Ministerio de Guerra. Circular. Pide noticia de los extranjeros que sirvieron al Imperio.
Dublán y Lozano, *Legislación mexicana...*, vol. 10, p. 234.

28 de enero. Ministerio de Hacienda.- Circular. Manda pagar sus alcances y premios a los extranjeros enganchados en el ejército nacional.
Dublán y Lozano, *Legislación mexicana...*, vol. 10, p. 257.
1 de febrero. Ministerio de Hacienda. Circular. Manda llevar a delante la celebración de almonedas para la amortización de las deudas española e inglesa.
Dublán y Lozano, *Legislación mexicana...*, vol. 10, pp. 258-259.

20 de marzo. Ministerio de Fomento.- Manda que los extranjeros se incluyan en los padrones generales expresando su nacionalidad.
Dublán y Lozano, *Legislación mexicana...*, vol. 10, p. 287.

1 de septiembre. Ministerio de Guerra. Circular. Manda que los capitanes de puerto den noticia exacta de los pasajeros que salgan de la República.
Dublán y Lozano, *Legislación mexicana...*, vol. 10, p. 416.

10 de octubre. Ministerio de Hacienda. Los tenedores de bonos mexicanos en Londres nombran su agente en México a D. Eduardo J. Perry.
Dublán y Lozano, *Legislación mexicana...*, vol. 10, p. 431.

**1869**

2 de enero. Ministerio de Fomento. Decreto del congreso modificando la concesión para la apertura del istmo de Tehuantepec.
Dublán y Lozano, *Legislación mexicana...*, vol. 10, pp. 500-506.
AHDF, Bandos, Caja 38, exp. 89.

26 de febrero. Ministerio de Hacienda. Circular. Sobre visita de fondeo a los buques, conforme a la ordenanza.
Dublán y Lozano, *Legislación mexicana...*, vol. 10, pp. 544-545.

24 de abril. Ministerio de Hacienda. Circular. Fija los datos que deben tenerse presentes para la amortización de los bonos emitidos en los Estados Unidos.
Dublán y Lozano, *Legislación mexicana...*, vol. 10, pp. 574-575.

4 de mayo. Ministerio de Relaciones.- Convención celebrada entre México y los Estados-Unidos, para determinar la ciudadanía de las personas que emigren de uno a otro país.
Dublán y Lozano, *Legislación mexicana...*, vol. 10, pp. 583-585.
AHDF, Bandos, Caja 39, exp. 7.
*Colección de las disposiciones que se conocen con este nombre, publicadas desde el año de 1855 al de 1868*, vol. III, apéndice sobre admon. [*sic*] jurisprudencia, Blas José Gutiérrez, Imprenta de "El Constitucional", 1868, pp. 80-82.

4 de mayo. Secretaría de Estado y del despacho de Relaciones Exteriores. Tratado sobre reclamaciones, sobre perjuicios por ciudadanos mexicanos o norteamericanos.
*Colección de las disposiciones que se conocen con este nombre, publicadas desde el año de 1855 al de 1868* [Nuevo Código de la Reforma], vol. III, apéndice sobre admon. [*sic*] jurisprudencia, Blas José Gutiérrez, Imprenta de "El Constitucional", 1868, pp. 89-93.

24 de julio. Ministerio de Relaciones.- Circular. Manda que los jueces del estado civil den noticia del cambio que haya en el estado civil de los extranjeros.
Dublán y Lozano, *Legislación mexicana...*, vol. 10, pp. 687-688.

29 de julio. Ministerio de Justicia. Circular. Recuerda la observancia de los requisitos legales para dar curso a las solicitudes de indulto.
Dublán y Lozano, *Legislación mexicana...*, vol. 10, p. 689.

**1870**

13 de enero. Circular del Ministerio de Relaciones. Remite ejemplares de las bases aprobadas para que la Comisión mixta resuelva las [reclamaciones?] entre la República Mexicana y los Estados-Unidos de América.
Dublán y Lozano, *Legislación mexicana*, vol. 11, pp. 5-8.

27 de enero. Circular del Ministerio de Relaciones. Se acompaña un acuerdo de la comisión mixta de Washington.
Dublán y Lozano, *Legislación mexicana...*, vol. 11, pp. 15-16.

26 de marzo. Circular del Ministerio de Relaciones. Declara que los documentos que deben presentarse a la comisión mixta, se han de legalizar conforme a la ley de 28 de octubre de 1853.
Dublán y Lozano, *Legislación mexicana...*, vol. 11, pp. 25-27.

9 de abril. Ley del congreso general. Ordena que las cartas de naturalización se extiendan en papel.
Dublán y Lozano, *Legislación mexicana...*, vol. 11, p. 35.

7 de mayo. Resolución del Ministerio de Gobernación. Se hacen modificaciones a la concesión otorgada a los Srs. Ritter y compañía, pare el establecimiento de una línea de vapores.
Dublán y Lozano, *Legislación mexicana...*, vol. 11, pp. 41-44.

13 de mayo. Disposición sobre los extranjeros que adquieran propiedades nacionales, llenen los requisitos prevenidos por las leyes.
Maza, *Código...*, pp. 806-807.

30 de mayo. Decreto del congreso general. Prorroga por dos años la subvención a una línea de vapores americanos.
Dublán y Lozano, *Legislación mexicana...*, vol. 11, pp. 46-47.

4 de junio. Circular del Ministerio de Hacienda. Se acompaña la ley y reglamento del contraresguardo [*sic*] de la frontera del Norte.
Dublán y Lozano, *Legislación mexicana...*, vol. 11, pp. 108-111.

4 de junio. Reglamento del contraresguardo [*sic*] de la frontera del Norte.
Dublán y Lozano, *Legislación mexicana...*, vol. 11, pp. 111-121.

28 de agosto. Tratado de amistad, comercio y navegación entre los Estados Unidos Mexicanos y la confederación Norte-Alemana y del Zollverein [con el rey de Prusia].
Dublán y Lozano, *Legislación mexicana...*, vol. 11, pp. 168-176.
AHDF, Bandos, Caja 39, exp. 66.

8 de noviembre. Comunicación del Ministerio de Relaciones.- Declara como deben ser considerados en la República los hijos de extranjeros.
Dublán y Lozano, *Legislación mexicana...*, vol. 11, pp. 191-192.

13 de diciembre. Decreto del Congreso. Ministerio de Fomento, colonización, Industria y Comercio. Permiso y auxilios otorgados por la nación para el establecimiento de cables submarinos.
Dublán y Lozano, *Legislación mexicana...*, vol. 11, pp. 449-451.

17 de diciembre. Decreto del Congreso del día 10 concediendo permiso para el establecimiento de una vía de comunicación interoceánica.
Dublán y Lozano, *Legislación mexicana...*, vol. 11, pp. 453-458.
AHDF, Bandos, Caja 39, exp. 85.

31 de diciembre. Circular del Ministerio de Relaciones.- Sobre pasaportes para el exterior solicitados voluntariamente.
Dublán y Lozano, *Legislación mexicana...*, vol. 11, pp. 468-469.
Leyes de Reforma. Colección de las disposiciones que se conocen con este nombre, publicadas desde el año de 1855 al de 1868 [Nuevo Código de la Reforma], vol. II, pt. 3, Blas José Gutiérrez, Imprenta de "El Constitucional", 1868, p. 623.

**1871**

7 de febrero. Circular del Ministerio de Relaciones. Instrucciones sobre los puntos que deben comprender las informaciones contra reclamaciones presentadas a la comisión mixta de Washington.

Dublán y Lozano, *Legislación mexicana...*, vol. 11, pp.470-472.
AHDF, Bandos, Caja 40, exp. 6.

25 de febrero. Francisco Paz, general de brigada y gobernador del Distrito Federal. Autorización otorgada a la empresa de René Masson y Felix Wyatt, para construir y explotar un ferrocarril y un telégrafo dividido en tres secciones desde el puerto de Veracruz hasta Acapulco u otro lugar situado en el litoral del Pacífico, en los Estados de Oaxaca, Guerrero o Michoacán. Condiciones y obligaciones de la concesión.
AHDF, Bandos, Caja 40, exp. 10.

24 de abril. Gabino F. Bustamante, gobernador del Distrito Federal. Aclara que la autorización concedida por la ley de 12 de diciembre de 1870 para establecer en las aguas de la República en cable eléctrico submarino para comunicar desde cualquier punto de la costa mexicana, del norte de Veracruz, hasta otro de la costa de Estados Unidos, no se refiere a Guillermo G. Norton, sino a Enrique G. Norton, por ser éste quien la solicitó.
AHDF, Bandos, Caja 40, exp. 21.

6 de mayo de 1871. Circular previniendo a los Notarios públicos den noticia a la Secretaría de Relaciones Exteriores cuando un extranjero adquiera alguna propiedad raíz.
Maza, *Código...*, p. 810.

11 de mayo. Disposición. Se recuerda el cumplimiento de la circular de 31 de enero de 1871, sobre extranjeros que tengan negocios en las Secretarías de Estado.
Maza, *Código...*, pp. 810-812.

14 de julio. Circular del Ministerio de Hacienda. Se publica la de 4 del corriente sobre efectos destinados a los ministros extranjeros acreditados ante el gobierno federal.
Dublán y Lozano, *Legislación mexicana...*, vol. 11, p. 533.

18 de julio. Circular del Ministerio de Hacienda. Sobre derechos al carbón de piedra.
Dublán y Lozano, *Legislación mexicana...*, vol. 11, pp. 535-536.

28 de julio. Prevenciones de Ministro de Relaciones.- Sobre matriculas de extranjeros.

Dublán y Lozano, *Legislación mexicana...*, vol. 11, pp. 540-541.
Maza, *Código...*, pp. 812-815.

28 de julio. Certificados de matrícula de extranjeros: reglas para pedirlos.
Leyes de Reforma.
Colección de las disposiciones que se conocen con este nombre, publicadas desde el año de 1855 al de 1868, vol. II, pt. 3, Blas José Gutiérrez, Imprenta de "El Constitucional", 1868, pp. 845-846.

24 de agosto. Circular de Ministerio de Relaciones.- Sobre observancia de las leyes relativas a extranjeros, vol. 11, p. 545.
AHDF, Bandos, Caja 40, exp. 73.

16 de septiembre. Ministerio de Relaciones. Reglamento del cuerpo consular mexicano.
Dublán y Lozano, *Legislación mexicana...*, vol. 11, pp. 564-578.

26 de septiembre. Circular del Ministerio de Hacienda. Prevenciones relativas a los jefes de Hacienda como agentes auxiliares del contrarresguardo.
Dublán y Lozano, *Legislación mexicana...*, vol. 11, pp. 578-580.

26 de octubre. Ministerio de Relaciones. Se corrigen algunas equivocaciones del reglamento del cuerpo consular.
Dublán y Lozano, *Legislación mexicana...*, vol. 11, p. 586.

27 de octubre. Decreto del Congreso. Se modifica el artículo 1 del decreto de 13 de diciembre de 1870.
Dublán y Lozano, *Legislación mexicana...*, vol. 11, p. 587.

7 de diciembre. Código penal para el Distrito federal y territorio de la Baja California.
Dublán y Lozano, *Legislación mexicana...*, vol. 11, pp. 597-718.

9 de diciembre. Se publica el decreto del Congreso del día 7, que autoriza la publicación de los códigos de procedimientos civiles criminales.
Dublán y Lozano, *Legislación mexicana...*, vol. 11, p. 719.

20 de diciembre. Matías Romero, secretario de Hacienda y Crédito Público. Prórroga por dos años del contrato celebrado el 24 de diciembre de 1867,

con los señores Alexander e hijos de Nueva York y en consecuencia se abonará la subvención de 2,200 pesos a éstos por cada viaje redondo que hagan sus vapores entre Nueva York y Veracruz, durante el plazo expresado.
AHDF, Bandos, Caja 41, exp. 69.

**1872**

25 de enero. Ministerio de Gobernación. Reglamento del Consejo Superior de Salubridad.
Dublán y Lozano, *Legislación mexicana...*, vol. 12, pp. 100-101.

5 de febrero. Decreto del Gobierno. Se aprueba el contrato propuesto por la compañía del ferrocarril de Panamá para el establecimiento de una línea de vapores.
Dublán y Lozano, *Legislación mexicana...*, vol. 12, pp. 136-138.

6 de abril. Circular de de la Secretaría de Relaciones.- Sobre certificados de matrícula.
Dublán y Lozano, *Legislación mexicana...*, vol. 12, pp. 173-174.

13 de agosto. Código de procedimientos civiles para el Distrito Federal y territorio de la Baja California.
Dublán y Lozano, *Legislación mexicana...*, vol. 12, pp. 240-380.

**1873**

29 de mayo. Contrato celebrado entre el Ministerio de Fomento y el representante de la empresa del ferrocarril internacional de Tejas.
Dublán y Lozano, *Legislación mexicana...*, vol. 12, pp. 449-458.

12 de agosto. Decreto del Gobierno. Publica la convención celebrada con los Estados Unidos, prorrogando la de 4 de julio de 1868.
Dublán y Lozano, *Legislación mexicana...*, vol. 12, pp. 498-499.

20 de noviembre. Ministerio de Fomento. Contrato celebrado para la construcción de los ferrocarriles interoceánico e internacional.
Dublán y Lozano, *Legislación mexicana...*, vol. 12, pp. 523-533.

17 de diciembre. Decreto del Congreso. Aprueba el contrato celebrado en 15 de marzo de último, con la compañía limitada del ferrocarril mexicano.
Dublán y Lozano, *Legislación mexicana...*, vol. 12, pp. 542-548.

**1874**

15 de enero. Decreto del Congreso. Subvención a la línea de vapores de D. Antonio Offman y Urquía.
Dublán y Lozano, *Legislación mexicana...*, vol. 12, pp. 556-558.

17 de enero. Decreto del Congreso. Aprueba el contrato celebrado con los representantes de la Compañía mexicana limitada, para la construcción de un ferrocarril internacional e interoceánico.
Dublán y Lozano, *Legislación mexicana...*, vol. 12, pp. 560-570.

18 de febrero. Joaquín Othón Pérez, gobernador del Distrito Federal. Autorización para adjudicar a cualquier empresa la concesión que el 29 de mayo de 1873 se otorgó a Joaquín Ruiz, Vicente Hidalga y Dionisio J. De Velasco para construir y explotar un ferrocarril de la ciudad de Puebla a Izúcar de Matamoros, cuya concesión caduca el 30 de septiembre de 1873.
AHDF, Bandos, Caja 44, exp. 6.

1 de mayo. Tratado de extradición entre los Estados Unidos Mexicanos y el Rey de Italia. Secretaría de Estado y del despacho de Relaciones Exteriores. Sección de Europa.
Dublán y Lozano, *Legislación mexicana...*, vol. 12, pp. 581-582, 1874 [mayo 18. Joaquín Othón Pérez, gobernador del Distrito Federal. Tratado de extradición de criminales entre Italia y México].
AHDF, Bandos, Caja 44, exp. 16.

14 de julio. Tratado de amistad, comercio y navegación entre los Estados Unidos Mexicanos y S.M. el rey de Italia.
Dublán y Lozano, *Legislación mexicana...*, vol. 12, pp. 617-622.
AHDF, Bandos, Caja 44, exp. 30.

6 de agosto. Decreto del Gobierno. Se establece una aduana fronteriza en Tijuana.
Dublán y Lozano, *Legislación mexicana...*, vol. 12, p. 624, 1874.
AHDF, Bandos, Caja 44, exp. 32. [Con fecha 15 de agosto].

23 de septiembre. Ministerio de Relaciones. Franquicias que deben gozar los paquetes ingleses.
Dublán y Lozano, *Legislación mexicana...*, vol. 12, pp. 625-627.

21 de noviembre. Ministerio de Hacienda. Reglamento para el tráfico de buques con destino a los puertos de cabotaje para cargar ganado o madera.
Dublán y Lozano, *Legislación mexicana...*, vol. 12, pp. 643-645.

9 de diciembre. Decreto del Congreso. Manda construir una línea telegráfica de Oaxaca a San Cristóbal, de Chiapas.
Dublán y Lozano, *Legislación mexicana...*, vol. 12, p. 682.

14 de diciembre. Decreto autorizando que el Ministerio de Fomento expida los correspondientes títulos de terrenos baldíos en la Baja California, a los interesados que tengan las condiciones que se expresan.
Maza, *Código...*, pp. 823-825.

31 de diciembre. Joaquín Othón Pérez, gobernador del Distrito Federal. Devolución a Ramón Zangroniz la cantidad que a título de derecho de Fomento, del pago en la aduana marítima de Veracruz, por los materiales de construcción introducidos para el ferrocarril de Jalpa, en los vapores americanos City o Mérida y Jeddie.
AHDF, Bandos, Caja 44, exp. 76.

## 1875

10 de marzo, Decreto del Gobierno. Convención celebrada entre los Estados Unidos Mexicanos y los Estados Unidos de América, prorrogando el plazo concedido para fallar las reclamaciones de los ciudadanos de ambos países.
Dublán y Lozano, *Legislación mexicana...*, vol. 12, pp. 709-710.
AHDF, Bandos, Caja 44, exp. 93.

31 de mayo. Ley autorizando al Ejecutivo para que haga efectiva la colonización.
Maza, *Código...*, pp. 826-828.

5 de junio. Decreto del Congreso. Aprueba el contrato celebrado con el representante de la Compañía del ferrocarril internacional de Tejas, para la construcción de un ferrocarril de la ciudad de León hasta el río Bravo del Norte.
Dublán y Lozano, *Legislación mexicana...*, vol. 12, pp. 749-758.

16 de junio. Decreto del Congreso. Aprueba el contrato celebrado para la construcción de un ferrocarril en el Estado de Sonora.
Dublán y Lozano, *Legislación mexicana...*, vol. 12, pp. 758-767.

6 de diciembre. Decreto del Congreso. Ordena se hagan averiguaciones en Chiapas sobre los agravios inferidos por Guatemala.
Dublán y Lozano, *Legislación mexicana...*, vol. 12, pp. 795-796.

18 de diciembre. Decreto del Gobierno. Autoriza el establecimiento de un Banco hipotecario [a los Sres. Samuel Fergusson y c[ía.].
Dublán y Lozano, *Legislación mexicana...*, vol. 12, pp. 799-800.
AHDF, Bandos, Caja 45, exp. 75.

### 1876

19 de junio. Decreto del gobierno. Se traspasa a los Sres. Simon y Fergusson la concesión de un ferrocarril en el estado de Sonora [a Sebastián Camacho en nombre de Robert R. Simon; y a David Fergusson].
Dublán y Lozano, *Legislación mexicana...*, vol. 13, p. 204.
AHDF, Bandos, Caja 46, exp. 44.

21 de julio. Convención celebrada con los Estados Unidos para prorrogar al árbitro el plazo que fija el art. 2° del Tratado de 4 de julio de 1868.
Dublán y Lozano, *Legislación mexicana...*, vol. 13, pp. 73-75.

17 de noviembre. Decreto cediendo cinco sitios de terrenos baldíos para la colonia de la Ascensión del Cantón de Galeana del Estado de Chihuahua.
Maza, *Código...*, pp. 829-830.

### 1877

1 de julio. Ministerio de Hacienda. Reglamento de la Tesorería general de la Federación.
Dublán y Lozano, *Legislación mexicana...*, vol. 13, pp. 220-325.

20 de julio. Secretaría de Relaciones. Noticia sobre cambio en el estado civil de los extranjeros.
Leyes, decretos y resoluciones del Gobierno General (Emanadas del gobierno del Plan de Tuxtepec), México, Ediciones El Foro, 1877, vol. 4, p. 28.

20 de julio. Secretaría de Relaciones. Noticia de los extranjeros que adquieran bienes raíces.

Leyes, decretos y resoluciones del Gobierno General (Emanadas del gobierno del Plan de Tuxtepec), México, Ediciones El Foro, 1877, vol. 4, pp. 28-29.

25 de agosto de 1877. Dirigiendo un interrogatorio a los Gobernadores de los Estados sobre diversos datos necesarios para promover la colonización.
Maza, *Código...*, pp. 830-834.

18 de septiembre. Circular de la Secretaría de Hacienda. Sobre donativos para el pago de la deuda americana.
Dublán y Lozano, *Legislación mexicana...*, vol. 13, p. 352.

26 de septiembre. Secretaría de Relaciones. Propiedad raíz de extranjeros.
Leyes, decretos y resoluciones del Gobierno General (Emanadas del gobierno del Plan de Tuxtepec), vol. 4, pp. 102-103.

5 de octubre. Secretaría de Relaciones. Extradición.
Leyes, decretos y resoluciones del Gobierno General (Emanadas del gobierno del Plan de Tuxtepec), México, Ediciones El Foro, 1877, vol. 4, pp. 113-114.

6 de noviembre. Circular de la Secretaría de Relaciones. Reglas sobre extradición.
Dublán y Lozano, *Legislación mexicana...*, vol. 13, núm. 7677, pp. 366-367.
Leyes, decretos y resoluciones del Gobierno General (Emanadas del gobierno del Plan de Tuxtepec), México, Ediciones El Foro, 1877, vol. 4, pp. 133-135.

20 de noviembre. Secretaría de Relaciones. Propiedad raíz de extranjeros.
Leyes, decretos y resoluciones del Gobierno General (Emanadas del gobierno del Plan de Tuxtepec), México, Ediciones El Foro, 1877, vol. 4, pp. 159-160.

18 de diciembre. Circular de la Secretaría de Hacienda. Reforma la de 8 de septiembre último sobre manifiestos consulares.
Dublán y Lozano, *Legislación mexicana...*, vol. 13, pp. 389-390.

21 de diciembre. Decreto del Congreso. Autoriza al gobierno de Guanajuato para construir un ferrocarril.
Dublán y Lozano, *Legislación mexicana...*, vol. 13, pp. 395-402.

22 de diciembre. Decreto del Congreso. Autoriza la construcción de un ferrocarril de México a Toluca.
Dublán y Lozano, *Legislación mexicana...*, vol. 13, pp. 402-411.

**1878**

11 de enero. Secretaría de Fomento. Contrato celebrado con el C. Guillermo Andrade, para colonizar en terrenos de Sonora y la Baja California.
Dublán y Lozano, *Legislación mexicana...*, vol. 13. pp. 417-419.

14 de enero. Circular de la Secretaría de Hacienda. Se piden noticias sobre producción, trabajo y colonización.
Dublán y Lozano, *Legislación mexicana...*, vol. 13, pp. 419-420.

17 de enero. Circular de la Secretaría de Hacienda. Publica el contrato celebrado con L. C. García y Comp., de Veracruz, para subvencionar una línea de vapores entre los puertos mexicanos y La Habana, que fomentará la inmigración.
Dublán y Lozano, *Legislación mexicana...*, vol. 13, pp. 420-424.

17 de enero. Circular de la Secretaría de Hacienda. Contrato celebrado con la Compañía Alexandre e hijos para el establecimiento de una línea de vapores entre Veracruz y Nueva York.
Dublán y Lozano, *Legislación mexicana...*, vol. 13, pp. 424-427.

28 de enero. Decreto del Gobierno. Aprueba el contrato celebrado para la construcción de un ferrocarril entre Salamanca y la Costa del Pacífico.
Dublán y Lozano, *Legislación mexicana...*, vol. 13, pp. 441-450.

7 de febrero. Secretaría de Fomento. Contrato celebrado con M. J. P. Hale para la explotación de orchilla en Baja California.
Dublán y Lozano, *Legislación mexicana...*, vol. 13, pp. 453-454

22 de abril. Secretaría de Fomento. Autorización a Eduardo Armenta, Eduardo F. Manrique y Sebastián Navalón para formar una colonia en terrenos baldíos de Tehuantepec, entre los ríos Coatzacoalcos, Jicaltepec y Jimuapa.
Dublán y Lozano, *Legislación mexicana...*, vol. 13, pp. 503-504.

2 de mayo. Secretaría de Fomento. Bases para la escritura de contrato sobre colonización italiana con el capitán Enrico Valentino Conti, apoderado de la casa Barbieri de Génova.
Dublán y Lozano, *Legislación mexicana...*, vol. 13, pp. 506-508.

20 de junio. Secretaría de Fomento. Contrato con Gumersindo Hidalgo, para la colonización en México de inmigrantes de las Islas Canarias.
*La Colonia Española*, 9 de julio de 1878, p. 3
*La Libertad*, 11 de julio de 1878, p. 2.
*El Siglo Diez y Nueve*, 12 de julio de 1878, p. 2.

28 de junio. Secretaría de Fomento. Contrato sobre colonización celebrado con los Rivas, Borel y Cía. para colonizar con europeos en la Mesa de Coroneles o Metlaltoyuca.
Dublán y Lozano, *Legislación mexicana...*, vol. 13, pp. 589-590.
*La Colonia Española*, 12 de julio de 1878, p. 3
*El Siglo Diez y Nueve*, 16 de julio de 1878, p. 1.

12 de agosto. Secretaría de Hacienda. Reglamento de contra resguardo de la Frontera Norte.
Dublán y Lozano, *Legislación mexicana...*, vol. 13, pp. 604-614.

16 de agosto. Circular a los gobernadores, jueces de Distrito y Jefaturas, para que informen sobre las medidas que consideren eficaces para reformar el reglamento de corte de árboles.
Maza, *Código...*, pp. 845-847.

16 de agosto. Luís C. Curiel, gobernador del Distrito Federal. Para que sea debidamente reprimido el tráfico ilegal en la Frontera Norte todo habitante tendrá la facultad de dar aviso a todas las autoridades para que los efectos importados o internados de contrabando, sean consignados a las autoridades competentes.
AHDF, Bandos, Caja 48, exp. 73.

17 de septiembre. Decreto de Gobierno. Publica la convención para el arreglo de límites entre Guatemala y México.
Dublán y Lozano, *Legislación mexicana...*, vol. 13, pp. 633-638.

21 de septiembre. Secretaría de Fomento. Se modifica un contrato sobre colonización con Rivas, Borrell y Comp, para colonizar con europeos en la Mesa de Coroneles y Metlaltoyuca.
Dublán y Lozano, *Legislación mexicana...*, vol. 13, pp. 641-642.

1 de octubre. Secretaría de Fomento. Se declara que ha caducado un contrato sobre colonización italiana otorgado a Enrico Valentino Conti.
Dublán y Lozano, *Legislación mexicana...*, vol. 13, p. 644.
*El Siglo Diez y Nueve*, 8 de octubre de 1878, p. 3.

9 de octubre. Secretaría de Fomento. Contrato con Emilio Biebuyck y Cía. para colonización de Belgas.
Dublán y Lozano, *Legislación mexicana...*, vol. 13, pp. 651-653.

29 de octubre. Acuerdo de la Secretaría de Hacienda. Sobre herencias vacantes de extranjeros.
Dublán y Lozano, *Legislación mexicana...*, vol. 13, p. 658.

25 de noviembre. Eleuterio Avila secretario del Ministro de Relaciones Exteriores. Se informa al gobierno del Distrito Federal que el presidente de la República acordó el cumplimiento de la circular que establece la expedición obligatoria de matricular extranjeros.
AHDF, Colección Bandos, Caja 49, exp. 23.

27 de noviembre. Decreto del Congreso. Se aprueba el contrato celebrado con Emilio Biebuyck y Cía. para el establecimiento de una línea de vapores belga.
Dublán y Lozano, *Legislación mexicana...*, vol. 13, pp. 673-767.
AHDF, Colección Bandos, Caja 49, exp. 24.

27 de noviembre. Trinidad García, secretario de Gobernación. Se aprueba el contrato celebrado entre el Ejecutivo y los señores Emilio Biebuyck y Compañía para establecer una línea de vapores con el nombre de "Línea Interoceánica Belga-Mexicana".
AHDF, Bandos, Caja 49, exp. 24.

3 de diciembre. Trinidad García, secretario de Gobernación. Se reforma el contrato celebrado entre el Ejecutivo y el señor Guillermo Andrade de la compañía anónima de la "Línea acelerada del golfo de Cortés", que fue aprobado el 19 de noviembre de 1877.
AHDF, Colección Bandos, Caja 49, exp. 25.

**1879**

4 de febrero. Secretaría de Fomento. Contrato celebrado con C. W. Iberri, para colonizar con extranjeros y mexicanos la Isla de Ciari, en el estado de Sonora.
Dublán y Lozano, *Legislación mexicana...*, vol. 13, pp. 746-748.

11 de marzo. Circular de la Secretaría de Relaciones. Sobre expedición de pasaportes.
Dublán y Lozano, *Legislación mexicana...*, vol. 13, p. 755.

14 de abril. Secretaría de Fomento. Contrato celebrado con Gonzalo Ramos y Alfonso para establecer una colonia con familias procedentes de las Islas Canarias en el Istmo de Tehuantepec o en las inmediaciones de Jalapa.
Dublán y Lozano, *Legislación mexicana...*, vol. 13, pp. 784-786.
*Boletín Comercial de México*, 30 de abril de 1879, p. 1.

22 de abril. Secretaría de Guerra. Reglamento de maquinistas para los buques de comercio.
Dublán y Lozano, *Legislación mexicana...*, vol. 13, pp. 801-803.

2 de junio. Decreto del Congreso. Se autoriza la construcción de un ferrocarril en el Istmo de Tehuantepec.
Dublán y Lozano, *Legislación mexicana...*, vol. 13, p. 814.

30 de junio. Circular de la Secretaría de Gobernación. Organización del Consejo Superior de Salubridad.
Dublán y Lozano, *Legislación mexicana...*, vol. 13, pp. 868-869.

14 de julio. Secretaría de Gobernación. Reglamento del Consejo Superior de Salubridad.
Dublán y Lozano, *Legislación mexicana...*, vol. 14, pp. 5-7.

18 de agosto. Secretaría de Fomento. Disposición aprobando el establecimiento de una colonia proyectada en los terrenos de Tecate y otros en la Baja California.
Maza, *Código...*, pp. 851-853.

25 de agosto. Decreto del Ejecutivo. Publica la Convención que prorroga los plazos estipulados en la preliminar sobre límites entre México y Guatemala.
Dublán y Lozano, *Legislación mexicana...*, vol. 14, pp. 16-18.

7 de octubre. Secretaría de Guerra. Reglamento para el buen orden y policía de los puertos de mar.
Dublán y Lozano, *Legislación mexicana...*, vol. 14, pp. 122-149.

28 de octubre de 1879. Secretaría de Fomento. Contrato con David Fergusson, apoderado de la Compañía del Cable Mexicano, para el establecimiento de una línea telegráfica que partiendo de loa Estados Unidos del Norte América y tocando diversos puntos del territorio de México se ligue con las repúblicas de la América central.
*La Industria Nacional*, 6 de noviembre de 1879, p. 1.

## 1880

17 de mayo. Fomento. Bases para un contrato de colonización con David Fergusson, apoderado de J. Kelly y Cía. de Mazatlán, en el mineral de San Francisco, partido norte de Baja California, con sudamericanos y canarios.
Dublán y Lozano, *Legislación mexicana...*, vol. 14, 1880, pp. 256-259.

14 de agosto. Contrato celebrado entre el Oficial Mayor, encargado de la Secretaría de Fomento, en representación del Ejecutivo de la Unión, y Gustavo Sommer, para el arrendamiento de terrenos baldíos en la costa de Yucatán, con el exclusivo objeto de establecer cortes de maderas.
Maza, *Código...*, pp. 862-864.

8 de septiembre. Decreto del Gobierno. Contrato con Sebastián Camacho y Ramón G. Guzmán, en representación de la Compañía Limitada del Ferrocarril Central Mexicano, para la construcción de dos líneas del Ferrocarril Central Mexicano, una de México a la costa del Pacífico, y la otra de México a paso del Norte.
Dublán y Lozano, *Legislación Mexicana...*, vol. 14, pp. 404-416.

13 de septiembre. Decreto del Gobierno. Contrato con James Sullivan, como agente y en representación de la Compañía Constructora Nacional Méxicana, para la construcción de un ferrocarril de México al Océano Pacífico en el puerto de Manzanillo y de México a la frontera Norte en Laredo o en el Paso del Águila.
Dublán y Lozano, *Legislación mexicana...*, vol. 14, p. 460.
AHDF, Colección de bandos, Caja 50, exp. 74.

14 de septiembre. Decreto del Gobierno. Contrato celebrado para la construcción de un ferrocarril de Guaymas a la frontera Norte.
Dublán y Lozano, *Legislación mexicana...*, vol. 14, pp. 458-466.
AHDF, Colección de Bandos, Caja 50, exp. 78.

15 de septiembre. Secretaría de Justicia. Código de procedimientos penales.
Dublán y Lozano, *Legislación mexicana...*, vol. 15, pp. 3-76.

27 de noviembre. Decreto del Gobierno. Contrato celebrado para ligar el Ferrocarril de Morelos con el Mexicano entre Tepexpam e Irolo.
Dublán y Lozano, *Legislación mexicana...*, vol. 14, pp. 665-674.
AHDF, Colección de Bandos, Caja 51, exp. 7.

15 de diciembre. Decreto del Congreso. Aprueba el contrato celebrado para la construcción de un ferrocarril en el Estado de Yucatán.
Dublán y Lozano, *Legislación mexicana...*, vol. 14, pp. 689-697.

15 de diciembre. Decreto del Congreso. Aprueba el contrato celebrado en 29 de noviembre próximo pasado con Roberto R. Symon, para la construcción de un ferrocarril desde los terrenos carboníferos del río Yaqui hasta el punto llamado el "Morrito" en la bahía de Guaymas.
Dublán y Lozano, *Legislación mexicana...*, vol. 14, pp. 697-705.
AHDF, Colección de Bandos, Caja 51, exp. 21.

24 de diciembre. Secretaría de Relaciones. Noticia que deben dar los jueces del estado civil, de los cambios ocurridos en el estado civil de los extranjeros.
Dublán y Lozano, *Legislación mexicana...*, vol. 14, p. 707.

**1881**

10 de febrero. Decreto de la Legislatura del Estado de Coahuila, dispensando a Juan Willet y demás pobladores que se establezcan en la colonia del Nacimiento, del pago de contribuciones.
Maza, *Código...*, pp. 867-868.

23 de febrero. Decreto del Gobierno. Se aprueba el contrato celebrado para la construcción de un ferrocarril entre la ciudad de Campeche y la Villa de Kalkiní.
Dublán y Lozano, *Legislación mexicana...*, vol. 14, pp. 718-726.

7 de marzo. Secretaría de Fomento. Se aprueban los Estatutos de la Compañía Limitada del Ferrocarril Central Mexicano.
Dublán y Lozano, *Legislación mexicana...*, vol. 14, pp. 729-734.

11 de marzo. Secretaría de Relaciones. Sobre actas del estado civil de los extranjeros.
Dublán y Lozano, *Legislación mexicana...*, vol. 14, pp. 734-735.

11 de abril. Circular de la Secretaría de Gobernación. Sobre la libertad religiosa.
Dublán y Lozano, *Legislación mexicana...*, vol. 14, pp. 737-738.

29 de abril. Secretaría de Fomento. Circular pidiendo datos a los Gobernadores de los Estados, para la "Guía del inmigrante en México".
Maza, *Código...*, pp. 871-872.

26 de mayo. Decreto del Congreso. Se aprueba contrato celebrado para la construcción de un ferrocarril con el general Ulises S. Grant agente y representante de la Compañía del Ferrocarril Mexicano Meridional.
Dublán y Lozano. *Legislación mexicana...*, vol. 14, pp. 755-756.

28 de mayo. Secretaría de Fomento. Decreto en que se aprueba el contrato con James B- Eads para la construcción de un ferrocarril para transporte de buques por el Istmo de Tehuantepec, y se le conceden terrenos baldíos.
Maza, *Código...*, pp. 872-885.

7 de junio. Decreto del Gobierno. Contrato con la Cía. Internacional para la construcción de un ferrocarril de la ciudad de México hasta el río Bravo del Norte.
Dublán y Lozano, *Legislación mexicana...*, vol. 14, pp. 800-820.

7 de junio. Decreto del Gobierno. Contrato para la construcción del Ferrocarril Oriental Mexicano Interoceánico.
Dublán y Lozano, *Legislación mexicana...*, vol. 14, pp. 808-820.

13 de junio. Decreto del Gobierno. Contrato para la construcción de un ferrocarril de Piedras Negras a Topolobampo.
Dublán y Lozano, *Legislación mexicana...*, vol. 14, pp. 826-838.

22 de junio. Decreto del Gobierno. Contrato para la construcción de un ferrocarril a lo largo de la costa del Pacífico.
Dublán y Lozano, *Legislación mexicana...*, vol. 14, pp. 844-852.

6 de julio, Decreto del Gobierno. Contrato con Sebastián Camacho y Ramón Guzmán, en representación de la Compañía Limitada del Ferrocarril Central Mexicano, para la prolongación de la línea del ferrocarril de San Luis Potosí a Tamaulipas, hasta el puerto de Tampico.
Dublán y Lozano, *Legislación mexicana...*, vol. 16, p. 4.

12 de julio, Decreto del Gobierno. Contrato con Manuel Payno para la construcción y explotación de una línea interoceánica de ferrocarril no subvencionada, entre Nautla y Tampico.
Dublán y Lozano, *Legislación mexicana...*, vol. 16, pp. 5-13.

29 de julio. Decreto del Gobierno. Contrato con José María Amat, a nombre de la Cía. Del Ferrocarril de la Mesa Central, para la construcción de un ferrocarril de México a Toluca.
Dublán y Lozano, *Legislación mexicana...*, vol. 16, pp. 36-45.

3 de agosto. Decreto del Gobierno. Contrato con Manuel Romero Rubio y José Revuelta para la construcción de un ferrocarril de Puebla a Tlajiaco.
Dublán y Lozano, *Legislación mexicana...*, vol. 16, pp. 57-67.

12 de agosto. Decreto del Gobierno. Se habilita para el comercio extranjero el punto llamado "Tijuana" en la Baja California.
Dublán y Lozano, *Legislación mexicana...*, vol. 16, p. 80.

24 de agosto. Decreto del Gobierno. Contrato celebrado con James Sullivan, en representación de la Compañía Constructora Nacional Mexicana, para la construcción de un ferrocarril entre Mier y Guerrero.
Dublán y Lozano, *Legislación mexicana...*, vol. 16, pp. 82-89.

26 de agosto. Decreto del Gobierno. Contrato celebrado con Thomas Horncastle, Daniel M. Donnelly, Andrés Santander y la Compañía del Ferrocarril de la Huasteca, para la construcción de varias vías férreas en el Distrito Federal, Hidalgo, Veracruz y San Luis Potosí.
Dublán y Lozano, *Legislación mexicana...*, vol. 16, pp. 90-99.

31 de agosto. Decreto de Gobierno, Contrato con Manuel Romero Rubio, en representación de Clay Wise y socios, el deslinde y colonización de terrenos baldíos en el Estado de Chiapas.
*Diario Oficial*, número 210, 3 de septiembre de 1881, en *Memoria de Fomento*, p. 71.

14 de septiembre. Decreto del Gobierno. Tarifa de precios y terrenos baldíos.
Dublán y Lozano, *Legislación mexicana...*, vol. 16, pp. 100-101.

14 de septiembre. Decreto del Gobierno. Contrato con el general Pedro A. González, para la construcción de un ferrocarril de la villa de Pichucalco al paso de Cosahuayapa.
Dublán y Lozano, *Legislación mexicana...*, vol. 16, pp. 101-110.

20 de septiembre. Decreto del Gobierno. Contrato con Antonio Coutolene, para la construcción de un ferrocarril entre la estación de San Andrés Chalchicomula y la población del mismo nombre.
Dublán y Lozano, *Legislación mexicana...*, vol. 16, pp. 110-118.

28 de octubre, Circular de la Secretaría de Relaciones. Sobre la prohibición del artículo 37 de la Constitución, para que los mexicanos que presten servicios oficiales a gobiernos extranjeros no admitan condecoraciones.
Dublán y Lozano, *Legislación mexicana...*, vol. 16, pp. 139-140.

8 de diciembre. Decreto del Gobierno. Se aprueba el Contrato con John Frisbie, en representación de la Compañía Constructora Internacional, que modifica la concesión del ferrocarril de México a la frontera norte (Piedras Negras).
Dublán y Lozano, *Legislación mexicana...*, vol. 16, pp. 157-159.

12 de diciembre. Decreto del Gobierno. Contrato con Ignacio Alas y Tomás Rogers celebrado para la construcción de un ferrocarril en la Baja California y Sonora.
Dublán y Lozano, *Legislación mexicana...*, vol. 16, pp. 160-168.

15 de diciembre. Circular de la Secretaría de Fomento. Recomienda a las Empresas ferrocarrileras que sus empleados, que tengan a su cargo una o más cuadrillas, conozcan el idioma del país.
Dublán y Lozano, *Legislación mexicana...*, vol. 16, p. 172.

23 de diciembre. Decreto del Gobierno. Contrato Celebrado con Delfín Sánchez para la construcción de un ferrocarril que partiendo de la garita de Peralvillo se ligue a los Reyes con el de Irolo.
Dublán y Lozano, *Legislación mexicana...*, vol. 16, pp. 182-183.

## 1882

7 de enero. Decreto del Gobierno. Contrato celebrado con Héctor Castro por la Compañía del Ferrocarril Tamaulipeco Internacional para la construcción de un ferrocarril de San Fernando a Tampico.
Dublán y Lozano, *Legislación mexicana...*, vol. 16, pp. 192-201.

7 de enero. Decreto del Gobierno. Contrato celebrado con Eduardo C. Wise para establecer un ferrocarril en el puerto de San Benito y el pueblo de Tapachula en el Estado de Chiapas.
Dublán y Lozano, *Legislación mexicana...*, vol. 16, pp. 201-211.

24 de enero. Decreto del Gobierno. Contrato celebrado con Guillermo Andrade para establecer un ferrocarril de Puerto Isabel con dirección a la frontera, para conectarse con San Francisco, California.
Dublán y Lozano, *Legislación mexicana...*, vol. 16, pp. 216-217.

30 de enero. Ramón Fernández, gobernador del Distrito Federal. Bases dispuestas para reglamentar el servicio de ferrocarriles, telégrafos y teléfonos construidos o que se construyan en territorio mexicano.
AHDF, Bandos, Caja 51, exp. 64.

21 de febrero. Carlos Diez Gutiérrez, secretario de Gobernación. Como medida preventiva para evitar la propagación o brotes de la viruela negra importada por los emigrantes extranjeros, el Consejo Superior de Salubridad propone que se hagan saber a los gobernadores de los estados la declaración de la Junta de Sanidad de Washington, que dio carácter epidémico a la enfermedad en los Estados Unidos.
AHDF, Colección de Bandos, Caja 51, exp. 70.

22 de mayo. Decreto del Gobierno. Contrato con Guillermo Andrade y socios para el deslinde y colonización de las islas Ángel de la Guarda y Tiburón en el Golfo de Cortés, así como la pesca en una zona del litoral de los Estados de Sinaloa y Sonora.
*Memoria de Fomento...*, p. 71.

30 de mayo, Decreto del Congreso. Aprueba el contrato celebrado para la construcción de un ferrocarril de San Luis Potosí que entronque con el Central.
Dublán y Lozano, *Legislación mexicana...*, vol. 16, pp. 271-272.

29 de junio de 1882, Secretaría de Relaciones. Resolución del ministerio de Relaciones, para que a los extranjeros no se les admita denuncia de terrenos baldíos, sin la previa presentación del certificado de matrícula.
Maza, *Código...*, pp. 917-918.

12 de septiembre. Decreto de Gobierno. Se pactó con Rousenthal y Kuhn la introducción de cincuenta familias de inmigrantes industriales a la República.
*Diario Oficial*, núm. 219, 13 de mayo de 1882, en *Memoria de Fomento*, p. 70.

3 de octubre. Circular de la Secretaría de Fomento. Sobre matricula de los extranjeros.
Dublán y Lozano, *Legislación mexicana...*, vol. 16, pp. 324-325.
Maza, *Código...*, pp. 922-923.

13 de octubre. Decreto del Gobierno. Contrato celebrado con José María Amat para la construcción de un ferrocarril en la Mesa Central, de la ciudad de México a Cuernavaca.
Dublán y Lozano, *Legislación mexicana...*, vol. 16, pp. 331-332.

26 de octubre. Circular de la Secretaría de Fomento. Recomienda a las empresas de ferrocarril que los empleados de las estaciones conozcan el idioma del país.
Dublán y Lozano, *Legislación mexicana...*, vol. 16, pp. 333-334.

9 de noviembre. Decreto del Gobierno. Reforma de los contrato celebrados con la Compañía limitada del ferrocarril de Sinaloa a Durango.
Dublán y Lozano, *Legislación mexicana...*, vol. 16, pp. 335-338.
12. Los colonos e inmigrantes, en su transporte por las líneas de la Compañía, gozarán de las rebajas concedidas a la fuerza armada, y los empleados fiscales que acompañen carga internacional, disfrutarán de pase libre, pero en ambos casos se expedirán órdenes especiales por la secretaría de fomento. (p. 338.)

15 de noviembre. Decreto del Gobierno. Tarifa de precios de terrenos baldíos.
Dublán y Lozano, *Legislación mexicana...*, vol. 16, pp. 339-340.

5 de diciembre. Decreto del Gobierno. Reforma el contrato con John H. Rice y Albert K. Owen, en representación de la Compañía del ferrocarril y telégrafo de Texas a Topolobampo y el Pacífico.
Dublán y Lozano, *Legislación mexicana...*, vol. 16, pp. 353-357.

11 de diciembre. Decreto del Congreso. Aprueba el contrato celebrado con Jorge Hammeken y Mexia y Leonardo Fortuño, como representantes de Mariano Fortuño, para la construcción de un ferrocarril entre Santa Ana Chautempam y Tlaxcala.
Dublán y Lozano, *Legislación mexicana...*, vol. 16, pp. 365-373.

14 de diciembre. Decreto del Congreso. Aprueba el contrato celebrado con el general Pedro Baranda y el coronel Miguel García Miravete, para la construcción de un ferrocarril, con un telégrafo o teléfono, entre San Andrés Tuxtla y el puerto de Santacomapam, Veracruz.
Dublán y Lozano, *Legislación mexicana...*, vol. 16, pp. 377-385.

14 de diciembre. Decreto del Congreso. Aprueba el contrato celebrado con Juan Peón Contreras para la construcción de un ferrocarril entre Valladolid y San Celso, Yucatán.
Dublán y Lozano, *Legislación mexicana...*, vol. 16, pp. 385-394.

14 de diciembre. Decreto del Congreso. Ley orgánica de los artículos 101 y 102 se la Constitución sobre el derecho de Amparo.
Dublán y Lozano, *Legislación mexicana...*, vol. 16, pp. 394-403.

**1883**

10 de enero. Contrato con Isidoro Epstein, para promover la inmigración alemana, agrícola en la República Mexicana.
*El Monitor Republicano*, 16 de enero de 1883, p. 1.

6 de febrero. Abrogación de la circular del 27 de junio de 1879, sobre enajenación de terrenos nacionales a extranjeros.
Maza, *Código...*, pp. 925-926.

13 de febrero. Refundición de las concesiones hechas al Ferrocarril Interoceánico de Acapulco, Morelos, México, Irolo y Veracruz.
Dublán y Lozano, *Legislación mexicana...*, vol. 16, pp. 453-457.

28 de febrero. Contrato celebrado entre el secretario de Fomento y Luis Verdier, para promover la inmigración irlandesa, alemana y francesas agrícola a la República Mexicana. *El Siglo Diez y Nueve*, 7 de marzo de 1883, p. 1.
*Diario Oficial*, núm. 53, 2 de marzo de 1883, en *Memoria de Fomento*, p. 71.

31 de marzo. Contrato con Conrado Flores, por sí y a nombre de Santiago Hale y Comp., para el deslinde y colonización de terrenos baldíos en el Territorio de Baja California.
*Diario Oficial*, núm. 85, 9 de abril de 1883, en *Memoria de Fomento*, p. 71.

6 de abril. Jesús Fuentes y Muñiz, secretario de Hacienda y Crédito Público. Acuerdo dictado por el presidente para que los mexicanos que regresen por las fronteras de los Estados Unidos a radicar a la República Mexicana se les permita la libre introducción de derechos de importación de víveres, herramientas, máquinas, carros, muebles, etcétera.
AHDF, Colección de Bandos, Caja 53, exp. 4.

1 de mayo. Decreto del Gobierno. Publica el Tratado de límites territoriales entre México y Guatemala.
Dublán y Lozano, *Legislación mexicana...*, vol. 16, pp. 472-475.
[Firmado en la ciudad de México el 27 de septiembre de 1882, aprobado por el Senado el 17 de octubre de 1882, entra en vigor 1 de mayo de 1883.]

12 de mayo. Decreto del Congreso. Contrato celebrado con Policarpio Valenzuela para la construcción de un ferrocarril entre Villa Cárdenas y el paso del río Grijalva.
Dublán y Lozano, *Legislación mexicana...*, vol. 16, pp. 489-498.

21 de mayo. Decreto del Congreso. Contrato celebrado con Manuel Saavedra para establecer un ferrocarril entre el puerto de San Benito y el pueblo de Tapachula en el estado de Chiapas.
Dublán y Lozano, *Legislación mexicana...*, vol. 16, pp. 504-513.

25 de mayo. Decreto del Congreso. Contrato celebrado con Agustín del Río para establecer un ferrocarril con su telégrafo y teléfono entre Toluca y el pueblo de San Juan de las Huertas en el estado de México.
Dublán y Lozano, *Legislación mexicana...*, vol. 16, pp. 514-523.

2 de junio. Decreto del Congreso. Contrato celebrado con Tomás Braniff, como representante del Ferrocarril Mexicano para la construcción de un muelle provisional en Veracruz.
Dublán y Lozano, *Legislación mexicana...*, vol. 16, pp. 529-530.

4 de junio. Contrato celebrado con Ángel Martínez y Pedro Landázuri para estableces por su cuenta o por la compañía que al efecto organicen, colonias agrícolas, mineras, fabriles e industriales, en el Estado de Colima.
*El Siglo Diez y Nueve*, 11 de junio de 1883, pp. 1-2.
*Diario Oficial*, 9 de junio de 1883, en *Memoria de Fomento*, p. 72.

5 de junio. Contrato celebrado con Pedro Landázuri, para establecer por su cuenta o por la de la Compañía que organice, colonias agrícolas, mineras, fabriles e industriales en el Estado de Jalisco, de la República mexicana.
*El Siglo Diez y Nueve*, 14 de junio de 1883, pp. 1-2.
*Diario Oficial*, 9 de junio de 1883, en *Memoria de Fomento*, p. 72.

11 de junio. Carlos Pacheco, secretario de Fomento, Colonización, Industria y Comercio Reglamento para organizar la Estadística General de la República.
Dublán y Lozano, *Legislación mexicana...*, vol. 16, pp. 559-573.
AHDF, Colección de Bandos, Caja 53, exp. 17.

14 de junio. Ley disponiendo sean admitidos los títulos de la deuda pública en la compra de terrenos baldíos, por la parte que corresponde a la Federación.
Maza, *Código...*, pp. 926-929.

10 de julio. Contrato con Manuel Campos Díaz y Comp., para el establecimiento de una agencia de inmigración en los estados de Yucatán y Campeche, para la introducción de colonos extranjeros.
*Diario Oficial*, 30 de julio de 1883, *Memoria de Fomento*, p. 72.

20 de julio. Contrato con Ignacio Gómez del Campo para deslinde y colonización de terrenos baldíos en los ríos Yaqui y Mayo, del estado de Sonora.
*Diario Oficial*, 25 de julio de 1883, en *Memoria de Fomento*, p. 72.

31 de julio. Secretaría de Estado y del Despacho de Relaciones Exteriores. Tratado de amistad y comercio entre los Estados Unidos Mexicanos y el Imperio Alemán.
*El Monitor Republicano*, 15 de agosto de 1883, pp. 1-2.

27 de septiembre. Contrato con Federico Méndez Rivas para deslinde y colonización de terrenos baldíos en los estados de Tabasco y Chiapas.
*Diario Oficial*, 2 de octubre de 1883 en *Memoria de Fomento*.

15 de octubre. Decreto de la Cámara de Diputados. Autoriza al Ejecutivo para hacer los gastos necesarios para la Comisión Científica de límites entre México y Guatemala.
Dublán y Lozano, *Legislación mexicana...*, vol. 16, p. 602.
AHDF, Colección de Bandos, Caja 53, exp. 29.

9 de noviembre. Contrato con Ignacio Gómez del Campo y Comp., para colonización de terrenos baldíos en el Estado de Chihuahua.
*Diario Oficial*, 13 de noviembre de 1884, en *Memoria...*

8 de diciembre. Decreto de concesión de cinco sitios de ganado mayor en terrenos baldíos a los habitantes de la nueva Colonia de la Ascensión, en Chihuahua.
Dublán y Lozano, *Legislación mexicana...*, vol. 16, pp. 646-647.
Maza, *Código*, pp. 935-936.

15 de diciembre. Decreto del Congreso. Ley sobre colonización y deslinde de terrenos baldíos.
Dublán y Lozano, *Legislación mexicana...*, vol. 16, pp. 663-667.
Maza, *Código...*, pp. 937-945.
*El Siglo Diez y Nueve*, 28 de diciembre de 1883, pp. 1-2.
[Firmada por Aristeo Mercado, diputado presidente, Guillermo Palomino, senador presidente, Saturnino Ayón, diputado secretario, Enrique María Rubio, senador secretario. Carlos Pacheco, secretario de Fomento y Manuel González, presidente de la República.]

**1884**

1 de marzo. Contrato con Irineo Paz y Comp., para el deslinde y colonización de terrenos baldíos en Baja California.
*Diario Oficial*, 4 de marzo de 1884, en *Memoria de Fomento*.

31 de marzo. Ministerio de Justicia e Instrucción Pública. Código Civil del Distrito Federal y Territorio de Baja California Ministerio de Justicia e Instrucción Pública.

Dublán y Lozano, *Legislación mexicana...*, vol. 15, pp. 317-439.
Maza, *Código...*, pp. 946-947.

15 de abril. Ministerio de Justicia e Instrucción Pública. Código de Comercio.
Dublán y Lozano, *Legislación mexicana...*, vol. 15, pp. 571-747.

15 de abril. Contrato con Benigno Ríos para el deslinde y colonización de terrenos baldíos en los cantones de Jalacingo, Misantla, Papantla, Túxpam, Tampico, Tantoyuca, Chicontepec, Ozuluama y Coatepec en el estado de Veracruz.
*Diario Oficial*, 14 de junio de 1884, en *Memoria de Fomento*.

15 de mayo. Código de procedimientos civiles.
Dublán y Lozano, *Legislación mexicana...*, vol. 15, pp. 749-897.

31 de mayo. Decreto del Congreso. Aprueba el contrato con Eduardo Noetzlin, apoderado y representante del Consejo de Administración del Banco Nacional Mexicano, reformando los contratos de 16 de agosto de 1881, aprobados por la ley del 16 de noviembre del mismo año, sobre establecimiento del Banco referido.
Dublán y Lozano, *Legislación mexicana...*, vol. 16, pp. 768-775.

31 de mayo. Acuerdo de la Secretaría de Hacienda. Se aprueban los Estatutos del Banco Nacional Mexicano.
Dublán y Lozano, *Legislación mexicana...*, vol. 16, pp. 775-789.

5 de junio. Contrato con Tomás Macmanus y Comp., para el establecimiento de colonias agrícolas, mineras e industriales en el estado de Chihuahua.
*Diario Oficial*, 30 de junio de 1884, en *Memoria de Fomento.*

23 de junio. Contrato con Adolfo Bülle para el delinde [*sic*] y colonización de terrenos baldíos en Sonora y Baja California.
*Diario Oficial*, 30 de junio de 1884, en *Memoria...*

26 de junio. Contrato con Felipe Arellano y socios para el establecimiento hasta de tres colonias industriales en el Distrito Federal y en algún o algunos de los estados de la República, para la fabricación de cerveza y de wiskey, y la preparación y conservación de carnes y frutas de todas clases en gran escala.
*Diario Oficial*, 27 de junio de 1884, en *Memoria...*

11 de julio. Contrato a Antonio Azúnsolo y Compañía, para deslinde y colonización de terrenos baldíos en los Estados de Chihuahua y Durango.
*El Siglo Diez y Nueve*, 23 de agosto de 1884, p. 1.
*Diario Oficial*, 12 de julio de 1884, en *Memoria de Fomento*.

21 de julio. Contrato a Luis Huller y Compañía, para colonizar terrenos baldíos en la Baja California y la isla de Cedros.
*El Siglo Diez y Nueve*, 25 de julio de 1884, pp. 1-2.
*Diario Oficial*, 22 de agosto de 1884, en *Memoria de Fomento*.

6 de agosto. Contrato a favor de Justo Sierra y Fernando Zetina, para deslindar, fraccionar y colonizar con europeos y mexicanos las islas de Cozumel y de Mujeres en Yucatán.
Maza, *Código...*, pp. 951-956.
*El Siglo Diez y Nueve*, 21 de agosto de 1884, pp. 1-2.
*Diario Oficial*, 18 de agosto de 1883, en *Memoria de Fomento*, p. 952.

17 de septiembre. Contrato con Manuel Orellana Nogueras y Comp., para el deslinde y colonización de terrenos baldíos en el estado de Guanajuato.
*Diario Oficial*, 20 de septiembre de 1884, en *Memoria de Fomento*.

27 de octubre. Decreto del Gobierno. Publica el arreglo preliminar celebrado con la Gran Bretaña para reanudar las relaciones entre ambos países,
Dublán y Lozano, *Legislación mexicana...*, vol. 17, pp. 23-27.

31 de octubre. Secretaría de Relaciones. Convenio celebrado con los Estados Unidos sobre paso de tropas de una y otra nación.
Dublán y Lozano, *Legislación mexicana...*, vol. 17, pp. 28-29.

3 de noviembre. Contrato con Efrén Baca para el establecimiento de colonias en las Mesteñas y terrenos adyacentes.
*Diario Oficial*, 7 de noviembre de 1884, en *Memoria de Fomento*.

17 de noviembre. Circular de la Secretaría de Fomento. Declara que no son denunciables los terrenos baldíos comprendidos en los medios y deslindados por las empresas de colonización.
Dublán y Lozano, *Legislación mexicana...*, vol. 17, p. 45.
Maza, *Código...*, pp. 959-960.

22 de noviembre. Código de Minería.
Dublán y Lozano, *Legislación mexicana...*, vol. 17, pp. 898-922.

28 de noviembre. Manuel Fernández, oficial mayor encargado del Despacho de Fomento, Colonización, Industria y Comercio de la República Mexicana. Reglamento para la organización de las Diputaciones de Minería y arancel para el cobro de derechos y honorarios.
AHDF, Bandos, Caja 54, exp. 38.

2 de diciembre. Carlos Rivas, gobernador del Distrito Federal. Reforma al artículo 124 de la Constitución Federal referente a la abolición de alcabalas y aduanas interiores en el Distrito Federal y territorios de la Federación.
AHDF, Bandos, Caja 54, exp. 39.

30 de diciembre. Decreto de Gobierno. Tarifa de terrenos baldíos para el bienio de 1885-1886, Dublán y Lozano, *Legislación mexicana...*, vol. 17, pp. 98-99.
Maza, *Código...*, pp. 960-962.

**1885**

8 de enero. Acuerdo de la Secretaría de Fomento. Que no se admitan denuncios de terrenos baldíos de Tehuantepec.
Dublán y Lozano, *Legislación mexicana...*, vol. 17, p. 104.

9 de febrero. Circular de la Secretaría de Fomento. Reglas para clasificar los terrenos baldíos.
Dublán y Lozano, *Legislación mexicana...*, vol. 17, pp. 129-130.

4 de marzo. Contrato con Daniel Levy para establecer hasta doscientas familias de colonos extranjeros para dedicarlos a los cultivos del tabaco y otros en los estados de Veracruz y Oaxaca.
*Diario Oficial*, 9 de marzo de 1885.

12 de marzo. Contrato con R. H. de Bergue y Comp., para el establecimiento de colonos ingleses, irlandeses, escoceses, cubanos, portorriqueños y de la isla de Jamaica, en los terrenos de su propiedad en los estados de San Luis Potosí, Tamaulipas y Veracruz.
*Diario Oficial*, 16 de marzo de 1885, en *Memoria de Fomento*.

22 de mayo. Manuel Dublán, secretario de Estado y del despacho de Hacienda y Crédito Público. Reglas para el despacho de los equipajes y efectos pertenecientes a los Ministros y agentes diplomáticos extranjeros.
AHDF, Bandos, Caja 55, exp. 22.

28 de mayo. Contrato con Alberto Sánchez y Comp., para el arrendamiento de la Isla de Guadalupe en el Océano Pacífico para su explotación y colonización.
*Diario Oficial*, 3 de junio de 1885, en *Memoria de Fomento.*

2 de junio. Contrato con Ignacio Franchi Alfaro y Comp., para el establecimiento de colonos en terrenos de su propiedad ubicados en la sierra de Guanajuato y en el estado de Michoacán.
*Diario Oficial*, 15 de junio de 1885, en *Memoria de Fomento.*

22 de junio. Manuel Dublán, secretario de Hacienda y Crédito Público. Ley para la consolidación y conversión de la deuda nacional.
AHDF, Bandos, Caja 85, exp. 2, f. 48.

22 de junio. Ley para la consolidación de la deuda pública, cuyos créditos serán admitidos para su amortización en el precio de terrenos baldíos.
Maza, *Código...*, pp. 971-992.

23 de junio. Disposición declarando que las compañías deslindadoras serán las responsables de daños y prejuicios, cuando en la habilitación de terrenos baldíos no se proceda con la debida justificación.
Maza, *Código...*, pp. 992-993.

27 de junio. Disposición para que los jueces de Distrito de Chiapas, Tabasco, Yucatán y Campeche no admitan denuncios de terrenos baldíos que existan en la zona limítrofe con Guatemala.
Maza, *Código...*, pp. 993-994.

11 de julio. Manuel Dublán, secretario de Hacienda y Crédito Público. Se acuerda que los equipajes de los extranjeros que lleguen por los ferrocarriles a la República, una vez reconocidos y despachados por las aduanas respectivas, los crucen con alambre sujetado con sellos de plomo, para que así lleguen a su destino.
AHDF, Bandos, Caja 85, exp. 2, f. 51.

16 de julio. Circular de la Secretaría de Gobierno. Medidas para prevenir la invasión de cólera asiático, Dublán y Lozano, *Legislación mexicana...*, vol. 17, núm. 9279, 1884, pp. 288-298.
[Se informa sobre la epidemia de cólera asiático en España. Los barcos tienen que pasar por la autorización de la Junta de Sanidad y en caso de presentarse alguna sospecha o algún enfermo deben pasar a una situación de observancia o aislamiento.]
AHDF, Colección de Bandos, Caja 55, exp. 34.

16 de julio. Circular de la Secretaría de Fomento. Sobre terrenos baldíos, Dublán y Lozano, *Legislación mexicana...*, vol. 17, p. 298.

27 de agosto. Manuel Romero Rubio, secretario de Estado y del Despacho de Gobernación. Recomendaciones a la Junta de Sanidad referentes a los informes de los estados de salubridad de los buques que arriban a puertos mexicanos, con el fin de prevenir la invasión o preparación de enfermedades contagiosas.
AHDF, Bandos, Caja 55, exp. 43.

28 de agosto. Contrato con Mariano García para la colonización de los terrenos que para el efecto se le vendieron en el cantón de Degollado, del estado de Chihuahua.
*Diario Oficial*, 1 de septiembre de 1885, en *Memoria de Fomento*.

28 de agosto. Contrato con Luis García Teruel para la colonización de los terrenos que para el efecto se le vendieron en el cantón de Galeana, en el estado de Chihuahua.
*Diario Oficial*, 1 de septiembre de 1885, en *Memoria de Fomento*.

16 de octubre. Secretaría de Relaciones. Convenio celebrado con los Estados Unidos prorrogando el plazo señalado en el de 31 de octubre de 1884, sobre paso recíproco de las fuerzas de ambos gobiernos del territorio del otro.
Dublán y Lozano, *Legislación mexicana...*, vol. 17, pp. 314-315.

19 de octubre. Secretaría de Fomento, Colonización, Industria y Comercio. Informe que rinde el Secretario de Fomento a la Honorable Cámara de Diputados sobre colonización y terrenos baldíos. Impreso en México, oficina Tipografía de la Secretaría de Fomento, calle de San Andrés, 1885, núm. 15.
AHDF, Caja 55, exp. 62.

19 de noviembre. Secretaría de Relaciones. Convenio celebrado con la República de Guatemala sobre prórroga del plazo fijado en el Tratado de Límites.
Dublán y Lozano, *Legislación mexicana...*, vol. 17, pp. 321-322.

7 de diciembre. Manuel Dublán, secretario de Estado y del Despacho de Hacienda y Crédito Público. El cónsul alemán en el puerto de Mazatlán pide que no se cobren derechos de toneladas a los buques de su nación, argumentando que tampoco se cobran a los buques estadounidenses por el tratado de comercio entre México y los Estados Unidos de 1831. Se comunica que dicho tratado fenecido en 1881, por lo que los buques americanos ya deben pagar los derechos correspondientes en las aduanas mexicanas.
AHDF, Bandos, Caja 55, exp. 54.

20 de diciembre. Reglamento del Registro de Comercio.
Dublán y Lozano, *Legislación mexicana...*, vol. 15, pp. 743-747.

21 de diciembre. Manuel Romero Rubio, secretario de Estado y del Despacho de Gobernación. Medidas para que las Juntas de Sanidad de los puertos de la República expresen los estados de salubridad de los buques que arriban, sin necesidad de recogerles las patentes sanitarias.
AHDF, Caja 55, exp. 57.

**1886**

23 de enero. Circular de la Secretaría de Fomento. Estampillas de la Renta interior del Timbre de los títulos de adjudicación de terrenos baldíos.
Dublán y Lozano, *Legislación mexicana...*, vol. 17, pp. 354-355.

30 de enero. Circular de la Secretaría de Fomento. Bases para el arreglo de excedencias de baldíos.
Dublán y Lozano, *Legislación mexicana...*, vol. 17, pp. 360-363.

18 de febrero. Circular de la Secretaría de Fomento. Sobre pago del precio de venta de terrenos baldíos.
Dublán y Lozano, *Legislación Mexicana...* vol. 17, p. 369.

20 de febrero. Circular de la Secretaría de Hacienda. Se excita á los promotores fiscales para que activen el cobro de los adeudos por terrenos baldíos.
Dublán y Lozano, *Legislación mexicana...*, vol. 17, p. 370.

22 de febrero. Circular de la Secretaría de Hacienda. Sobre expedición del títulos y cobro de precio de terrenos baldíos.
Dublán y Lozano, *Legislación mexicana...*, vol. 17, pp. 370-371.

28 de mayo. Decreto del Congreso. Ley de extranjería y naturalización, Dublán y Dublán Lozano, *Legislación mexicana...*, vol. 17, pp. 474-481.
AHDF, Bandos, Caja 56, exp. 27.

28 de mayo. Decreto que dispone que los extranjeros, para la adquisición de terrenos baldíos y nacionales, no necesitan residir en la República, quedando sujetos a las restricciones de las leyes vigentes. Ley sobre Extranjería y Naturalización,
Maza, *Código...*, pp. 1038-1050.

1 de junio. Circular de la Secretaría de Fomento. Medidas decretadas para el pago del precio de terrenos baldíos.
Dublán y Lozano, *Legislación mexicana...*, vol. 17, p. 498.

28 de junio. M. Fernández, secretario de Fomento, Colonización e Industria. Se traspasa a J. Augusto Verger, la concesión otorgada el 13 de octubre de 1882 a José María Amat para la construcción y explotación de un ferrocarril llamado Ferrocarril Mexicano de la Mesa Central.
AHDF, Bandos, Caja 56, exp. 24.

14 de agosto. Circular de la Secretaría de Relaciones. Causas criminales contra extranjeros.
Dublán y Lozano, *Legislación mexicana...*, vol. 17, p. 609.

29 de septiembre. Decreto del Gobierno. Convenio con los Estados Unidos respecto de la línea divisoria en la parte que sigue el techo del Río Grande y del Río Gila.
Dublán y Lozano, *Legislación mexicana...*, vol. 17, pp. 618-620.

10 de octubre. Decreto de Gobierno. Tratado de Amistad, comercio y navegación con Suecia Noruega.
Dublán y Lozano, *Legislación mexicana...*, vol. 17, pp. 629-638.

3 de noviembre. Decreto del Congreso. Aprueba el contrato celebrado John H. Rice y Albert K. Owen, representantes de la compañía del ferrocarril de

Texas, Topolobampo y Pacífico, para el establecimiento de una colonia en la Bahía de Topolobampo.
Dublán y Lozano, *Legislación mexicana...*, vol. 17, pp. 652-656.

11 de noviembre. Circular de la Secretaría de Fomento. Los extranjeros pueden votar en las elecciones de Diputaciones de Minería.
Dublán y Lozano, *Legislación mexicana...*, vol. 17, p. 657.

6 de diciembre. Decreto del Congreso. Aprueba el contrato celebrado con W. Brodrick Cloete y Roberto Symon para el establecimiento de colonias en Coahuila.
Dublán y Lozano, *Legislación mexicana...*, vol. 17, pp. 672-674.

11 de diciembre. Circular de la Secretaría de Fomento. Sobre la tarifa para la venta de terrenos baldíos en el bienio de 1887 á 1888.
Dublán y Lozano, *Legislación mexicana...*, vol. 17, pp. 676-677.

15 de diciembre. Decreto del Congreso. Aprueba el contrato celebrado con Luis Huller para el establecimiento de colonias en Chiapas.
Dublán y Lozano, *Legislación mexicana...*, vol. 17, pp. 680-682.

**1887**

31 de enero. Acuerdo de la Secretaría de Gobernación. Orden para que se cierren los puertos de Golfo y del Pacífico para las procedencias de puntos infestados por el cólera.
Dublán y Lozano, *Legislación mexicana...*, vol. 18, p. 9.

28 de mayo. Circular de la Secretaría de Hacienda. Autorización para levantar informaciones de los casos de invasión del territorio por contrabandistas procedentes de los Estados Unidos.
Dublán y Lozano, *Legislación mexicana...*, vol. 18, pp. 272-273.

30 de mayo. Decreto del Congreso. Renovación del plazo para que los extranjeros que hubieren adquirido bienes raíces; manifiesten su voluntad sobre adquirir la nacionalidad mexicana.
Dublán y Lozano, *Legislación mexicana...*, vol. 18, p. 273.
Maza, *Código...*, pp. 1063-1064.

4 de junio. Decreto del Gobierno. Publica el Tratado celebrado en Guatemala modificando el de límite de 27 de septiembre de 1882.
Dublán y Lozano, *Legislación mexicana...*, vol. 18, pp. 285-286.

6 de junio. Decreto del Congreso. Aprueba el contrato celebrado Luis M. Arantave y Comp., para el establecimiento de colonias agrícolas, mineras é industriales en Chihuahua, con extranjeros y mexicanos.
Dublán y Lozano, *Legislación mexicana...*, vol. 18, pp. 297-300.

14 de julio. Decreto del Gobierno. Adición á la Convención celebrada entre los Estados Unidos de América, para reponer y demarcar nuevamente la línea divisoria, al Oeste del Río Bravo del Norte.
Dublán y Lozano, *Legislación mexicana...*, vol. 18, pp. 326-327.

17 de agosto. Acuerdo de la Secretaría de Fomento. Autorización para el deslindar terrenos baldíos en Guerrero.
Dublán y Lozano, *Legislación mexicana...*, vol. 18, pp. 370-371.

28 de agosto. Circular de la Secretaría de Fomento. Ordena que al liquidarse el precio del baldío denunciado, se deposite el valor de las estampillas que deben llevar los títulos. Dublán y Lozano, *Legislación mexicana...*, vol. 18, pp. 381-382.

22 de diciembre. Decreto del Congreso. Se aprueba el contrato celebrado para la colonización de terrenos de la hacienda de Villa Rica (Veracruz).
Dublán y Lozano, *Legislación mexicana...*, vol. 18, pp. 453-455.

**1888**

20 de enero. Circular de la Tesorería General. Publica la orden de la Secretaría de Hacienda para que se admita en bonos el pago de adeudos por terrenos baldíos.
Dublán y Lozano, *Legislación mexicana...*, vol. 19, pp. 15-16.

3 de febrero. Circular de la Secretaría de Justicia. Comunica la resolución de la Secretaría de Fomento, sobre que las oposiciones á los denuncios de terrenos baldíos deben sustanciarse después de presentado el plano del terreno deslindado.
Dublán y Lozano, *Legislación mexicana...*, vol. 19, pp. 22-23.

12 de marzo. Circular de la Secretaría de Guerra. Se recomienda la estricta disciplina de las fuerzas de la frontera.
Dublán y Lozano, *Legislación mexicana...*, vol. 19, p. 36.

10 de abril. Decreto del Gobierno. Ley de Sociedades Anónimas.
Dublán y Lozano, *Legislación mexicana...*, vol. 19, pp. 56-63.

20 de abril. Decreto del Gobierno. Publica el Tratado de amistad, comercio y navegación celebrado con la República Francesa.
Dublán y Lozano, *Legislación mexicana...*, vol. 19, pp. 77-84. [Firmado el 17 de abril de 1888.]
AHDF, Bandos, Caja 58, exp. 20.

6 de junio. Decreto del Congreso. Aprueba el Contrato celebrado con José de Teresa y Miranda, como apoderados de la Compañía Agrícola Limitada de Tlahualilo para el establecimiento de colonos extranjeros y mexicanos en el Bolsón de Mapimí.
Dublán y Lozano, *Legislación mexicana...*, vol. 19, pp. 155-159.

19 de junio. Acuerdo de la Secretaría de Hacienda. Estampilla que deben llevar los certificados de actuaciones en juicios sobre ocupación sobre ocupación y enajenación de terrenos baldíos.
Dublán y Lozano, *Legislación mexicana...*, vol. 19, p. 177.

17 de diciembre. Decreto del Congreso. Aprueba el contrato celebrado con Luis Huller, para colonizar los terrenos denominados Palomas, situados en el cantón de Galeana, y en los distritos de Bravos, Guerrero, Allende y Ojinaga, en el estado de Chihuahua.
Dublán y Lozano, *Legislación mexicana...*, vol. 19, pp. 306-309.

18 de diciembre. Decreto del Congreso. Aprueba el contrato celebrado con Octavio Conde para establecer Ranchos Agrícolas en el distrito norte de Tamaulipas.
Dublán y Lozano, *Legislación mexicana...*, vol. 19, pp. 314-317.

21 de diciembre. Circular de la Secretaría de Fomento y Decreto del Gobierno. Tarifa de precios de terrenos baldíos para el bienio de 1889-1890.
Dublán y Lozano, *Legislación mexicana...*, vol. 19, pp. 319-321.

**1889**

22 de enero. Circular de la Secretaría de Fomento. Sobre que los extranjeros no pueden ser diputados de Minería.
Dublán y Lozano, *Legislación mexicana...*, vol. 19, p. 332.

27 de enero. Decreto de Gobierno. Tratado de extradición con la Gran Bretaña.
Dublán y Lozano, *Legislación mexicana...*, vol. 19, pp. 335-339.
[Se firma el 13 de septiembre de 1886, aprobado por el Senado 10 de diciembre de 1887, entró en vigor 15 de febrero de 1889.]
Bandos del DF, Caja 59, exp. 35.

3 de mayo. Decreto de Gobierno. Tratado con Guatemala prorrogando el plazo para los trabajos de las comisiones de límites.
Dublán y Lozano, *Legislación mexicana...*, vol. 19, pp. 375-376.

14 de junio. Decreto del Congreso. Aprueba el contrato celebrado con Manuel Ramírez Varela y José Mora para la colonización de terrenos baldíos en Oaxaca y Veracruz, en los límites con Tabasco y Chiapas.
Dublán y Lozano, *Legislación mexicana...*, vol. 19, p. 441.

15 de junio. Decreto de Gobierno. Tratado de amistad y comercio el Japón, firmado el día 30 de noviembre de 1888 en la ciudad de Washington.
Dublán y Lozano, *Legislación mexicana...*, vol. 19, pp. 442-444.
Bandos del DF, Caja 59, exp. 52.
[El tratado se firma en Washington el 20 de noviembre de 1888 y lo firma Porfirio Díaz el 14 de junio.]

17 de julio. Decreto de Gobierno. Reglamento de las franquicias concedidas á los colonos.
Dublán y Lozano, *Legislación mexicana...*, vol. 19, pp. 488-490.
Maza, *Código...*, pp. 1086-1091.

19 de octubre. Decreto de Gobierno. Convenio sobre límites con los Estados Unidos de América, renovado la de 29 de julio de 1882.
Dublán y Lozano, *Legislación mexicana...*, vol. 19, pp. 749-751.

12 de noviembre. Decreto del Congreso. Aprueba el contrato celebrado con Henry C. Fergusson y William H. Ellis, para establecer colonias con extranjeros en Veracruz, Michoacán y San Luis Potosí.
Dublán y Lozano, *Legislación mexicana...*, vol. 19, pp. 774-777.

7 de diciembre. Decreto del Congreso. Aprueba el contrato celebrado con Jorge T. Walker para el establecimiento de colonias industriales, en Mazatlán Sinaloa.
Dublán y Lozano, *Legislación mexicana...*, vol. 19, pp. 805-807.

14 de diciembre. Decreto del Congreso. Aprueba el contrato celebrado con Carlos David de Gheest para establecer colonias en la parte oriente de la ciudad de México, en los terrenos comprendidos entre la Garita de Peralvillo y San Lázaro, la Penitenciaría y el Peñón de los Baños.
Dublán y Lozano, *Legislación mexicana...*, vol. 19, pp. 814-815.

17 de diciembre. Decreto del Congreso. Aprueba el contrato celebrado con Faustino Martínez y Cía., para deslindar y colonizar con extranjeros y mexicanos terrenos baldíos en Yucatán.
Dublán y Lozano, *Legislación mexicana...*, vol. 19, pp. 837-841.

18 de diciembre. Decreto del Congreso. Aprueba el contrato celebrado con Jesús Almada y Socios, para la colonización de terrenos en Navolato, Sinaloa, con nacionales y extranjeros.
Dublán y Lozano, *Legislación mexicana...*, vol. 19, pp. 842-845.

**1890**

3 de febrero. Decreto de la Cámara de Senadores. Convención con Guatemala para el arreglo de reclamaciones.
Dublán y Lozano, *Legislación mexicana...*, vol. 20, pp. 20-25.
AHDF, Bandos del Caja 60, exp. 11.

6 de junio. Decreto de Gobierno. Aprueba el contrato con A. K. Owen para establecer una colonia en la Bahía de Topolobampo y deslindar terrenos baldíos en Sinaloa, Sonora, Chihuahua y Coahuila.
Dublán y Lozano, *Legislación mexicana...*, vol. 20, pp. 171-176.

16 de diciembre. Decreto del Congreso. Aprueba el contrato con H. Sturm para el establecimiento de colonias agrícolas-industriales en el Distrito Federal y en varios Estados.
Dublán y Lozano, *Legislación mexicana...*, vol. 20, pp. 340-342.

17 de diciembre. Decreto del Congreso. Aprueba el contrato de reforma del de 28 de febrero de 1890, con A. K. Owen, para establecer una colonia en la Bahía de Topolobampo y deslinde de baldíos en Sinaloa y Coahuila.
Dublán y Lozano, *Legislación mexicana...*, vol. 20, p. 346.

18 de diciembre. Decreto de Gobierno. Tratado de amistad, comercio y navegación con la República del Ecuador.
Dublán y Lozano, *Legislación mexicana...*, vol. 20, pp. 353-355.
[Se firma en Washington el 10 de julio de 1888, aprobado por el Senado 30 de noviembre de 1889, entra en vigor 26 de noviembre de 1890.]

31 de diciembre. Decreto de Gobierno. Tarifa de precios de terrenos baldíos en el bienio de 1891-1892.
Dublán y Lozano, *Legislación mexicana...*, vol. 20, pp. 387-390.

**1891**

3 de enero. Decreto del Gobierno. Convención con los Estados Unidos de América, respecto de la línea divisoria en la parte que siguen los ríos Bravo del Norte y Colorado.
Dublán y Lozano, *Legislación mexicana...*, vol. 21, pp. 3-5.
[Firmado en Washington el 1º de marzo de 1889, aprobado por el Senado el 28 de mayo de 1889, entra en vigor 24 de diciembre de 1890.]

30 de abril. Circular de la Secretaría de Relaciones. Previene á los funcionarios autorizados para expedir pasaportes, que se abstengan de dárselos á los extranjeros que se dicen naturalizados, sino se les presento el documento que acredite la naturalización.
Dublán y Lozano, *Legislación mexicana...*, vol. 21, p. 64.

15 de julio. Decreto del Gobierno. Código Sanitario de los Estados Unidos Mexicanos, Dublán y Lozano, *Legislación mexicana...*, vol. 21, p. 536.

18 de julio. Decreto de Gobierno. Convención con Guatemala prorrogando el plazo para los trabajos de las comisiones de límites.
Dublán y Lozano, *Legislación mexicana...*, vol. 21, p. 537.

19 de julio. Decreto de Gobierno. Tratado de paz y amistad con la República Dominicana, Dublán y Lozano, *Legislación mexicana...*, vol. 21, pp. 537-543.

AHDF, Bandos, Caja 61, exp. 29.
[Firmado en la ciudad de México 29 de marzo de 1890, aprobado por el Senado 2 de diciembre de 1890, entra en vigor 11 de junio de 1891.]

28 de julio. Decreto de Gobierno. Tratado de paz, amistad, comercio y navegación con el Reino de Italia.
Dublán y Lozano, *Legislación mexicana...*, vol. 21, pp. 545-551.

16 de noviembre. Circular de la Secretaría de Justicia. Declara que no están sujetos á inscripción en el Registro Público de la Propiedad los títulos de propiedad de terrenos baldíos expedidos por la Secretaría de Fomento.
Dublán y Lozano, *Legislación mexicana...*, vol. 21, pp. 610-611.

1 de diciembre. Decreto del Congreso. Aprueba el contrato de reforma del de 24 de agosto de 1889, aprobado por decreto de 18 de Diciembre de 1889, sobre colonización de terrenos en Navolato (Sinaloa).
Dublán y Lozano, *Legislación mexicana...*, vol. 21, p. 623.

12 de diciembre. Decreto de Congreso. Autorización al Ejecutivo para declarar en casos particulares, que no han perdido su nacionalidad los mexicanos que lleven más de diez años de residir en el extranjero.
Dublán y Lozano, *Legislación mexicana...*, vol. 21, p. 637.

**1892**

25 de julio. Decreto de Gobierno. Convención con Guatemala renovando lo de 26 de Enero de 1892, para el arreglo de reclamaciones.
Dublán y Lozano, *Legislación mexicana...*, vol. 22, pp. 260-261.

25 de agosto. Decreto de Gobierno. Convención con el Reino de Italia, sobre la nacionalidad de los mexicanos nacidos en Italia y la de los italianos nacidos en México.
Dublán y Lozano, *Legislación mexicana...*, vol. 22, pp. 275-276.
Bandos del AHDF, Caja 85, exp. 4, f. 45.

28 de septiembre. Circular de la Secretaría de Fomento. Explica la manera de proceder en la administración de minas por extranjeros.
Dublán y Lozano, *Legislación mexicana...*, vol. 22, pp. 289-290.

8 de noviembre. Decreto de Congreso.- Ley de reglamento sobre responsabilidades por nacionalización.
Dublán y Lozano, *Legislación mexicana...*, vol. 22, pp. 336-339.

**1893**

3 de enero. Decreto de Gobierno. Tarifa de precios para la venta de terrenos baldíos en el bienio de 1893-1894, Dublán y Lozano, *Legislación mexicana...*, vol. 23, p. 6.

17 de abril. Circular de la Secretaría de Relaciones. Manda que se avise á la Secretaría de Relaciones en todos los casos de extradición de criminales.
Dublán y Lozano, *Legislación mexicana...*, vol. 23, p. 79.

23 de junio. Acuerdo de la Secretaría de Gobierno. Declara sospechosos los puertos de Francia.
Dublán y Lozano, *Legislación mexicana...*, vol. 23, p. 257.

18 de agosto. Acuerdo de la Secretaría de Gobierno. Declara infestado de cólera los puertos italianos.
Dublán y Lozano, *Legislación mexicana...*, vol. 23, p. 313.

17 de noviembre. Decreto de Gobierno. Tratado de amistad, comercio y navegación con la República del Salvador.
Dublán y Lozano, *Legislación mexicana...*, vol. 23, pp. 379-387.
AHDF, Bandos, Caja 64, exp. 8.

18 de diciembre. Decreto del Congreso. Autoriza al Ejecutivo para reformar la legislación vigente sobre terrenos baldíos.
Dublán y Lozano, *Legislación mexicana...*, vol. 23, pp. 446-449.

**1894**

26 de marzo. Decreto del Gobierno. Ley sobre ocupación y enajenación de terrenos baldíos.
Dublán y Lozano, *Legislación mexicana...*, vol. 24, pp. 35-45.

16 de marzo. Circular de la Secretaría de Relaciones. Certificado que debe expedirse conforme al artículo 24 del Código de Comercio á las sociedades extranjeras.
Dublán y Lozano, *Legislación mexicana...*, vol. 24, pp. 54-55.

21 de mayo. Decreto del Congreso. Aprueba el uso que de la autorización de 18 de Diciembre de 1893 hizo al Ejecutivo para expedir la ley de terrenos baldíos de 26 de marzo.
Dublán y Lozano, *Legislación mexicana...*, vol. 24, p. 85.
AHDF, Bandos, Caja 64, exp. 33.

1 de junio. Decreto de Gobierno. Ley de impuestos sanitarios en los puertos y fronteras.
Dublán y Lozano, *Legislación mexicana...*, vol. 24, pp. 107-108.

2 de junio. Decreto del Gobierno. Tarifa de precios de terrenos baldíos para el año fiscal de 1894-1895.
Dublán y Lozano, *Legislación mexicana...*, vol. 24, p. 146.

4 de junio. Decreto del Congreso. Aprueba el contrato que rescindió el de 28 de octubre de 1889 con Faustino Martínez y Comp. sobre colonización de terrenos de Yucatán.
Dublán y Lozano, *Legislación mexicana...*, vol. 24, pp. 151-152.

5 de junio. Decreto de Gobierno. Reglamento para los procedimientos administrativos en denuncias de terrenos baldíos, excedencias y demasías, y arancel para el pago de honorarios á los agentes.
Dublán y Lozano, *Legislación mexicana...*, vol. 24, pp. 167-177.

30 de junio. Circular de la Secretaría de Hacienda. Da reglas para la revisión de equipaje de los pasajeros que entren al país por alguna aduana marítima.
Dublán y Lozano, *Legislación mexicana...*, vol. 24, p. 206.

10 de septiembre. Decreto de Gobierno. Código Sanitario de los Estados Unidos Mexicanos.
Dublán y Lozano, *Legislación mexicana...*, vol. 24, pp. 277-299.

14 de septiembre. Reglamento de Sanidad Marítima.
Dublán y Lozano, *Legislación mexicana...*, vol. 24, pp. 304-314.

1 de octubre. Decreto de Gobierno. Reglamento para la explotación de bosques y terrenos baldíos y nacionales.
Dublán y Lozano, *Legislación mexicana...*, vol. 24, pp. 331-344.

4 de octubre. Circular de la Secretaría de Relaciones. Indica el modo de comprobar el estado civil de los mexicanos en el extranjero.
Dublán y Lozano, *Legislación mexicana...*, vol. 24, pp. 345-346.

30 de octubre. Decreto del Gobierno. Prorroga el plazo fijado para la Convención de 29 de Julio de 1882 para que termine sus trabajos la Comisión Internacional de Límites entre México y los Estados Unidos.
Dublán y Lozano, *Legislación mexicana...*, vol. 24, pp. 422-423.

30 de noviembre. Circular de la Secretaría de Relaciones. Expresa los datos que deben contener las partidas de defunción de extranjeros.
Dublán y Lozano, *Legislación mexicana...*, vol. 24, p. 451.

18 de diciembre. Decreto de Congreso.- Prorroga el plazo fijado en el artículo 3º de la Ley del 8 de Noviembre de 1892 para liberación de responsabilidades por nacionalización.
Dublán y Lozano, *Legislación mexicana...*, vol. 24, pp. 475-476.

22 de diciembre. Decreto de Congreso. Aprueba el contrato con W. Johnson y Comp., sobre servicio postal entre el Golfo Mexicano y los Estados Unidos.
Dublán y Lozano, *Legislación mexicana...*, vol. 24, pp. 493-496.

**1895**

15 de enero. Decreto del Gobierno. Tarifa de precios de terrenos baldíos para 1895-1896.
Dublán y Lozano, *Legislación mexicana...*, vol. 25, p. 16.

16 de mayo. Decreto de Gobierno. Tratado de límites con Guatemala.
Dublán y Lozano, *Legislación mexicana...*, vol. 25, 1895, pp. 75-76.
AHDF, Bandos, Caja 65, exp. 25.

31 de mayo. Decreto de Gobierno. Convención de límites, Prorroga [*sic*] por un año el plazo para marcar la línea divisoria entre México y Guatemala.
Dublán y Lozano, *Legislación mexicana...*, vol. 25, núm. 13032, 1895, p. 121.
AHDF, Bandos, Caja 65, exp. 27.

1 de junio. Circular de la Secretaría de Fomento. Manda que los terrenos baldíos y nacionales en Tehuantepec se reserven para montes nacionales y para colonización.
Dublán y Lozano, *Legislación mexicana...*, vol. 25, pp. 267-268.

20 de julio. Circular de la Secretaría de Relaciones. Encarece la conveniencia de proveer de pasaportes a los que deseen ir a la República de Guatemala.
Dublán y Lozano, *Legislación mexicana...*, vol. 25, pp. 281-282.

18 de septiembre. Circular de la Secretaría de Fomento. Ordena el empadronamiento de las tripulaciones de buques en bahía.
Dublán y Lozano, *Legislación mexicana...*, vol. 25, pp. 315-316.

25 de septiembre. Decreto de Gobierno. Tratado de extradición de criminales con Guatemala. Dublán y Lozano, *Legislación mexicana...*, vol. 25, núm. 13180, 1895, pp. 318-322.
AHDF, Bandos, Caja 65, exp. 42.

15 de octubre. Acuerdo de la Secretaría de Fomento. Fija reglas para el establecimiento de las antiguas poblaciones y formación de otras nuevas en Yucatán y Campeche.
Dublán y Lozano, *Legislación mexicana...*, vol. 25, pp. 331-333.

28 de octubre. Secretaría de Relaciones. Convocatoria y Reglamento. Reclamaciones á Guatemala y Reglamento para formularlas.
Dublán y Lozano, *Legislación mexicana...*, vol. 25, pp. 344-345.

**1896**

7 de enero. Decreto del Gobierno. Prorroga la duración de la convención de 1 de marzo de 1889, para la comisión internacional de límites con los Estados Unidos, concluya su cargo.
Dublán y Lozano, *Legislación mexicana...*, vol. 26, pp. 5-6.

14 de abril. Acuerdo de la Secretaría de Gobernación. Excita á los extranjeros que vengan á la República para que se vacunen.
Dublán y Lozano, *Legislación mexicana...*, vol. 26, pp. 88-90.

29 de mayo. Decreto del Gobierno. Prorroga el plazo para terminar el trazo de la línea divisoria entre México y Guatemala.
Dublán y Lozano, *Legislación mexicana...*, vol. 26, pp. 181-182.

29 de mayo. Decreto del Gobierno. Aprueba el contrato celebrado con W. B. Cloete y R. Symon. modificando el de 8 de octubre de 1886, sobre colonización en Coahuila.
Dublán y Lozano, *Legislación mexicana...*, vol. 26, pp. 183-184.

1 de junio. Decreto del Gobierno. Tratado de amistad, comercio y navegación con Bélgica.
Dublán y Lozano, *Legislación mexicana...*, vol. 26, pp. 206-211.

4 de junio. Secretaría de Relaciones. Convenio celebrado con los Estados Unidos de América, autorizando el paso recíproco de tropas, por la línea internacional en persecución de indios.
Dublán y Lozano, *Legislación mexicana...*, vol. 26, pp. 243-245.

31 de diciembre. Decreto del Gobierno. Prorroga el plazo para fijar los límites entre México y los Estados Unidos de América.
Dublán y Lozano, *Legislación mexicana...*, vol. 26, pp. 597-598.

**1897**

14 de enero. Secretaría de Hacienda Reglamento para el paso de trenes por la frontera.
Dublán y Lozano, *Legislación mexicana...*, vol. 27, pp. 10-17.
AHDF, Bandos, Caja 67, exp. 42.

20 de enero. Decreto del Gobierno. Tarifa de precios de terrenos baldíos para el año fiscal de 1897-1898.
Dublán y Lozano, *Legislación mexicana...*, vol. 27, p. 54.
AHDF, Bandos, Caja 67, exp. 45.

19 de mayo. Decreto del Congreso. Ley de extradición.
Dublán y Lozano, *Legislación mexicana...*, vol. 27, pp. 183-186.

29 de julio. Decreto del Gobierno. Tratado con la Gran Bretaña sobre límites entre la República Mexicana y la colonia de Honduras Británica.
Dublán y Lozano, *Legislación mexicana...*, vol. 27, pp. 320-322.
[Firmado inicialmente en la ciudad de México en julio de 1893, luego en la misma ciudad el 7 de abril de 1897, entró el vigor a partir de 21 de julio de 1897.]

6 de septiembre. Decreto del Gobierno. Reglamento de la Ley sobre cesión gratuita de terrenos baldíos y nacionales.
Dublán y Lozano, *Legislación mexicana...*, vol. 27, pp. 335-339.

6 de octubre. *Del juicio sobre nacionalidad y derechos de extranjería.*

28 de diciembre. Decreto del Gobierno. Convención con los Estados Unidos de América, prorrogado por un año más el plazo de la Convención sobre la línea divisoria en la parte que sigue los ríos Bravo y Colorado.
Dublán y Lozano, *Legislación mexicana...*, vol. 27, pp. 466-467.

**1898**

22 de abril. Circular de la Secretaría de Gobernación. Recomienda á los Gobernadores de los Estados observen la más estricta de neutralidad durante el conflicto entre España y los Estados Unidos.
Dublán y Lozano, *Legislación mexicana...*, vol. 29, p. 99.

27 de abril. Circular de la Secretaría de Hacienda. Recomienda á los empleados del ramo la más estricta neutralidad durante el conflicto entre España y los Estados Unidos.
Dublán y Lozano, *Legislación mexicana...*, vol. 29, p. 100.

29 de abril. Circular de la Secretaría de Guerra. Recomienda á los miembros del Ejército la observancia de la neutralidad durante el conflicto hispanoamericano.
Dublán y Lozano, *Legislación mexicana...*, vol. 29, p. 101.

2 de mayo. Rafael Rebollar, gobernador del Distrito Federal. El Presidente de la República informa a los gobernadores de los estados la ruptura de hostilidades entre Estados Unidos y España, y les pide a los Gobiernos de diversas entidades federativas guarden neutralidad en este conflicto.
AHDF, Bandos, Caja 68, exp. 53.

4 de mayo. Acuerdo de la Secretaría de Guerra. Recomienda, para conservar la neutralidad en el conflicto hispanoamericano, que no se despache barco alguno que llevé a su bordo víveres o dinero.
Dublán y Lozano, *Legislación mexicana...*, vol. 29, p. 119.

12 de mayo. Decreto de Gobierno. Convención con Guatemala, prorrogando el término para la Conclusión de los trabajos de la Comisión de Límites.
Dublán y Lozano, *Legislación mexicana...*, vol. 29, pp. 131-132.

30 de junio. Francisco Z. Mena, secretario de Comunicaciones y Obras Públicas. Prórroga por 3 años a partir del 9 de julio de 1898, el contrato de 22

de febrero de 1895, con el Señor Andrés Goebel, gerente de los Señores Guillermo Búsing y compañía representante de la compañía de vapores The Charente Steamship Company Limited bajo las mismas obligaciones, franquicias y restricciones que se estipularon en el referido contrato.
AHDF, Bandos, Caja 68, exp. 72.

13 de octubre. Tratado de extradición con el gobierno de Italia.
[Firmado en la ciudad de México el 22 de mayo de 1899, aprobado por el Senado 26 de diciembre de 1899, entra en vigor el 12 de octubre de 1899.]

**1899**

15 de enero. Secretaría de Estado y del Despacho de Fomento e Industria. Tarifa de precios de terrenos baldíos, demasías y excedencias en el año fiscal de 1899 a 1900.
Dublán y Lozano, *Legislación mexicana...*, vol. 31, primera parte, pp. 167-168.

8 de febrero. Secretaría de Estado y del Despacho de Relaciones Exteriores. Convención prorrogando el plazo para la terminación de los trabajos sobre límites fluviales entre México y los Estados Unidos.
Dublán y Lozano, *Legislación mexicana...*, vol. 31, primera parte, pp. 337-339.

8 de febrero. Secretaría de Estado y del Despacho de Fomento e Industria. Contrato celebrado con el señor Enrique C. Creel para la explotación de un terreno nacional situado en el Estado de Chihuahua.
Dublán y Lozano, *Legislación mexicana...*, vol. 31, primera parte, pp. 491-495.

20 de marzo. Secretaría de Estado y del Despacho de Fomento e Industria. Contrato celebrado entre la Secretaría de Fomento y el señor Guillermo Andrade, modificando el artículo 2º del contrato de 27 de febrero 1897 sobre colonización en la Baja California.
Dublán y Lozano, *Legislación mexicana...*, vol. 31, primera parte, p. 639.

24 de abril. Secretaría de Estado y del Despacho de Relaciones Exteriores. Convención entre los Estados Unidos Mexicanos y los de Norte América para la extradición de criminales.
Dublán y Lozano, *Legislación mexicana...*, vol. 31, primera parte, pp. 691-698.

9 de mayo. Secretaría de Estado y del Despacho de Relaciones Exteriores. Convención con la República de Guatemala sobre prórroga del plazo para trazar la línea divisoria con esa nación.
Dublán y Lozano, *Legislación mexicana...*, vol. 31, segunda parte, pp. 14-18.

13 de mayo. Secretaría de Estado y del Despacho de Fomento, colonización é industria. Contrato con el señor Luis Martínez de Castro, sobre deslinde, terrenos baldíos, compraventa y colonización de terrenos nacionales en los estados de Sinaloa y Chiapas.
Dublán y Lozano, *Legislación mexicana...*, vol. 31, segunda parte, pp. 30-36.

16 de mayo. Secretaría de Estado y del Despacho de Relaciones Exteriores. Tratado sobre la protección de marcas de fábrica entre México y Alemania.
Dublán y Lozano, *Legislación mexicana...*, vol. 31, segunda parte, pp. 38-39.

7 de junio. Francisco Z. Mena, secretario de Comunicaciones y Obras Públicas. Se aprueba el contrato celebrado entre el secretario de Comunicaciones y obras Públicas y Juan Dachary, representante de San Ildefonso, fábrica de Tejidos de Lana en el que se reforma la concesión otorgada a dicha empresa el día 30 de agosto de 1888 para la construcción de una vía férrea en la cañada del río en Tlalnepantla.
AHDF, Bandos, Caja 69, exp. 65.

22 de junio. Francisco Z. Mena, secretario de Comunicaciones y Obras Públicas. Contrato entre el secretario de Comunicaciones y obras Públicas y el señor Ignacio Sepúlveda en representación de Alphonso B. Smith, concesionario para la construcción de un ferrocarril en el Estado de Sonora el cual reforma el contrato de concesión establecido el 2 de diciembre de 1898.
AHDF, Bandos, Caja 69, exp. 68.

10 de julio. Francisco Z. Mena, secretario de Comunicaciones y Obras Públicas. Contrato entre el secretario de Comunicaciones y obras Públicas y Thomas Braniff, representante de la Compañía del Ferrocarril Mexicano el cual reforma las concesiones para la construcción de las vías férreas de Ometusco a Pachuca en las tarifas establecidas el día 27 de noviembre de 1867.
AHDF, Bandos, Caja 69, exp. 71.

28 de julio. Tratado de amistad y comercio con los Países Bajos.
Dublán y Lozano, *Legislación mexicana...*, vol. 31, segunda parte, pp. 549-553.

29 de agosto. Secretaría de Estado y del Despacho de Fomento colonización é industria. Contrato con el Vizconde Takeaki Enomotto sobre privanza del plazo para la colonización en el Estado de Chiapas.
Dublán y Lozano, *Legislación mexicana...*, vol. 31, segunda parte, p. 654.

29 de agosto. Secretaría de Estado y del Despacho de Fomento, colonización é industria. Caducidad del contrato sobre colonización en los Estados de Tamaulipas, Veracruz y San Luis Potosí, celebrado con el Señor José Banuet.
Dublán y Lozano, *Legislación mexicana...*, vol. 31, segunda parte, pp. 654-655.

7 de octubre. Secretaría de Estado y del Despacho de Fomento, colonización é industria. Fundación de poblaciones.
Dublán y Lozano, *Legislación mexicana...*, vol. 31, segunda parte, p. 1282.

13 de octubre. Secretaría de Estado y del Despacho de Relaciones Exteriores. Tratado de extradición con el gobierno de Italia.
Dublán y Lozano, *Legislación mexicana...*, vol. 31, segunda parte, pp. 1284-1290.

6 de noviembre. Circular de la Secretaría de Hacienda. Indica el procedimiento que debe seguirse en el transporte, por cabotaje, de muestras ó mercancías que lleven consigo los pasajeros.
Dublán y Lozano, *Legislación mexicana...*, vol. 30, pp. 269-270.

11 de noviembre. Francisco Z. Mena, secretario de Comunicaciones y Obras Públicas. Contrato entre el representante del Ejecutivo de la Unión y S. Pearson and Son, Limited, límites sobre el ferrocarril de Tehuantepec, Puerto de Coatzacoalcos y Salina Cruz.
AHDF, Bandos, Caja 70, exp. 5.

30 de noviembre. Francisco Z. Mena, secretario de Comunicaciones y Obras Públicas. Adición al contrato del 23 de agosto de 1898 entre el representante del Ejecutivo Federal y el señor Manuel Thomas, sobre que el vapor-correo podrá llegar y salir de los puertos de su itinerario los días feriados.
AHDF, Bandos, Caja 70, exp. 11.

22 de diciembre. Francisco Z. Mena, secretario de Comunicaciones y Obras Públicas. Contrato celebrado entre el representante del Ejecutivo de la Unión y el Sr. Tomás Macmanus en la de la compañía del ferrocarril de Parral

y Durango, reformando el artículo 34 del contrato de concesión relativo de 4 de junio de 1898.
AHDF, Bandos Caja 70, exp. 23.

**1900**

1 de enero. Decreto de Gobierno. Tarifa de precios de terrenos baldíos durante el año fiscal de 1900 á 1901.
Dublán y Lozano, *Legislación mexicana...*, vol. 32, núm. 15266, 1900, pp. 13-14.
AHDF, Bandos, Caja 70, exp. 25.

18 de enero. Francisco Z. Mena, secretario de Comunicaciones y Obras Públicas. Contrato entre el representante del Ejecutivo de la Unión y la Compañía de Vapores la Knotts Prince Line prorrogando los contratos de noviembre 19 de 1894 y octubre 19 de 1898.
AHDF, Bandos, Caja 70, exp. 31.

13 de febrero. Decreto de Gobierno. Ley que establece la Dirección General de Aduanas.
Dublán y Lozano, *Legislación mexicana...*, vol. 32, pp. 73-78.

16 de febrero. Francisco Z. Mena, secretario de Comunicaciones y Obras Públicas. Aplicación del contrato entre el representante del Ejecutivo federal y el apoderado del señor Alfonso B. Smith, para el establecimiento de un servicio de navegación en el Pacífico.
AHDF, Bandos, Caja 70, exp. 38.

20 de febrero. Francisco Z. Mena, secretario de Comunicaciones y Obras Públicas. Contrato celebrado entre el representante del Ejecutivo de los Estados Unidos Mexicanos y el Sr. Lic. Ignacio Sepúlveda de la del Sr. H. Holmes para la construcción de un ferrocarril en el Estado de Sonora.
AHDF, Bandos, Caja 70, exp. 43.

16 de marzo. Francisco Z. Mena, secretario de Comunicaciones y Obras Públicas. Contrato entre el representante del Ejecutivo de los Estados Unidos y la Compañía de vapores Knott's Prince Line, sobre administración y transportación del correo.
AHDF, Bandos, Caja 70, exp. 48.

31 de marzo. Francisco Z. Mena, secretario de Comunicaciones y Obras Públicas. Contrato entre el representante del Ejecutivo de los Estados Unidos Mexicanos y la Compañía de Vapores New York y Cuba Mail Steamship Company, para hacer el servicio de navegación en los puertos del Golfo de México.
Bandos, AHDF, Caja 70, exp. 52.

15 de abril. Circular de la Secretaría de Hacienda. Previene que ningún buque procedente de lugares sospechosos sea recibido de noche en puertos mexicanos.
Dublán y Lozano, *Legislación mexicana...*, vol. 32, p. 108.

19 de mayo. Decreto de Gobierno. Convención entre México y los Estados Unidos de América, que prorroga el plazo de la de 2 de diciembre de 1898 para el examen y decisión de la casos sometidos á la Comisión Internacional de límites.
Dublán y Lozano, *Legislación mexicana...*, vol. 32, pp. 155-156.

30 de mayo. Decreto de Gobierno. Adiciona el Reglamento de Sanidad Marítima Dublán y Lozano, *Legislación mexicana...*, vol. 32, pp. 164-167.

9 de junio. Francisco Z. Mena, secretario de Comunicaciones y Obras Públicas. Contrato celebrado entre el representante del Ejecutivo de la Unión y los señores S. Pearson y Son Limited, para la construcción y terminación de los puertos de Coatzacoalcos y Salina Cruz.
AHDF, Bandos, Caja 70, exp. 64.

30 de junio. Decreto de Gobierno. Tratado de amistad, comercio y navegación entre los Estados Unidos Mexicanos y el Imperio de China.
Dublán y Lozano, *Legislación mexicana...*, vol. 32, pp. 405-412.

13 de julio. Francisco Z. Mena, secretario de Comunicaciones y Obras Públicas. Reforma al contrato celebrado entre el representante del ejecutivo Federal y representante del señor Alfonso B. Smith, para el establecimiento de un servicio de navegación en el Pacífico.
AHDF, Bandos, Caja 70, exp. 74.

14 de agosto. Francisco Z. Mena, secretario de Comunicaciones y Obras Públicas. Contrato entre Z. Mena y los señores Henkel Hermanos, para la construcción de un ferrocarril en el Estado de México.
AHDF, Bandos, Caja 70, exp. 85.

20 de septiembre. Decreto de Gobierno. Convención entre México y la República Francesa para la protección recíproca de la propiedad industrial.
Dublán y Lozano, *Legislación mexicana...*, vol. 32, pp. 396-398.
[Firmado en la ciudad de México el 10 de abril de 1899, aprobado por el Senado el 30 de mayo de 1899, entra en vigor el 11 de septiembre de 1890.]

22 de septiembre. Santiago Méndez, subsecretario de Comunicaciones y Obras Públicas. Contrato celebrado entre el C. General Francisco Z. Mena, secretario de Estado y del Despacho de Comunicaciones y Obras Públicas, en representación del Ejecutivo de la Unión y el señor Tomás Macmanus, representante de "The Cananea Consolidated Copper Company", S.A., para la construcción de un ferrocarril del estado de Sonora.
AHDF, Bandos, Caja 71, exp. 5.

17 de octubre. Santiago Méndez, subsecretario de Obras Públicas. Contrato celebrado entre el C. General Francisco Z. Mena, secretario de Estado y del Despacho de Comunicaciones y Obras Públicas, en representación del Ejecutivo de la Unión y el sr. Edward Van Buren Hoes, concesionario del ferrocarril de Guaymas a la Villa de San Marcial, Sonora.
AHDF, Bandos, Caja 71, exp. 13.

30 de octubre. Circular de la Secretaría de Relaciones. Deroga la circular de 8 de junio de 1879, sobre legalización de firmas en las legaciones de México en el extranjero.
Dublán y Lozano, *Legislación mexicana...*, vol. 32, pp. 435-436.

21 de diciembre. Francisco Z. Mena, secretario de Comunicaciones y Obras Públicas. Decreto aprobando el contrato celebrado entre el C. General Francisco Z. Mena, secretario de Estado y del Despacho de Comunicaciones y Obras Públicas, en representación del Ejecutivo de la Unión y el Lic. Salvador Cancino, representante de la compañía mexicana de electricidad, cesionaria de Siemens y Halske, de Berlín, que reforma el artículo 7 del contrato de 21 de mayo de 1898, relativo al servicio de alumbrado eléctrico del último tramo de la calzada de Reforma, del Bosque y Castillo de Chapultepec.
AHDF, Bandos, Caja 71, exp. 23.

## 1901

12 de enero. Decreto de Gobierno. Convención celebrada entre México y los Estados Unidos del Norte, para el examen de decisión de los casos sometidos á la Comisión de límites entre los dos países.
Dublán y Lozano, *Legislación mexicana...*, vol. 33, pp. 45-46.

6 de febrero. Circular 3, sobre falsos mexicanos.
Dublán y Lozano, *Legislación mexicana...*, vol. 33, p. 308.

1 de abril. Circular de la Administración General de Aduanas. Da reglas sobre la inspección interior de equipaje.
Dublán y Lozano, *Legislación mexicana...*, vol. 33, p. 103.

2 de abril. Circular de la Administración General de Aduanas. Recomienda la revisión de equipajes de pasajeros que salen para el extranjero.
Dublán y Lozano, *Legislación mexicana...*, vol. 33, p. 105.

1 de junio. Decreto de Gobierno. Convención de la Paz celebrado en la Haya (Holanda).
Dublán y Lozano, *Legislación mexicana...*, vol. 33, pp. 172-192.

24 de diciembre. Secretaría de Estado y del Despacho de Fomento, Colonización e Industria. Se autoriza al Ejecutivo Federal para conceder permisos a fin de hacer exploraciones en el subsuelo de los terrenos baldíos o nacionales, y lagos, lagunas y albuferas que sean de jurisdicción federal.
AHDF, Bandos, Caja 72, exp. 6.

### 1902

1 de enero. Secretaría de Estado y del Despacho de Fomento, colonización é industria. Tarifa de precios á que deberá sujetarse la enajenación de terrenos baldíos, demasías y excedencias ubicadas en los Estados, Distrito Federal y territorios de Tepic y Baja California.
Dublán y Lozano, *Legislación mexicana...*, vol. 34, p. 14.

3 de enero. Secretaría de Estado y del Despacho de Relaciones Exteriores. Convención celebrada entre los Estados Unidos Mexicanos y el reino de España sobre legalización de firmas.
Dublán y Lozano, *Legislación mexicana...*, vol. 34, pp. 1-2.

22 de enero. Secretaría de Estado y del Despacho de Fomento, colonización é industria. Contrato celebrado con Rodolfo Gibert, sobre arrendamiento de doce mil hectáreas de terreno de la isla de Santa Margarita en la Costa de Océano Pacífico.
Dublán y Lozano, *Legislación mexicana...*, vol. 34, pp. 25-28.

24 de febrero. Secretaría de Estado y del Despacho de Relaciones Exteriores. Aplicación de la Convención entre México y España sobre la legalización de firmas.
Dublán y Lozano, *Legislación mexicana...*, vol. 34, pp. 142-143.

24 de febrero. Secretaría de Estado y del Despacho de Fomento, colonización é industria. Contrato con el Lic. Rafael Dorante, sobre compraventa y colonización de terrenos nacionales situados en los Estados de Chiapas Campeche y Tabasco.
Dublán y Lozano, *Legislación mexicana...*, vol. 34, pp. 93-95.

3 de marzo. Secretaría de Estado y del Despacho de Relaciones Exteriores. Aplicación del tratado de extradición entre México y los Estados Unidos.
Dublán y Lozano, *Legislación mexicana...*, vol. 34, pp. 143-144.

19 de abril. Secretaría de Estado y del Despacho de Relaciones Exteriores. Tratado de arbitraje celebrado entre los Estados Unidos Mexicanos y el reino de España.
Dublán y Lozano, *Legislación mexicana...*, vol. 34, pp. 196-198.

30 de abril. Secretaría de Estado y del Despacho de Gobernación. Circular declarando la vacuna obligatoria.
Dublán y Lozano, *Legislación mexicana...*, vol. 34, pp. 201-205.

31 de mayo. Secretaría de Estado y del Despacho de Relaciones Exteriores. Decreto que aprobando el convenio celebrado entre la República de México y el Imperio Astro-Húngaro.
Dublán y Lozano, *Legislación mexicana...*, vol. 34, pp. 302-304.

21 de junio. Secretaría de Estado y del Despacho de Hacienda, Crédito Público y Comercio. Reglamento para la recaudación de los despachos del registro público de la propiedad que ha de cobrarse en el Distrito Federal y territorios federales.
Dublán y Lozano, *Legislación mexicana...*, vol. 34, pp. 574-577.

17 de julio. Secretaría de Estado y del Despacho de Hacienda, Crédito Público y Comercio. Circular sobre uso de estampillas para título de propiedad minera y de terrenos baldíos.
Dublán y Lozano, *Legislación mexicana...*, vol. 34, p. 583.

30 de diciembre. Secretaría de Estado y del Despacho de Fomento, colonización é industria. Decreto por el cual se autoriza al Ejecutivo Federal para reformar la legislación vigente sobre terrenos baldíos.
Dublán y Lozano, *Legislación mexicana...*, vol. 34, pp. 973-976.

17 de diciembre. Secretaría de Estado y del Despacho de Hacienda, Crédito Público y Comercio. Decreto concediendo un auxilio de $40,000 á los habitantes de Chiapas perjudiciales por los terremotos de Guatemala.
Dublán y Lozano, *Legislación mexicana...*, vol. 34, p. 1000.

**1903**

27 de enero. Secretaría de Estado y del Despacho de Hacienda, Crédito Público y Comercio. Circular sobre autorización de libros de registro civil.
Dublán y Lozano, *Legislación mexicana...*, vol. 35, primera parte, p. 219.

17 de marzo. Secretaría de Estado y del Despacho de Relaciones Exteriores. Tratado de amistad, comercio entre México y Persia.
Dublán y Lozano, *Legislación mexicana...*, vol. 35 1903, primera parte, pp. 421-425.

28 de marzo. Secretaría de Estado y del Despacho de Relaciones Exteriores. Convención adicional al Tratado de Extradición entre México y los Estados Unidos de América.
Dublán y Lozano, *Legislación mexicana...*, vol. 35 1903, primera parte, pp. 426-428.

30 de marzo. Hacienda, Crédito Público y Comercio. Reglamento de algunos artículos de la ley sobre inmuebles federales.
Dublán y Lozano, *Legislación mexicana...*, vol. 35, primera parte, pp. 402-410.

22 de abril. Secretaría de Estado y del Despacho de Relaciones Exteriores. Tratado de Arbitraje Obligatorio.
Dublán y Lozano, *Legislación mexicana...*, vol. 35 1903, primera parte, pp. 478-483.

5 de junio. Secretaría de Estado y del Despacho de Fomento, colonización é industria. Contrato celebrado entre el C. General Manuel González Cosió [*sic*], secretario de Estado y del despacho de Fomento, en representación del Ejecu-

tivo Federal, y el señor Lic. Rafael Pardo, como apoderado de la "Blalock México Colon y, para el establecimiento de colonos en el Estado de Tamaulipas.
Dublán y Lozano, *Legislación mexicana...*, vol. 35 1903, primera parte, pp. 700-704.

29 de julio. Secretaría de Estado y del Despacho de Relaciones Exteriores. Tratado de amistad y comercio entre los Estados Unidos Mexicanos y la República de Nicaragua.
Dublán y Lozano, *Legislación mexicana...*, vol. 35 1903, primera parte, pp. 817-821.

25 de agosto. Ley de Patentes de Invención.
Dublán y Lozano, *Legislación mexicana...*, vol. 35 1903, primera parte, pp. 864-896.

31 de agosto. Secretaría de Estado y del Despacho de Comunicaciones y Obras Públicas. Aplicación de lo dispuesto en el artículo, párrafo de la convención celebrada entre México y Estados Unidos el 4 de abril 1887.
Dublán y Lozano, *Legislación mexicana...*, vol. 35 1903, primera parte, p. 208.

31 de agosto. Secretaría de Estado y del Despacho de Comunicaciones y Obras Públicas. Datos referentes á las relaciones con los países fuera de la Unión.
Dublán y Lozano, *Legislación mexicana...*, vol. 35, 1903, primera parte, pp. 909-910.

19 de septiembre. Secretaría de Estado y del Despacho de Relaciones Exteriores. Tratado sobre propiedad literaria, científica entre los Estados Unidos Mexicanos y el reino de España.
Dublán y Lozano, *Legislación mexicana...*, vol. 35, 1903, segunda parte, pp. 976-980.

11 de diciembre. Secretaría de Estado y del Despacho de Relaciones Exteriores. Unión Internacional para la protección de propiedad industrial.
Dublán y Lozano, *Legislación mexicana...*, vol. 35, 1903, segunda parte, pp. 1409-1432.

29 de diciembre. Secretaría de Estado y del Despacho de Fomento, colonización é industria. Contrato celebrado entre la secretaría de Fomento y los señores Lic. Rafael Paído y Agustín M. Lazo, apoderados del señor Guillermo Didrick de Chihuahua.

Dublán y Lozano, *Legislación mexicana...*, vol. 35, 1903, segunda parte, pp. 1490-1495.

**1904**

23 de enero. Secretaría de Fomento. Contrato con los Sres. General Julio Cervantes, Tito Arriola y Cosme Bengochea, para la compraventa y colonización de terrenos en el Estado de Chihuahua.
Dublán y Lozano, *Legislación mexicana...*, vol. 36, primera parte, pp. 40-44.

28 de enero. Secretaría de Fomento. Decreto aprobando la tarifa de precios para la enajenación de terrenos baldíos, ubicados en los Estados, Distrito Federal y territorios de Tepic, California y Quintana Roo.
Dublán y Lozano, *Legislación mexicana...*, vol. 36, primera parte, pp. 46-47.

30 de abril. Secretaría de Estado y del Despacho de Comunicaciones y Obras Públicas. Circular núm. 600 de la Dirección General de Correos relativa al tratamiento en el Japón de envíos postales con destino á prisioneros de guerra.
Dublán y Lozano, *Legislación mexicana...*, vol. 36, primera parte, pp. 357-359.

10 de mayo. Secretaría de Gobernación. Oficio al secretario de Relaciones Exteriores fijando la interpretación que debe darse á las reglas dictadas en relación con los chinos que llegan á los puertos de los Estados Unidos para internarse después á México.
Dublán y Lozano, *Legislación mexicana...*, vol. 36, primera parte, pp. 367-368.

26 de julio. Secretaría de Estado y del Despacho de Fomento, colonización é industria. Contrato con la Compañía Mexicana de terrenos y colonización, incluyendo en el contrato de colonización en el Estado de Chiapas los terrenos del gobierno que se expresan.
Dublán y Lozano, *Legislación mexicana...*, vol. 36, segunda parte, pp. 917-918.

3 de agosto. Secretaría de Estado y del Despacho de Fomento, colonización é industria. Contrato con la compañía de irrigación y terrenos de la Baja California, como cesionaria del contrato celebrado por el señor Guillermo Andrade, sobre colonización, reformando el artículo 2º del contrato cedido.
Dublán y Lozano, *Legislación mexicana...*, vol. 36, segunda parte, pp. 943-944.

1 de septiembre. Secretaría de Estado y del Despacho de Relaciones Exteriores. Circular recomendando á los cónsules de México en el extranjero al cumplimiento de los artículos 24º y 25º del Código Federal Sanitario, especialmente á la salida de buques que conduzcan inmigrantes, sobre todo si fueren chinos.
Dublán y Lozano, *Legislación mexicana...*, vol. 36, segunda parte, p. 1003.

6 de septiembre. Secretaría de Estado y del Despacho de Fomento, colonización é industria. Contrato con la sucesión del señor Joaquín Redo, para el establecimiento de colonos en el Estado de Sinaloa.
Dublán y Lozano, *Legislación mexicana...*, vol. 36, segunda parte, pp. 1052-1055.
*Diario Oficial*, 22 de noviembre de 1904, p. 300.

25 de septiembre. Circular 138, relativa a que los jueces, en procesos seguidos contra individuos de nacionalidad extranjera...

18 de noviembre. Estado y del Despacho de Guerra y Marina. Nota consignando la ratificación (aprobación) del presidente de la república á la aprobación del senado de la convención celebrada en el Haya concerniente á las leyes y usos de la guerra terrestre insertando el texto de la convención, con su correspondiente apéndice sobre neutralidad.
Dublán y Lozano, *Legislación mexicana...*, vol. 36, segunda parte, pp. 1243-1262.

27 de diciembre. Secretaría de Estado y del Despacho de Relaciones Exteriores. Tratado sobre ejercicio de profesiones liberales entre México y España.
Dublán y Lozano, *Legislación mexicana...*, vol. 36, segunda parte, pp. 1263-1266.

**1905**

17 de enero. Secretaría de Estado y del Despacho de Fomento, colonización é industria. Tarifa de precios baldíos en el Distrito y territorios federales.
Dublán y Lozano, *Legislación mexicana...*, vol. 37, primera parte, pp. 50-51.

1 de marzo. Secretaría de Estado y del Despacho de Fomento, colonización é industria. Contrato celebrado entre la Secretaría de Fomento y el ciudadano Tito Arriola, por sí, y en representación del ciudadano Cosme Ben-

goechea, modificando el contrato celebrado en 23 de enero de 1904, sobre compraventa y colonización de terrenos en el Estado de Chihuahua.
Dublán y Lozano, *Legislación mexicana...*, vol. 37, primera parte, pp. 300-301.

25 de marzo. Secretaría de Estado y del Despacho de Hacienda, Crédito Público y Comercio. Ley sobre impuesto y franquicias á la minería.
Dublán y Lozano, *Legislación mexicana...*, vol. 37, primera parte, pp. 355-359.

1 de mayo. Secretaría de Estado y del Despacho de Relaciones Exteriores. Tratado de reclamaciones por daños y prejuicios pecuniarios.
Dublán y Lozano, *Legislación mexicana...*, vol. 37, primera parte, pp. 448-451.

4 de mayo. Secretaría de Estado y del Despacho de Relaciones Exteriores. Procedimientos en los casos de extradición.
Dublán y Lozano, *Legislación mexicana...*, vol. 37, primera parte, pp. 452-453.

20 de mayo. Secretaría de Estado y del Despacho de Fomento, colonización é industria. Decreto que aprueba el contrato celebrado el 5 de abril de 1905, entre la secretaría de Fomento y el señor don Ruperto Crespo, por la Compañía Colonizadora de la Costa Oriental de Yucatán, reformando el contrato del 14 de agosto de 1894, para compraventa y colonización de terrenos en el referido Estado.
Dublán y Lozano, *Legislación mexicana...*, vol. 37, primera parte, pp. 580-581.

12 de septiembre. Secretaría de Estado y del Despacho de Justicia é Instrucción Pública. Ley reglamentaria del artículo 113 de la Constitución Federal.
Dublán y Lozano, *Legislación mexicana...*, vol. 37, primera parte, pp. 531-537.
25 de septiembre. Secretaría de Estado y del Despacho de Justicia. Circular 138, relativa á que los jueces, en procesos seguidos contra individuos de nacionalidad extranjera, procedan con la misma actividad que deben desplegar en los que se instruyan contra acusados mexicanos.
Dublán y Lozano, *Legislación mexicana...*, vol. 37, segunda parte, pp. 1388-1389.

27 de septiembre. Secretaría de Estado y del Despacho de Relaciones Exteriores. Convención de Ginebra sobre neutralidad de las ambulancias y hospitales en tiempo de guerra.
Dublán y Lozano, *Legislación mexicana...*, vol. 37, segunda parte, pp. 1383-1387.

## 1906

29 de enero. Secretaría de Estado y del Despacho de Gobernación. Declárense infestado por la peste bubónica los puertos de Kobe y Osaka (Japón).
Dublán y Lozano, *Legislación mexicana...*, vol. 38, primera parte, p. 275.

22 de enero. Secretaría de Estado y del Despacho de Fomento, colonización é industria. Contrato celebrado entre la secretaría de Fomento y el señor Herbert Monroe Mundy, para la compraventa de terrenos nacionales en Chihuahua y Sonora.
Dublán y Lozano, *Legislación mexicana...*, vol. 38, primera parte, pp. 66-69.

27 de enero. Secretaría de Estado y del Despacho de Fomento, colonización é industria. Contrato celebrado entre la secretaría de Fomento y el señor Alberto Stein, por el señor Max Muller, para la compraventa y colonización de terrenos nacionales en el Estado de Sonora.
Dublán y Lozano, *Legislación mexicana...*, vol. 38, primera parte, pp. 251-256.

15 de febrero. Secretaría de Estado y del Despacho de Comunicaciones y Obras Públicas. Libreta de identidad. Oficina[s] autorizadas para expedirlas.
Dublán y Lozano, *Legislación mexicana...*, vol. 38, primera parte, p. 189.

17 de febrero. Secretaría de Estado y del Despacho de Fomento, colonización é industria. Contrato celebrado entre la secretaría de Fomento y el señor licenciado Emilio Rabasa, para la explotación de los terrenos nacionales de "El Gavilán" situados entre los ríos Coatzacoalcos y Tancochapa, Minatitlán Veracruz.
Dublán y Lozano, *Legislación mexicana...*, vol. 38, primera parte, pp. 265-270.

15 de marzo. Secretaría de Estado y del Despacho de Fomento, colonización é industria. Contrato celebrado entre la secretaría de Fomento y los señores Juan Samarin y C. P. de Blumenthal, para el establecimiento de colonos en la Baja California.
Dublán y Lozano, *Legislación mexicana...*, vol. 38, primera parte, pp. 291-295.

25 de abril. Secretaría de Estado y del Despacho de Relaciones Exteriores. Decreto que autoriza al Ejecutivo de la Unión para que contribuya con la suma de treinta mil pesos al auxilio de las víctimas de la catástrofe ocurrida en el Estado de California, Estados Unidos de América.
Dublán y Lozano, *Legislación mexicana...*, vol. 38, primera parte, p. 271.

19 de junio. Secretaría de Estado y del Despacho de Fomento, colonización é industria. Contrato celebrado entre la secretaria de Fomento y el C. Emilio Velasco, por la Compañía Mexicana de Terrenos y Colonización, y la Compañía de Desarrollo de Baja California.
Dublán y Lozano, *Legislación mexicana...*, vol. 38, segunda parte, pp. 700-706.
1906, 16 de julio. Secretaría de Estado y del Despacho de Relaciones Exteriores. Convención Sanitaria Internacional en Washington.
Dublán y Lozano, *Legislación mexicana...*, vol. 38, segunda parte, pp. 890-916.

12 de septiembre. Secretaría de Estado y del Despacho de Relaciones Exteriores. Testamentos otorgados en el extranjero.
Dublán y Lozano, *Legislación mexicana...*, vol. 38, segunda parte, p. 1027.

**1907**

21 de enero. Secretaría de Estado y del Despacho de Fomento, colonización é industria. Tarifa de precios á que deberán sujetarse en el año fiscal de 1907-1908 la enajenación de terrenos baldíos, demasías y excedencias, ubicados en los Estados y el Distrito Federal y territorios de Tepic, Baja California y Quintana Roo.
Dublán y Lozano, *Legislación mexicana...*, vol. 39, primera parte, pp. 130-131.

26 de enero. Secretaría de Estado y del Despacho de Relaciones Exteriores. Convención entre México y los Estados Unidos de América para la equitativa distribución de las aguas del río Grande.
Dublán y Lozano, *Legislación mexicana...*, vol. 39, primera parte, pp. 26-28.

22 de marzo. Secretaría de Estado y del Despacho de Relaciones Exteriores. Circular núm. 8, sobre legalización de firmas.
Dublán y Lozano, *Legislación mexicana...*, vol. 39, primera parte, p. 173.

5 de junio. Secretaría de Estado y del Despacho de Relaciones Exteriores. Convención entre México y los Estados Unidos de América, para la eliminación de bancos en los ríos Bravo y Colorado.
Dublán y Lozano, *Legislación mexicana...*, vol. 39, segunda parte, pp. 275-279.
1907, 6 de agosto. Secretaría de Estado y del Despacho de Relaciones Exteriores. Convención celebrada entre las potencias que se la convención de Ginebra para mejorar la suerte de los heridos y reformas de los ejércitos en campaña.
Dublán y Lozano, *Legislación mexicana...*, vol. 39, segunda parte, pp. 283-301.

8 de agosto. Secretaría de Estado y del Despacho de Relaciones Exteriores. Exclusión de emigrantes atacados de tracoma.
Dublán y Lozano, *Legislación mexicana...*, vol. 39, segunda parte, pp. 301-302.

13 de septiembre. Secretaría de Estado y del Despacho de Fomento, colonización é industria. Contrato celebrado entre la secretaría de Fomento y el C. Federico Legazpi, como sucesor de la Compañía colonizadora de Gómez Palacio, S. A., sobre colonización en el Estado de Durango.
Dublán y Lozano, *Legislación mexicana...*, vol. 39, tercera parte, p. 54.

10 de octubre. Secretaría de Estado y del Despacho de Fomento, colonización é industria. Contrato celebrado entre la secretaría de Fomento y el señor Miguel Lanz Duret, como apoderado del señor Herbert Monroe Mundy, para la compraventa de terrenos nacionales en los Estados de Chihuahua y Sonora.
Dublán y Lozano, *Legislación mexicana...*, vol. 39, tercera parte, pp. 65-68.

**1908**

3 de abril. Secretaría de Estado y del Despacho de Relaciones Exteriores. Denuncia del Tratado de amistad, comercio y navegación con el Salvador.
Dublán y Lozano, *Legislación mexicana...*, vol. 40, primera parte, p. 372.

30 de mayo. Secretaría de Estado y del Despacho de Relaciones Exteriores. Tratado de amistad de arbitraje obligatorio entre México é Italia.
Dublán y Lozano, *Legislación mexicana...*, vol. 40, primera parte, pp. 372-382.

18 de junio. Secretaría de Estado y del Despacho de Relaciones Exteriores. Se declara al puerto de Hong Kong, Asía infestado de peste bubónica.
Dublán y Lozano, *Legislación mexicana...*, vol. 40, primera parte, p. 414.

3 de julio. Secretaría de Estado y del Despacho de Relaciones Exteriores. Tratado de Arbitraje entre México y los Estados Unidos de América.
Dublán y Lozano, *Legislación mexicana...*, vol. 40, primera parte, pp. 384-386.

11 de julio. Secretaría de Estado y del Despacho de Relaciones Exteriores. Violación involuntaria de territorio británico por soldados mexicanos.
Dublán y Lozano, *Legislación mexicana...*, vol. 40, primera parte, p. 387.

26 de julio. Acuerdo por el cual se dictan algunas disposiciones complementarias del reglamento de la inspección de inmigrantes.

7 de agosto. Secretaría de Estado y del Despacho de Fomento, colonización é industria. Contrato celebrado entre la secretaría de Fomento y los señores Ismael G. Zúñiga y Antonio Pliego Pérez, para la compraventa de una zona de terreno, ubicada en el departamento de Comitán, Chiapas.
Dublán y Lozano, *Legislación mexicana...*, vol. 40, primera parte, pp. 237-238.

14 de agosto. Secretaría de Estado y del Despacho de Fomento, colonización é industria. Contrato celebrado entre la secretaría de Fomento y el Lic. Angel López Negrete, por sí y como apoderado del señor Eduardo Hartmann y el C. Lic. Salvador M. Cancino, como apoderado del Señor Eduardo Hiram C. Smith, para la compraventa de terrenos nacionales ubicados en el Estado de Chiapas.
Dublán y Lozano, *Legislación mexicana...*, vol. 40, primera parte, pp. 251-254.

23 de septiembre. Secretaría de Estado y del Despacho de Fomento, colonización é industria. Convenio celebrado entre la secretaría de Fomento y el C. Federico Legazpi, como apoderado de la Asociación Momentánea, por el cual se modifica el contrato que se celebró en 16 de agosto de 1906 sobre colonización en el Estado de Durango.
Dublán y Lozano, *Legislación mexicana...*, vol. 40, primera parte, p. 279.

17 de octubre. Secretaría de Estado y del Despacho de Gobernación. Resuelve la consulta del delegado sanitario en la Ciudad Juárez, Chihuahua, acerca de algunos puntos de estadística de inmigrantes.
Dublán y Lozano, *Legislación mexicana...*, vol. 40, primera parte, pp. 440-441.

20 de noviembre. Circular sobre legalizaciones de extranjeros.
Dublán y Lozano, *Legislación mexicana...*, vol. 41, primera parte, p. 2.

22 de diciembre. Secretaría de Estado y del Despacho de Gobernación. Disposiciones generales sobre inmigración en la república, Dublán y Lozano, *Legislación mexicana...*, vol. 40, primera parte, 1908, pp. 474-482.

22 de diciembre. Ramón Corral, secretario de Gobernación. Disposiciones a las que deben de sujetarse todos los extranjeros que quieran ingresar al país. [Ley de Inmigración. Publicada en 11 de marzo de 1909.]
AHDF, Bandos, Caja 75, exp. 32.

**1909**

16 de febrero. Secretaría de Estado y del Despacho de Gobernación. Acuerdo del ministro, relativo á algunas medidas de profilaxis, para impedir á las poblaciones de Guatemala, próxima á la frontera mexicana, la invasión de la epidemia de viruelas reinante en aquella república.
Dublán y Lozano, *Legislación mexicana...*, vol. 41, primera parte, pp. 168-169.

25 de febrero. Secretaría de Estado y del Despacho de Gobernación. Circular con lo cual se acompaña el decreto de la misma fecha, tocante á la designación de los lugares, fronterizos autorizados para la entrada de pasajeros en la república.
Dublán y Lozano, *Legislación mexicana...*, vol. 41, primera parte, pp. 169-187.

25 de febrero. Reglamento del servicio de inspección de inmigrantes en los puertos y fronteras de la república.
Dublán y Lozano, *Legislación mexicana...*, vol. 41, primera parte, pp. 170-187.

3 de abril. Secretaría de Estado y del Despacho de Relaciones Exteriores. Adhesión de México á la declaración firmada el 16 de abril de 1856, en el congreso de París, para reglamentar varios puntos de Derecho Marítimo.
Dublán y Lozano, *Legislación mexicana...*, vol. 41, primera parte, pp. 51-53.

1 de mayo. Secretaría de Estado y del Despacho de Relaciones Exteriores. Tratado de extradición entre México y los Países Bajos.
Dublán y Lozano, *Legislación mexicana...*, vol. 41, primera parte, pp. 61-76.

14 de julio. Secretaría de Estado y del Despacho de Gobernación. Circular relativa á los exhortos que dirijan las autoridades a los Estados á tribunales extranjeros.
Dublán y Lozano, *Legislación mexicana...*, vol. 41, primera parte, p. 189.

26 de julio. Secretaría de Estado y del Despacho de Gobernación. Acuerdo por el cual se dictan algunas disposiciones complementarias del reglamento de la inspección de inmigrantes.
Dublán y Lozano, *Legislación mexicana...*, vol. 41, primera parte, p. 190.

26 de julio. Secretaría de Estado y del Despacho de Fomento, colonización é industria. Contrato celebrado entre la secretaría de Fomento y el Sr. Samuel

García Cuéllar, sobre compraventa y colonización de terrenos nacionales en el Estado de Durango.
Dublán y Lozano, *Legislación mexicana...*, vol. 41, segunda parte, pp. 147-152.

8 de septiembre. Secretaría de Estado y del Despacho de Relaciones Exteriores. Arreglo internacional para la protección de la propiedad industrial.
Dublán y Lozano, *Legislación mexicana...*, vol. 41, primera parte, pp. 151-158.

10 de septiembre. Circular relativa a certificados sobre sociedades extranjeras.
Dublán y Lozano, *Legislación mexicana...*, vol. 41, primera parte, pp. 158-159.

30 de octubre. Secretaría de Estado y del Despacho de Fomento, colonización é industria. Contrato celebrado entre la secretaría de Fomento y el C. Lic. Manuel Sánchez Mármol, para la compraventa de un terreno nacional ubicado en el departamento de Chilón, Chiapas.
Dublán y Lozano, *Legislación mexicana...*, vol. 41, segunda parte, pp. 294-297.

15 de noviembre. Secretaría de Estado y del Despacho de Fomento, colonización é industria. Contrato celebrado entre la secretaría de Fomento y el C. Lic. José N. Macías, por la sociedad de terrenos en Tepic, modificando el de 7 de enero de 1891, con el señor Luis Gayou, sobre compraventa y colonización de terrenos nacionales en el mencionado territorio.
Dublán y Lozano, *Legislación mexicana...*, vol. 41, segunda parte, pp. 313-318.

24 de noviembre. Secretaría de Estado y del Despacho de Fomento, colonización é industria. Decreto que aprueba el contrato celebrado el día 3 de octubre del corriente año, entre la secretaría de fomento y el señor D. Fernando Pimentel y Fagoaga, por la compañía agrícola "La Sauteña" S. A., reformando el celebrado en 20 de noviembre de 1896, con el señor D. Florencio Noriega, representante de la misma compañía, que á su vez modificó el de 10 de junio de 1888, sobre establecimiento de ranchos agrícolas, criaderos de ganado explotación de salinas y colonización de terrenos que están poseyendo en el distrito norte de Tamaulipas.
Dublán y Lozano, *Legislación mexicana...*, vol. 41, segunda parte, p. 332.

25 de noviembre. Secretaría de Estado y del Despacho de Fomento, colonización é industria. Ley minera.
Dublán y Lozano, *Legislación mexicana...*, vol. 41, segunda parte, pp. 332-355.

9 de diciembre. Secretaría de Estado y del Despacho de Fomento, colonización é industria. Contrato celebrado entre la secretaría de Fomento y el C. Lic. E. Dean Fuller, por el señor George Wambach, sobre arrendamiento y explotación de una zona de terrenos baldíos, ubicada en Tamaulipas.
Dublán y Lozano, *Legislación mexicana...*, vol. 41, segunda parte, pp. 364-366.

11 de diciembre. *Acuerdo que contiene algunas reglas como adiciones al reglamento de la inspección de inmigrantes.*
Dublán y Lozano, *Legislación mexicana...*, vol. 41, primera parte, pp. 201-202.

18 de diciembre. Secretaría de Estado y del Despacho de Fomento, colonización é industria. Decreto por el cual queda en suspensión la disposiciones de la ley vigente de 26 de marzo de 1894, en lo relativo á denuncios de terrenos baldíos.
Dublán y Lozano, *Legislación mexicana...*, vol. 41, segunda parte, 1909, pp. 391-393.

**1910**

10 de enero. Secretaría de Estado y del Despacho de Relaciones Exteriores. Convención entre México y Francia sobre contratos de matrimonio.
Dublán y Lozano, *Legislación mexicana...*, vol. 42, primera parte, pp. 25-27.

21 de enero. Secretaría de Estado y del Despacho de Fomento. Tarifa de precios á que deberá sujetarse la enajenación de terrenos baldíos, demasías y excedencias, ubicadas en los Estados, Distrito federal y territorios de Tepic, Baja California y Quintana Roo.
Dublán y Lozano, *Legislación mexicana...*, vol. 41, primera parte, pp. 544-545.

29 de enero. Secretaría de Estado y del Despacho de Hacienda, Crédito Público y Comercio. Reglas complementarias de las de 5 del mes actual, relativa al cobro del impuesto de propiedad minera, por fracciones de pertenencia.
Dublán y Lozano, *Legislación mexicana...*, vol. 42, segunda parte, pp. 315-316.

10 de febrero. Secretaría de Estado y del Despacho de Relaciones Exteriores. Acuerdo relativo á la revalidación de títulos de maestros recibidos en España.
Dublán y Lozano, *Legislación mexicana...*, vol. 42, primera parte, pp. 256-257.

18 de febrero. Secretaría de Estado y del Despacho de Fomento, colonización é industria. Prórroga hasta el 26 de noviembre del presente año, el plazo

que para el establecimiento de las primeras quince familias, señala el artículo 4º del contrato celebrado por la Secretaría [*sic*] de Fomento, en 16 de agosto de 1906, con el C. Federico Legazpi, representante de la extinguida Compañía Colonizadora de Gómez Palacio, S.A., sobre colonización en Durango, y modificando en 13 de septiembre de 1907 y el 23 de septiembre de 1908; sin que por esto se entienda prorrogando también el término total para el establecimiento del resto de las familias, fija el mismo artículo 4º.
Dublán y Lozano, *Legislación mexicana...*, vol. 42, primera parte, p. 487.

23 de febrero. Secretaría de Estado y del Despacho de Relaciones Exteriores. Circular relativa á marineros mexicanos en el extranjero.
Dublán y Lozano, *Legislación mexicana...*, vol. 42, primera parte, pp. 27-28.

18 de marzo. Secretaría de Estado y del Despacho de instrucción pública y de Bellas Artes. Adicionado propuestas por la secretaría de la oficina internacional de las repúblicas americanas, conteniendo sugestiones sobre los asuntos que podrán considerarse en la Cuarta Conferencia Pan-Americana que se reúnen en Buenos Aires en 1910.
Dublán y Lozano, *Legislación mexicana...*, vol. 42, primera parte, pp. 208-210.

29 de marzo. Secretaría de Estado y del Despacho de Fomento, colonización é industria. Contrato celebrado entre la Secretaría de Fomento, y el señor Lic. Juan Orcí, apoderado de los señores Jesús Sifuentes establezcan como colonos en terrenos de la margen derecha del río Yaqui, en el Estado Sonora.
Dublán y Lozano, *Legislación mexicana...*, vol. 42, primera parte, pp. 530-533.

6 de mayo. Secretaría de Estado y del Despacho de Fomento, colonización é industria. Contrato celebrado entre la Secretaría de Fomento, y el señor Luis García Teruel, por sí, sobre arrendamiento de un terreno nacional situado en el partido del Carmen, del Estado de Campeche.
Dublán y Lozano, *Legislación mexicana...*, vol. 42, primera parte, pp. 563-565.

25 de mayo. Secretaría de Estado y del Despacho de Fomento, colonización é industria. Contrato celebrado entre la Secretaría de Fomento, y el señor Lic. Rafael Pardo, representante de la Blalock México Colon y, rescindiendo el contrato hecho el 8 de junio de 1903, para colonizar los terrenos de la hacienda del Chamal, situada en el Estado de Tamaulipas.
Dublán y Lozano, *Legislación mexicana...*, vol. 42, primera parte, p. 585.

31 de mayo. Secretaría de Estado y del Despacho de Relaciones Exteriores. Noticias de las propiedades artísticas y literaturas registradas del 1º de mayo 1909.
Dublán y Lozano, *Legislación mexicana...*, vol. 42, primera parte, pp. 210-223.

16 de junio. Secretaría de Estado y del Despacho de Relaciones Exteriores. Convención especial de comercio entre México y Rusia.
Dublán y Lozano, *Legislación mexicana...*, vol. 42, primera parte, pp. 32-34.

18 de junio. Secretaría de Estado y del Despacho de Fomento, colonización é industria. Resolución de la Secretaría de Fomento, mediante la cual se acuerda que dicha secretaría despachará los permisos que se refieran á la adquisición de fundos ó predios mineras ó de tierras pública, baldíos ó nacionales que el gobierno este en aptitud de titular; y la secretaría de Relaciones, los permisos concernientes á la adquisición de bienes de propiedad particular.
Dublán y Lozano, *Legislación mexicana...*, vol. 42, primera parte, pp. 603-604.

4 de julio. Secretaría de Estado y del Despacho de Fomento, colonización é industria. Contrato celebrado entre la Secretaría de Fomento, y los señores Enrique Miralles, José Samperi y Lic. Manuel Piña y Cuevas, para el arrendamiento de una porción de terrenos nacionales en la Bahía de Adair, Distrito de Altar, Estado de Sonora.
Dublán y Lozano, *Legislación mexicana...*, vol. 42, primera parte, pp. 622-625.

22 de julio. Circular que encarece á los gobiernos de los estados recomienden a los jueces... igualdad de derechos de nacionales y extranjeros.
Dublán y Lozano, *Legislación mexicana...*, vol. 42, primera parte, p. 172.

2 de septiembre. Secretaría de Estado y del Despacho de Relaciones Exteriores. Permiso para el paso de tropas extranjeras por el territorio mexicano.
Dublán y Lozano, *Legislación mexicana...*, vol. 42, primera parte, pp. 60-61.

4 de octubre. Secretaría de Estado y del Despacho de Relaciones Exteriores. Tratado de amistad, comercio y navegación entre México y Honduras.
Dublán y Lozano, *Legislación mexicana...*, vol. 42, primera parte, pp. 68-82.

15 de octubre. Secretaría de Estado y del Despacho de Relaciones Exteriores. Resolución que establece que los profesionales extranjeros que deseen

obtener revalidación de sus estudios ó de sus títulos, deberán presentarse las traducciones al español que se necesiten para ese efecto.
Dublán y Lozano, *Legislación mexicana...*, vol. 42, primera parte, p. 247.

7 de noviembre. Secretaría de Estado y del Despacho de Relaciones Exteriores. Convención de amistad y comercio entre México y Dinamarca.
Dublán y Lozano, *Legislación mexicana...*, vol. 42, primera parte, pp. 85-90.

17 de diciembre. Secretaría de Estado y del Despacho de Relaciones Exteriores. Declárese infestado de cólera el puerto de Funchal, isla Madera (posesión portuguesa).
Dublán y Lozano, *Legislación mexicana...*, vol. 42, primera parte, p. 184.

17 de diciembre. Secretaría de Estado y del Despacho de Relaciones Exteriores. Acuerdo que ya no considera infestado de cólera los puertos de Bari, Nápoles.
Dublán y Lozano, *Legislación mexicana...*, vol. 42, primera parte, p. 184.

22 de diciembre. Secretaría de Estado y del Despacho de Relaciones Exteriores. Acuerdo que ya no considera infestado de cólera los puertos de Hamburgo y Brehemen (Alemania).
Dublán y Lozano, *Legislación mexicana...*, vol. 42, primera parte, 1910, p. 185.

# Índice de fuentes

## Periódicos

*La Colonia Española.*
*La libertad.*
*El Siglo Diez y Nueve.*

## Bibliografía

ARRILLAGA, Basilio José, *Recopilación de leyes, decretos, bandos, reglamentos, circulares y providencias de los supremos poderes y otras autoridades de la República Mexicana formada de orden del Supremo Gobierno* por el Lic. [...], 15 tomos, México, Imprenta de JM Fernández de Lara, 1835-1850.

_______, *Recopilación de leyes, decretos, bandos, reglamentos, circulares y providencias de los supremos poderes y otras autoridades de la República Mexicana formada de orden del Supremo Gobierno* por el Lic. [...], México, Imprenta de Vicente J. Torres, 1861-1864.

BRITO, José, *Legislación Mexicana. Índice alfabético razonado de las leyes, decretos, reglamentos, órdenes y circulares que se han expedido desde el año 1821 hasta 1869*, 3 vols., México, Imprenta del Gobierno, en Palacio, 1872.

*Código de colonización y terrenos baldíos de la República mexicana*, formado por F. de la Maza, México, Oficina, Tip. de la Secretaría de Fomento, 1893. [Colección digital Universidad Autónoma de Nuevo León.]

*Código de la Reforma o Colección de Leyes, decretos y supremas órdenes expedidas desde 1856 hasta 1861*,1 vol., México, Imprenta Literaria, 1861.

*Colección de los decretos y órdenes de las Cortes de España que se reputan vigentes en la República de los Estados Unidos Mexicanos*, México, Imprenta de Galván, 1829.

*Colección de las leyes y decretos expedidos por el congreso general de los Estados-Unidos Mejicanos en los años de 1831 y 1832*, México, Impreso por Juan Ojeda, 1833.

"Colección de las leyes, decretos y órdenes espedidas por el Congreso Nacional y por el Supremo Gobierno en el año de 1852", *Semanario Judicial*, primera parte, México, Imprenta de J.M Lara, 1852-1855, varios volúmenes.

*Colección de leyes y decretos publicados en el año de 1839*, 6 vols., México, Edición del Constitucional/Imprenta en Palacio, 1852.

*Colección de leyes, decretos y circulares expedidas por el Supremo Gobierno de la República*, comprende desde su salida de la capital en 31 de mayo de 1863 hasta su regreso a la misma en 15 de julio de 1867, 1 tomo, Monterrey, Imprenta del Gobierno de Monterey, 1868.

*Colección de leyes, decretos, circulares y demás resoluciones del gobierno general con notas y concordancias* [Esta colección contendrá todas las disposiciones de la administración emanada del Plan de Tuxtepec desde el 1 de enero de 1876], México, Imprenta de JF Jens, 1878.

*Colección de los decretos y órdenes del Soberano Congreso Mexicano*, desde su instalación en 24 de febrero de 1822 hasta 30 de octubre de 1823 en que cesó, México, Imprenta del Supremo Gobierno de los Estados Unidos Mexicanos, en Palacio, 1825.

*Colección de Leyes, decretos y reglamentos que interinamente forman el sistema político, administrativo y judicial del Imperio*, 7 vols., México, Imprenta de Andrade y Escalante, 1865.

*Colección de los decretos y órdenes de interés común que dictó el gobierno provisional en virtud de las bases de Tacubaya entre 1841 y 1843*, 3 vols., México, Imprenta de JM Lara, 1850.

DE LA PEÑA Y PEÑA, Manuel, *Colección de los documentos más importantes relativos a la instalación y reconocimiento del gobierno provisional del Exelentísimo Sr. Presidente de la Suprema Corte de Justicia* [...], 1 vol., México, Imprenta de I. Cumplido, 1847.

Derecho internacional mexicano. Tratados y convenios concluidos y ratificados por la República mexicana, desde su independencia hasta el año actual, acompañado de varios documentos que le son referentes. Edición oficial, México: Impr. de Gonzalo de Esteva, 1878, primera parte.

DUBLÁN, Manuel, y José María Lozano, *Legislación mexicana. Colección completa de las disposiciones legislativas expedidas desde la Independencia de la República*, ordenada por [...], 42 vols., México, Imprenta del Comercio, 1876.

*El Archivo Mexicano. Colección de leyes, decretos, circulares y otros documentos*, 6 vols., México, Imprenta de Vicente G. Torres, 1856-1862.

GALVÁN, Mariano (imp.), *Colección de órdenes y decretos de la Soberana junta provisional gubernativa, y soberanos congresos generales de la Nación Mexicana*, 2ª ed., 4 vols., México, Imprenta de Galván, 1829.

_______, *Colección de las leyes y decretos expedidos por el congreso general de los Estados-Unidos Mejicanos en los años de 1829 y 1830*, México, Imprenta de Galván, 1831.

GUTIÉRREZ, Blas, *Leyes de Reforma. Colección de las disposiciones que se conocen con este nombre, publicadas desde el año de 1855 al de 1868*, formada y anotada por [...], 3 vols., México, Imprenta de El Constitucional, 1868-1870.

*Legislación Mejicana, o sea, Colección completa de las leyes, decretos y circulares que se han expedido desde la consumación de la independencia*, 10 tomos, Méjico, Imprenta de Juan R. Navarro, 1855-1856.

*Periódicas*. La colonia española. La libertad. El siglo Diez y Nueve.

*Periódico Oficial del imperio Mexicano*, 21 de julio de 1863 a 31 de diciembre de 1863.

SANDOVAL, José María (imp.), *Colección de Leyes, decretos y circulares expedidas por el Supremo Gobierno de la República*, comprende desde su salida de la capital en 31 de mayo de 1863 hasta su regreso a la misma en 15 de julio de 1867, 3 vols., México, Imprenta del Gobierno, en Palacio, 1867.

SEGURA, José Sebastián, *Boletín de las leyes del Imperio Mexicano o código de la restauración*, colección completa de las leyes y demás disposiciones dictadas por la intervención francesa, por el Supremo Poder Ejecutivo Provisional, y por el Imperio mexicano, con un apéndice de los documentos oficiales más notables y curiosos de la época, 4 vols., México, Imprenta Literaria, 1863-1865.

ZALDÍVAR, Luis G. *[Conservadores]. Apéndice a la Recopilación de las leyes del año de 1859 [a diciembre de 1860]*, 2 vols., México, Imprenta de A. Boix, 1865-1866.

# Índice

PRESENTACIÓN . . . . . . . . . . 5

AGRADECIMIENTOS
*Nidia Cisneros Chávez* . . . . . . . . . . 7

INTRODUCCIÓN
*Nidia Cisneros Chávez* . . . . . . . . . . 9

Sección I
Análisis histórico de la legislación en materia de inmigración y extranjería, 1810-1910

ENTRE LA NOVEDAD Y LOS CONFLICTOS: MÉXICO Y SU LEGISLACIÓN SOBRE EXTRANJEROS, 1810-1847
*Macrina Rabadán Figueroa* . . . . . . . . . . 19

DISPOSICIONES JURÍDICAS SOBRE EXTRANJERÍA ENTRE INVASIONES Y GUERRA CIVIL, 1848-1875
*Nidia Cisneros Chávez* . . . . . . . . . . 45

EL PORFIRIATO, POLÍTICAS DE PROMOCIÓN Y ESTÍMULO A LA INMIGRACIÓN, 1876-1911
*Delia Salazar Anaya* . . . . . . . . . . 75

Sección II
Guía de ordenamientos jurídicos en materia de inmigración y extranjería, 1810-1910

ÍNDICE DE FUENTES . . . . . . . . . . 253

*Inmigración y extrajería. Compilación histórica de la legislación mexicana, 1810-1910,* se terminó de imprimir en la Ciudad de México durante el mes de noviembre del año 2012. La edición en papel de 75 gramos, estuvo al cuidado de la oficina litotipográfica de la casa editora.

ISBN 978-607-401-651-2